大国之策

调水改土与世纪复兴之路

周天勇　冯立果 等◎著

北京联合出版公司
Beijing United Publishing Co.,Ltd.

图书在版编目（CIP）数据

大国之策：调水改土与世纪复兴之路 / 周天勇等著
. -- 北京：北京联合出版公司，2020.7
ISBN 978-7-5596-4350-6

Ⅰ. ①大… Ⅱ. ①周… Ⅲ. ①土地利用 – 研究 – 中国
Ⅳ. ① F321.1

中国版本图书馆 CIP 数据核字（2020）第 112971 号

大国之策：调水改土与世纪复兴之路

作　　者：周天勇　冯立果 等
出 品 人：赵红仕
责任编辑：管　文
封面设计：仙　境
版式设计：李晓壮

北京联合出版公司出版
（北京市西城区德外大街 83 号楼 9 层 100088）
北京华景时代文化传媒有限公司发行
北京文昌阁彩色印刷有限责任公司印刷　　新华书店经销
字数 295 千字　　710 毫米 ×1000 毫米　　1/16　　21.5 印张
2020 年 7 月第 1 版　　2020 年 7 月第 1 次印刷
ISBN 978-7-5596-4350-6
定价：68.00 元

目 录

第四章
潜在可利用水资源与扩大有效国土的可能性

第五章
各种调水方案综合比较

第六章
调节水资源配置工程：国家提供公共产品

第十章
调水改土的科学认识和风险防范

第十一章
跨境河流水资源开发中的国际政治

第十二章
调水改土体制中的先行先试改革

绪 论

以重大改革和发展举措稳定经济增长

周天勇

2019年12月12日，中央经济工作会议指出，中国经济结构性、体制性、周期性问题相互交织。我认为，结构性问题中最大的是人口少子化、经济主力人口收缩和老龄化趋势严峻，因而未来的经济下行压力加大。结合这次经济工作会议精神，我们对目前的宏观经济形势、未来经济增长以及宏观调控，进行模拟和推演。这段时间，我也看了许多建议和想法，觉得有的不靠谱，有的老调重弹可能不大管用，需要深入讨论。

水利与扩土要结合起来，扩土增加土地资产是解决中国经济发展问题方案的重要组成部分，而把未利用土地改造成可利用土地，又要与土地体制的改革结合起来。因此，在此我将以前发表的有关论述宏观经济调控、稳定经济增长、土地制度改革、调水改土发展战略等方面的文章放在正文前面，作为这本书的绪论。

一、经济增长下行压力将会长期存在

2015年，通过回归20年前人口增长对20年后经济增长影响相关关系，我判断，未来几年中我国经济增长速度下行可能处在一个向下的大拐弯中。近年来中国的经济增长速度变化证实了这一点。在2018年和2019年，我们用回归外推和将人口因素作为索洛经济增长模型内生变量等多种方法进行推算，2020年到2035年的经济增长，自然的经济增长，开始还处在一个下行拐弯之外，之后稳定在低速增长的平台上。从棋局上看，人口这一棋子的冲力，由于过去遭遇过干预，已经先天不足。

我们倒算，假如2015年时，棋局中人口不是13.7亿人，而是15.3亿人，经济增长在2020年到2035年间，国民经济还可以以6.77%的速度增长16年。但由于曾经对人口增长的过度干预，假设未来几年没有重大改革和战略性发展措施，我们反复用多种方法模拟计算，2020年到2035年间的经济增长平均速度均不理想，都在中速以下水平。

人口过早进入较低自然增长速度阶段，少子化、经济主力人口收缩和老龄化提前，是经济增长速度在没有走完工业化进程和完成工业化目标就开始下行的最主要压力来源。

从国际看，由于发达国家再工业化和振兴制造业，特别是中美贸易棋局冲突，许多发展中国家学习和实施出口导向的工业化战略，再加上中国本身劳动力成本的上升，出口占国内生产总值（以下简称“GDP”）的比例从2006年的35.2%下降到了近年的18%左右，为最高比例时的一半。出口导向型经济增长已经结束。

而由于最后一波人口增长和出口导向发展模式要求建立的生产体系，国内2012年开始经济主力人口收缩和受近年来逆全球化经济的影响，不断收缩的内外需求，导致其生产不断过剩，也迫使其需要不断地出清，使过剩和去产能常态化，造成了国民经济增长长期下行压力。

在这样一种趋势下，没有重大针对性的改革以及发展战略举措，在人口少子化、经济主力人口收缩和老龄化越来越严峻的趋势下，可以自然恢复理想经济增长，还有很大困难。

我们面临的就是上述这样一个走势，如不找到关键棋子和正确布局，经济增长下行压力将会长期存在。

二、观棋的第一个视角：生产过剩和城镇户籍居民消费需求弹性较小

经济萧条是什么？就是生产过剩。生产为什么过剩？就是消费、出口和投资需求不足。这个矛盾不解决，经济增长下行压力将会长期存在。这是一个经济学中的常识性规律。从解决这一问题的思路来看，由创业和劳动得到收入的人口棋子在短期内恢复不了，出口需求这步棋也因贸易保护主义及其他发展中国家的竞争，再创辉煌的可能性也不大。这个问题只有用国内需求等棋子替代的办法去解决。

国民经济问题的棋局症结，整个生产过剩的终端，实际是对工业消费品的需求不足。一些观局学者提出，以投资棋子来拉动中间需求，关联扩张消费需求。但是，工业生产能力过剩，基础设施也大体满足，越投可能越过剩，或者根本就投不进去。也有一些观局学者提出，走扩大国内消费需求这步棋，以替代国外出口收缩。这句话说起来容易，实施起来很复杂、很难。经济分析中的消费需求是指有支付能力的消费需求，需要有提高居民收入这步棋来支撑。

2018年国内工业产能过剩11万亿元。我们先来看，能够指望刺激6亿城镇户籍居民的消费积极性这步棋，去解决工业生产过剩问题吗？回答是否定的。据我们推算，2018年城镇户籍居民人均可支配收入为42477元，收入消费率为60%，收入增长对工业品消费的需求弹性很小。

三、平衡生产过剩的一个关键：增加8亿农村户籍人口收入这步棋

总体上看，2018年居民收入总额占GDP比例只有43%，消费支出总额只占30%，与国际上居民收入占GDP的60%到65%和居民消费占GDP的50%到55%，有很大差距。从结构上看，主要是农村常住居民和外出人口收入过低所致。

现在的城市人口中，有2.3亿多农村户籍的常住人口，这部分人口在2018年的人均可支配收入我们推算在22620元，同年国家统计局公布的5.6亿多农村常住人口人均可支配收入为14617元，这两部分8亿规模农村户籍人口的收入消费率在80%左右，收入增长对工业品的消费需求弹性很大。

怎么才能增加这8亿人口的收入？从目前的渠道看：（1）2亿农业劳动力，种了20亿亩地，劳均9亩地，南方可能就两三亩地，依靠农业种养来显著增加收入可能性不大。（2）制造业过剩，城镇吸收农业劳动力创业就业能力变弱，外来劳务工增长速度放缓，而且务工人员的劳动收入要比城镇户籍就业劳动力低得多，2.3亿城镇务工等人口解决生产过剩的能力也很微弱。（3）与日本、韩国相比，我国农村户籍人口少了两项最重要的收入：土地财产性收入和以地为本的创业收入。而与城镇居民相比，农村居民的住宅、耕地、林地等只是生活资料，而不是有价值的资产和财富。2018年，农村户籍人口与城镇户籍人口的财产性收入差距为1∶12，资产性财富差距为1∶18。

也就是说，增加8亿农村户籍人口收入这步棋，我们现在只有种地和外出务工这两颗棋子，靠它们根本不可能走通大幅度地提高其收入水平这一步。而最能使农村户籍人口致富的两颗棋子——土地财产性收入和以地为本的创业收入，基本上没有。这一棋局如果长期化，也就意味着农村户籍人口的工业品需求因收入不能相应增长而不能得到满足，而经济主力人口收缩却要工业生产能力被不断地出清，无法延长标准化、专业化和大规模化生产的

工业化阶段，也就意味着中高速经济增长的结束，国民经济未来增长将长期徘徊在低速平台上。这是一个劣态格局。

8亿农村户籍人口对工业品的消费需求大，但是，他们收入的理想增长在传统方式下无棋路可走，使生产陷入了过剩常态化的僵局。

四、危棋：传统宏观调控与货币流向及高负债

对于目前全球主要国家人口增速放慢和老龄化造成的这种经济下行局面，由于宏观经济政策调控的对象发生了变化，过去凯恩斯主义的财政赤字政策和货币主义倒用的量化宽松货币政策，不再有通货膨胀来刺激经济增长和抹平周期的作用；而供给学派的减税政策，虽然能延缓大量的企业在经济不景气时关闭和破产，但是减税是短期政策，仅能发挥短期作用，面对这样的人口下行变量持续的影响，解决人口变量下行而有支付能力的需求收缩问题的能力也有限。走凯恩斯主义、货币主义和供给学派传统的三颗政策棋子，难以改变棋局的颓势。

2019年11月，我国居民消费价格同比上涨4.5%，主要是食品部分上涨，特别是猪肉价格上涨过快所致。其他大部分消费价格指数涨幅在2%以下。我认为，这是一次临时和结构性的通货膨胀。随着猪肉供给的增加，仍然会回到低通胀的格局之中。

在经济下行局面下，如果长期使用财政赤字，发行国债，用于没有直接收益和不能变现资产的公共服务、养老等福利、基础设施等支出，央行实行量化宽松的货币政策，在产业收缩企业贷款不积极时以中央和地方政府发债和建设项目的方式，通过买卖国债和贷款的方式放出货币，虽然在短期内可能支撑一下经济增长，但是并不能消除工业品过剩带来的萧条，特别是经济主力人口收缩要求的生产能力不断出清，消费仍然低迷，经济仍然在下行中增长。

由于经济主力人口收缩和8亿农村户籍人口低收入不能形成有支付能力的工业品消费需求，投放的货币流不进制造业，或者流向国有垄断性的上游制造业，使原材料价格上涨挤压下游竞争性的最终消费品制造业，使这些领域的民营企业更加艰难；或者流向房地产等投资品，继续推高住宅用地价格和房价，以吸收这些放量投放的货币。这从行业利润比上，使制造业更加雪上加霜。

用放量货币来刺激经济增长的后果是什么呢？大概率是：住宅、商业和金融等楼宇已经供给过剩，少子化、经济主力人口收缩和老龄化对未来住宅价格形成下行压力，而电子商务和网上办公使商业和金融等用房的需求也在收缩，金融体系中的不良资产可能会增加；一些公用设施投资，如果规模太大，债务太多，税收增长放慢，也会形成大量政府违约。

出口相对收缩，进口不断增加，会改变外储格局；产业外移、资金外流、跨境消费等，也会导致外汇减少和汇率不稳定。其叠加国内经济体系中赤字不断加大，债务持续升高，出现越来越多的不良资产，像俄罗斯、巴西、土耳其、印度等国一样发生汇率剧烈波动的可能性会增大。

货币发行，总得有资产作为保证。目前这种无有效资产保证或者无经济增长潜能的货币投放的走棋法，通过模拟和推演我们发现，金融和经济体系崩盘的概率会越来越大。

也就是说，传统各派经济学所提供的政策棋子和棋步，对全球性经济衰退已是棋路走尽。按照过去的套路出棋，基本上行不通，会进入死局。

五、一项新的学术研究

从国民经济运行和增长中资产、债务、货币三者之间的关系看，宏观资产负债表上，资产要与债务平衡，债务过多，货币超量发行，不应该进入的领域流入过多，应该进入的领域很少流入，无理想而有效资产的对应，或者有相同价值的实物交易，或者投入资产缩水并发生不良，资产价格和其他上游垄断交易价格必然上涨；而经济主力人口收缩，消费价格却难以上涨。关键的问题是有效资产、各类债务与货币发行之间失去了平衡。经济下行时，货币投放的关键棋子是有效和有价值的资产。

这里先概括介绍一下最近我的一个经济学研究的进展。

实际上，无论是用索洛经济增长模型简单正向输入数据计算总结中国投入产出和经济增长的历史，还是用其预判中国经济的未来，都有很大的误差。原因在于，中国配置要素的体制和环境与成熟的市场经济国家有着较大的差别。学界都知道这一问题，但是如何计量体制扭曲到底造成了多少产出损失，如果进行要素配置体制改革会带来多少产出和增长潜能，并没有一种可分析的方法。

在一段较长的时间内，我也陷入方法缺乏的困境之中。后来思考，能不能用体制和其他条件“应该有，但没有；应该有这样多，但是没有这样多；应该有这样多，但是太多了”这样的逻辑，找到同样发展水平国家各个方面，或者市场竞争性的如收益率等这样的标准值。将比较同阶段和同环境化，将扭曲对标化，将差距数量化。在此基础上，用假设条件还原法估计体制扭曲的投入产出损失，理顺改革体制会形成的投入产出和增长潜能。

有这样一个研究逻辑的突破：(1）使原来改革会带来增长潜能的过去定性“猜测”，变成了定量的模拟估计；(2）发现体制不顺造成国民经济投入产出最大、较大、中等不同损失的体制分布有什么样的结构，最突出的问题在什么地方；(3）发现哪些改革增长潜能较大，哪些改革增长潜能较小，改革的重点在哪些方面，并且对各方面改革进行组合，计算不同改革方案增长潜能的不同，给改革安排提供定量的决策依据。

那么，这一项研究与宏观经济调控讨论有什么关系？进一步说，走什么棋会全盘皆活？我们发现，可以找到平衡资产、债务、货币的有效资产这颗棋子在哪里。

六、宏观调控棋局：土地体制后改革和国土回旋余地比较优势

找出和布局宏观经济调控上的一个关键棋子：可利用有价值的资产，以平衡资产与负债的平衡，避免金融体系和国民经济的爆仓和崩溃，成了这次世界各国宏观调控一个几乎不可企及的难点。

在这一轮世界各国宏观调控中，许多发达国家和金砖国家已经没有这种寻找土地资产吸收和平衡货币投放的空间和余地。在全球人口增长速度放慢和老龄化加剧的格局下，前面已经提到各种宏观经济政策工具失效，各国主要是通过量化宽松货币政策“宽松”出来的货币推动经济增长，但仍然无效，陷入低利率、低通胀、高负债和低增长的尴尬局面。那么，世界上的其他主要发达国家和金砖国家能不能走上述提到的寻找和增加有效资产来吸收和平衡货币投放而推动经济增长速度的棋路呢？回答是否定的。一是许多发达国家市场化程度很高，它们的土地价值化已经很充分，作为资产进入了国民经济，没有再释放价值的空间；二是许多国家已利用土地占国土总面积的比率很高，已经没有多少增加土地资产的回旋余地；三是如加拿大、澳大利亚、俄罗斯这样土地多的国家，人口及劳动力太少，消费规模也不大，已利用土地很多，再增加可利用土地意义不大。

而从中国宏观调控的条件和环境看：首先，中国国民经济中，最有必要的是增加土地资产。比较而言，中国有通过调水改土增加可利用土地的回旋余地。与其他国家和地区相比，我国农村农业中劳动力过多，各非农业产业中装备资本过剩，国民经济各种要素组合比例中最稀缺的是可利用土地资产。(1) 中国劳均耕地水平世界最低，居民住宅用地供给人均水平世界最低。(2) 在中国960多万平方公里国土中，已开发利用土地占国土总面积比率远低于美国、日本、韩国和欧洲等国家和地区；仅农业用地方面，美国930多万平方公里国土，234万农业劳动力种植的耕地达25亿亩。(3) 调水

是国土利用的重要因素，中国人均调水只有47立方米，远低于美国的94立方米和印度的101立方米，美国西雅图、旧金山到洛杉矶一带的城市、工业和农场，就是靠调水200亿立方米发展起来的。印度与我国人口规模相当，其近300万平方公里国土有23亿亩耕地，调水量为1386亿立方米。

2019年中央经济工作会议提出："紧紧扭住新发展理念推动发展，把注意力集中到解决各种不平衡不充分的问题上。"中国要素结构中劳动力过多，装备资本过剩，而与世界各国相比，可利用土地要素不足，这就是大格局的不平衡。水土关系中，北方和西北水资源缺乏，而干旱未利用土地多；南方和西南水资源多，海洋水资源多，但耕地和建设用地短缺，这就是水资源与土地在二者之间和时空方面又一大格局的不平衡。调节水资源分配，改造未利用土地，扩大发展空间，平衡劳动力、装备资本和可利用土地等要素间的配置，扩大中国经济持续发展的回旋余地和空间，这就是一种新的发展理念。

其次，中国是体制转轨中的国家，土地要素市场化配置的改革还没有完全到位，有通过改革使土地价值化、资产化的后改革优势。2019年中央经济工作会议强调，"要完善产权制度和要素市场化配置"，并首次提出"要改革土地计划管理方式"，非常及时。我国农村的耕地、园地、林地、宅地和其他建设用地，过去由于是生产和生活资料，限制交易，不能定价，几乎没有价值；城市、工矿企业和水利交通设施中，过去划拨的土地也没有价值；一些早期协议出让和低价招拍挂土地，价值也较低。通过改革，将几乎无价值的农村农业生活和生产土地资料变成有价值的资产，也通过改革将价值太低的城镇、工矿和水利交通等土地价值，提升到合理的水平上，这使得宏观经济政策中，用增加有效土地资产来吸收和平衡投放货币有很大的后改革空间。

这是在全球各国经济中，中国宏观调控政策工具操作和推动经济增长独有的优势，也是我们带头走出目前全球性经济衰退的希望和信心所在。

七、改革使农村土地吸收货币并消除梗阻货币流动的障碍

进一步推进土地体制改革，关键是形成公平竞争、城乡统一的土地市场，由市场机制决定城乡土地要素的配置，土地要从目前的生产资料和生活资料成为有价值的资产棋子。其不可或缺的条件是，能够定价，而定价的机制是交易。若只是短期出租流转，或者从所有权到最后的经营权和居住权等层次太多，也不能交易，这就无法定价确定其价值。

推进土地体制改革，主要是解决微观和宏观经济运行和流程中的梗阻问题。从微观上讲，土地要素的有效配置和劳动力、资金、技术等要素的城乡双向优化流动，受到了梗阻。（1）土地不能合理定价，其就无法作为资产与其他如流动资金、装备资本、技术等要素平等地以合理的价格入股，成为经济投入中的资本。（2）如果不能定价，土地作为资本进入投入产出后，无法合理地确定资本要素的成本，也无法确定土地要素的贡献，使土地实际占有者合理地分配其收入。（3）因土地不能定价，投资无法与土地合理组合，也无法在资产增值、调整投资结构、避免风险、出让给更有效土地利用者等时通过交易退出。（4）在金融机构贷款时，土地如果无法交易，抵押就没有意义，因为其风险无法退出。一些学者总是想在不让土地交易的前提下获得信贷资金，这是违背市场经济规律的。（5）由于产权不清，实际占有和使用的土地退出不能通过市场机制得到使用财产交易收入，即使土地闲置撂荒，农民也不愿意使用财产权流转让其优化配置。（6）由于使用财产权不清，内部结构复杂，使用年期较短，土地所有者只能将经营权出租流转，而租金水平很不稳定，耕地不能抵押而得不到信贷资金，投资农场风险很大，使中国无法推进农业生产的规模化。（7）人力资源有投资成本，农业的比较收益太低，不仅城镇人才很少向农业农村流动，就是投资较大的农村学生在接受完高等教育毕业后，绝大部分也不会在农村从事农业生产。

从宏观经济流程看，流动和流量问题在于：（1）农村户籍人口需要工业品，但是收入流量少，有支付能力的消费需求流量不够；而工业品消费已经饱和的城镇居民，收入流量大，但边际消费流量很小。如2018年8亿农村户籍人口只有农业生产收入和外出务工收入，其收入规模为13.53万亿元，其收入消费率为80%左右，消费规模在10.84万亿元；而6亿城镇户籍人口居民收入规模为25.48万亿元，其收入消费率为60%左右，居民消费规模约为15.29万亿元。从工业品供需中观察，2018年产能过剩11.2万亿元左右，假设中间产品占40%，有支付能力的消费需求缺口在6.72万亿元。其实，消化这部分消费工业品的潜力，主要支付力不在城镇户籍人口的支出上，而是在增强农村户籍人口有货币的消费能力方面。因此，解决生产过剩的关键，是提高8亿农村户籍人口的收入水平。（2）从投放的货币在城乡和要素结构中的流动看：首先，城镇土地房屋吸收和流动货币太多，农村农业土地不吸收货币，货币流动量太小。城镇的土地招拍挂，新住宅销售和二手房交易，有价格泡沫，吸收了大量的货币；而农村的土地和住宅，限制交易，根本就没有吸收货币的功能，只是依靠农业生产购销和务工所产生的货币流入，流量较小，甚至农民到城镇务工收入的储蓄，通过乡镇的金融机构，又通过贷款流出农村和农业，流入了城市和非农业领域。2016年相关数据显示，通过中国农业银行、中国邮政储蓄银行、农商行和农业信用合作社四大渠道，向城镇和非农业领域流出了3.2万亿元资金。其次，从各要素和资产结构看，其他所有的要素都吸收货币和形成货币流动，仅农村农业土地要素和资产不仅不吸收货币，反而成了经济运行中货币流动的梗阻。劳动力要素通过劳动收入和支出，形成了货币流；城镇和工业建筑、装备和流动资本通过购置原材料、制造、销售以及装备购买和安装使用等，使固定和流动资金吸收货币，促进货币流动；技术要素方面，技术研发投入、技术销售和购买、技术入股等，也有货币吸收和流动过程。唯独农村农业土地不吸收货币，货币流动到农村农业土地这一要素和资产时遇到了梗阻，实际上成了宏观经济运行中货币流动的一大障碍。

深化土地体制改革，就是要土地成为能够吸收货币的资产，并消除由于土地只是生活资料和生产资料而使货币不能流入农村农业领域的屏障。

八、土地改革和调水扩土会使中国率先走出经济发展困境

2019年中央经济工作会议提出，继续实施积极的财政政策和稳健的货币政策。扩大一些财政赤字，发行长期国债，实施调节水资源分配、改造可利用土地、扩大发展空间重大战略，通过改革和扩土，使项目贷款和国债买卖投放的货币有土地资产吸收，使财政赤字有资产保证，这是实施中央这次会议提出积极财政和稳健货币政策最好的搭配。

纵观全局，中国宏观经济调控中最为关键的是解决两个问题：一是打破8亿农村户籍人口收入水平低、有支付能力的消费需求不足与出口潮退后工业品产能过剩11万亿元这一僵局；二是避免未来刺激增长而发行大量货币，但由于没有有效平衡资产，跌入金融体系及国民经济崩盘的险局。

我们对这一土地资产化体制改革和调水扩土发展战略的实施，包括农村户籍人口收入的提高，有支付能力消费需求的增长，工业品生产过剩的解决，经济增长潜能的提高，进行了模拟和计算，结果如下。

中国可以改革的无价值和低价值土地资产，规模为623.6万亿元。其中，农村耕地、林地、园地、宅地和其他建设用地等被限制交易的生产资料和生活资料性质的土地，用影子价格等办法计算，若能够定价交易，规模为473.4万亿元。城镇国有土地价值，包括划拨和低价出让的，现价规模为304.2万亿元，其中可交易资产规模为150万亿元左右。

2019年中央经济工作会议提出，要充分挖掘超大规模市场优势，发挥消费的基础作用和投资的关键作用。我认为，进一步解释，唯有提高农民收入来增强其消费能力才能解决工业品过剩。如果农村土地要素从生产资料和

生活资料向着资产进行市场化的改革，允许其交易改善再配置，以及以地为本创业、入股、投资和建设，形成投入产出，那么1%的交易量，就是4.73万亿元，假定税收为40%，农民就可得到收入2.84万亿元；年资产化率5%，产出率为10%，产出收入2.37万亿元。两项加起来为5.21万亿元。收入消费率为80%，就会形成4.168万亿元有支付能力的消费需求，而且大部分是工业品消费。

调水改土，最保守可增加50万亿元土地资产，还可年平均增加居民收入和消费分别为8000亿元和5600亿元。从2020年起，每年调水改土，将未利用土地改造为可利用土地，年新增2500万亩耕地和187万亩建设用地，到2035年，累积增加4亿亩耕地和3000万亩建设用地。保守估计价格分别在每亩3万～4万元和80万～115万元之间浮动，2035年可额外增加50万亿元土地资产，16年中每年平均所得的交易和资产产出收入为1.82万亿元。如果居民收入从目前的30%逐步扭转到60%，每年居民所得新增土地收入为8000亿元左右，收入消费率按照70%计算，消费支出年规模平均为5600亿元。

有学者提出，粮食不够，可以从国外进口，这样可使我国环境压力减小。问题是，如果加大粮食的进口，换汇600亿美元支出到国外，目前中国2亿农业劳动力去干什么？1/5的粮食供给依赖于国外，能安全吗？

未来的数年中，8亿农村户籍人口逐步富裕，从2020年新增4.5万亿元消费开始，逐步提高，加上城乡土地改革和调水改土使城市居民的收入也有所增长，共同增强工业品的消费，改变消费品的供求格局，使中间工业品的需求也扩大，从而整体上走出产能过剩的困境。

彻底改革户籍体制，放开人口迁移，提供教育等公共服务，多种方式供房，降低房价收入比，调节农业过剩的劳动力向新增耕地的区域流动，发展规模生产，以及向城市和非农业领域转移，使农业生产率也得到提高。

而目前620万亿城乡存量无价或低价土地资产价值化释放空间，以及每年调水改造新增2500万亩耕地和188万亩建设用地，发行数万亿元国债和贷款，投放数万亿元货币，前有存量土地资产改革吸收货币，后有银行买卖国债和放贷投放货币，有价值化资产和增量资产保证负债和资产的平衡，流通和投放的货币有巨额土地资产作为基础，我们就可以用量化宽松货币政策调控促进经济稳定增长。

2019年中央经济工作会议提出，要保持宏观杠杆率基本稳定，压实各方责任。土地体制改革和调水扩土，增加有价值的资产，就是在扩大财政赤字、投放货币、稳定经济增长中保持宏观经济杠杆率基本稳定最好的棋路。

土地改革、增加收入、扩张消费、消除过剩、资产保证、增强流动、货币稳定和稳定增长，中国完全可以进入高收入国家行列。我们的计算表明，如果对减税、国有企业、金融体系、人口迁移、农村土地和城镇土地等体制进行改革，2020年到2035年，按低方案和高方案，年平均可获得1.89个到2.88个百分点的增长潜能，分别使年增长速度达到4.73%和5.72%。这样两个增长速度，先后不同，都可保证中国在2035年前进入发达国家行列。

而城乡土地体制改革释放的增长潜能占改革总释放增长潜能的比例，按照低、高不同，分别占到70%和80%，农村土地体制改革释放的潜能占改革总释放增长潜能的60%和70%。

我们的计算表明，在前20年统计局调整公布的人口自然增长率基础上，只要进行劳动力、资本和土地三大要素配置，特别是土地体制要素改革，在2035年前我国就能跨过中等收入发展阶段。而即使按照1%抽样调查，以前20年人口自然增长率，无论是外生推算，还是人口作为内生变量推演，通过改革加调水改土，也可进入高收入和初步现代化国家的行列。

而即使按照1%抽样调查较低的人口自然增长数据推算，如果全面深化改革，调水改土，在2035年前也可以跨越“中等收入陷阱”，进入高收入国家行列。

我细看国民经济各个方面，也想了多种组合政策和调控棋局，除此方案之外，好像再没有什么较优和次优可供选择组合的部署和棋局。

是为序。

第一章
调水改土：推动经济中长期增长和长远发展

2020年1月17日，国家统计局网站发布了2019年我国国民经济运行情况各项数据，其中我国人均GDP首次突破了1万美元，正处在从中高收入向高收入门槛跨越的关键阶段。但与此同时，中国经济发展的国际国内环境发生了重大变化，过去长期以来支撑中国经济增长的基础要素如人口、国际环境等都发生了重大变化，这对中国实现对高收入水平的攀登以及进一步实现在高收入水平上保持长期可持续增长，形成了巨大挑战以及不确定性。我们认为，淡水资源的供给侧战略性调整对于促进几个关键性生产要素的合理配置、打通城市和农村生产要素流动梗阻、启动新一轮投资和消费、扩大经济增长新动能、延长工业化时间、保障中国跨越“中等收入陷阱”等方面都具有重要意义。

第一节　中国经济增长速度下行压力与严峻趋势

自2008年以来，中国经济已经连续10多年增速下行。这在改革开放历史上是前所未有的。更重要的是，在“人口坑”等内外因素作用下，这种下行压力在未来还会继续加大。这对于中国需要在有限时间窗口内跨越“中等收入陷阱”、跨入高收入门槛来说，是个重大挑战。

一、已逾10年的经济增速长期下行

改革开放以来，中国经济虽然经历多次波动，总体上保持了长期高速增长，平均增速达到9.5%①，使得中国经济总量在2018年达到90.03万亿元，人均GDP达到9732美元，接近1万美元，成为中等偏上收入的经济体。然而，中国经济增速从2007年的14.2%降到了2008年的9.6%，2009—2010年虽曾在“四万亿”经济刺激政策作用下回升至2010年的10.6%，但总体上没有改变中国经济增速长期下行的趋势，随后的2010—2018年间经济增速持续下行，逐级降至2018年的6.6%，与2007年的14.2%相比，经济增速下降了52.8%，经济增速下行时间已逾10年。这么长时间的经济增速下行，在改革开放历史上前所未有（见图1-1）。

① 国家统计局指出，从1978年到2017年，我国国内生产总值按不变价计算增长33.5倍，年均增长9.5%。参见国家统计局：《波澜壮阔四十载 民族复兴展新篇——改革开放40年经济社会发展成就系列报告之一》，国家统计局网站，2018年8月27日。

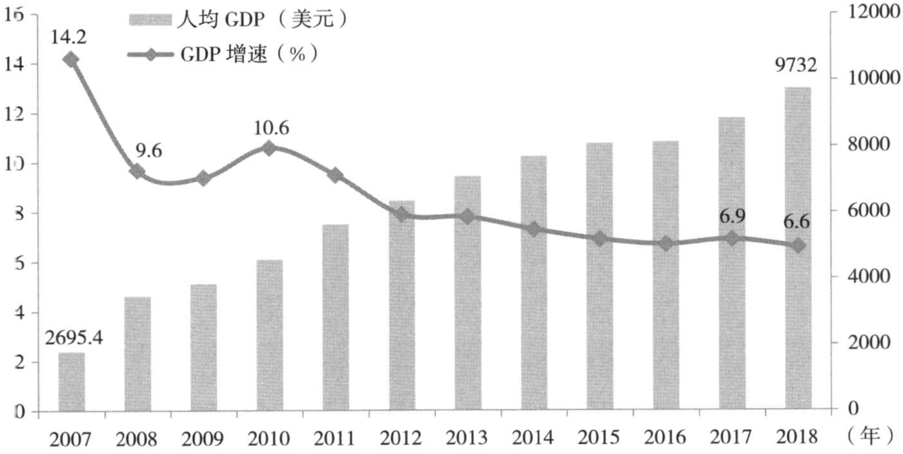

数据来源：世界银行、国家统计局。

图1-1 2007—2018年间中国经济增速下行情况

二、低生育率将可能导致未来中国经济长期低速增长

什么因素是影响中国经济中长期增长的基础性因素？周天勇（2018）研究发现，在众多影响因素中，人口是影响经济长期增长的重要因素。他用中国、日本、韩国等经济体的历史数据进行了回归检验，发现当期的人口自然增长率与20年后的经济增长率存在高度拟合现象。这就是人口增长滞后20年左右影响经济增长定律（见图1-2）。

按照这一拟合关系，我们可以根据我国人口自然增长情况对未来经济增长进行预测：由于21世纪初以来我国的人口自然增长率持续下行，因此未来经济增长可能也会维持同人口自然增长率相似的下行趋势。这样，在当前经济增速下行趋势下，如果任其下跌而不采取强有力措施，那么经济增长速度将很可能在2024年下降到4%以下，此后的2025—2036年间将在3%～4%之间徘徊（见图1-3）。[①]在这种增速条件下，中国很难跨过高收入

① 周天勇、王元地：《中国：增长放缓之谜》，格致出版社、上海三联书店、上海人民出版社2018年版，第135—143页。

门槛，即使短暂地跨过去后还可能退出来，更不利于中国在较高收入水平上实现长期可持续增长和繁荣。

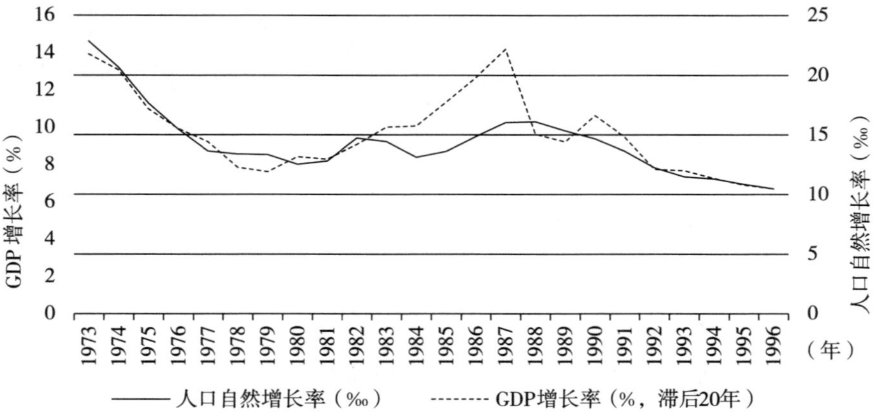

资料来源：中华人民共和国国家统计局网站。

图1-2 1973—1996年中国人口自然增长率以及滞后20年的GDP增长率

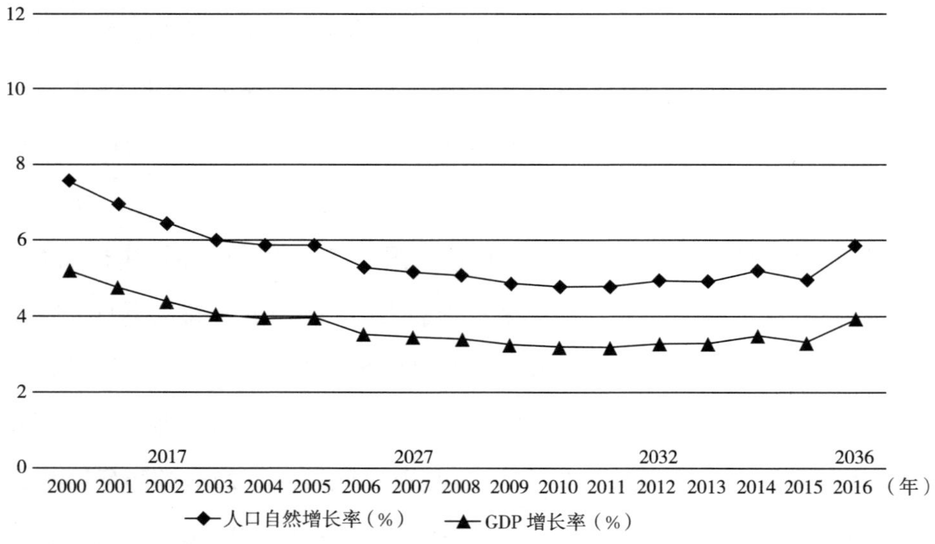

资料来源：国家统计局。

图1-3 2000—2016年人口增长率对未来中国经济增长下行压力曲线

三、实现“两个一百年”奋斗目标，我们仍然需要中高速增长

在推动经济增长从高速增长转向高质量发展的同时，在较长时间内保持经济的中高速增长，对于我们这个人均GDP不高的发展中国家来说，仍然很重要。事实上，经济增长质量和速度并非此消彼长、相互对立的矛盾关系，而是相辅相成的。经济学家对新中国成立以来的经济增长历史的研究表明，GDP高速增长时期也是TFP（全要素生产率）高速增长的时期，而且是TFP对GDP贡献最大的时期。[①]改革开放以来,GDP高速增长时期一般都是人均收入较快上升、居民物质文化消费快速增加、获得感较快上升的时期。历史上所出现的高速增长带来环境污染问题，实在并非高速增长之罪，而是政府监管缺位或不力的结果（张文魁，2018）。

更加重要的是，只追求高质量而不要较快速度，是很难在窗口期内跨越中等收入阶段、进入高收入门槛的。现在世界上的发达国家，在其发展史上都是以较短的时间跨越了中等收入阶段成为高收入国家。这就是“时间窗口”，不是可以无限时间往后延迟的。一旦错过窗口期，则可能掉进所谓“中等收入陷阱”，引发诸多政治经济社会问题。研究表明，2008—2022年是中国跨越“中等收入陷阱”的参考性时间窗口。[②]如果未来中国没有一定较快的增长速度，而只有追求所谓发展质量，那么人均GDP是难以在窗口期内跨过高收入门槛的，第一个百年奋斗目标就难以实现。因此，未来速度不是不重要了，而是仍然非常重要。同时，即使是高质量增长，也需要以一定速度来支撑和保障。在经济从高速向低速转换的时期，往往出现产能过

---

① 参见Perkins和Rawaki，“预测2025年前的经济增长”。[美]勃兰特、罗斯基著，方颖等译：《伟大的中国经济转型》，格致出版社2009年版。

② 周天勇、冯立果研究发现，2008—2022年是中国跨越“中等收入陷阱”的参考性时间窗口。参见洪崎、贾康、黄剑辉、王广宇：《战略与路径：迈向2049的中国》，企业管理出版社2018年版，第323—325页。

剩、企业破产倒闭、银行负债和不良资产激增、经济新增动力不足、经济金融风险提高等问题，增长质量不是升高而是降低了。

因此，考虑人口相对收缩和结构老龄化、全球经济增长的势态、金融体系和人民币币值的不确定性以及其他不可预见的不利因素，从未来能够实现中国新两步走发展战略目标看，在第一个10年左右时间中（2020—2030年），经济增长需要保持7%～8%的动能。在第二个10年左右时间中（2030—2040年），需要有5%～6%的动能。理由为弥补人口相对收缩和老龄化失去的3个到4个百分点的动能，也要防备货币大幅度贬值等影响人均GDP水平的不可预见事态发生，留下对其弥补的余地。而在第三个10年左右时间中（2040—2050年），需要有年均3%～4%的增长动能，这个阶段要弥补的是人口特别严峻的老龄化对增长速度的下行压力，从而顺利地进入中等发达的现代化国家行列。

第二节　实现未来中高速增长需要克服的供给侧和需求侧问题

近两年来，中国季度增长速度保持在6.5%上下，但下行压力极大。要在经济增长逐渐提高发展质量的同时实现7%～8%的中高速增长，首先需要找到影响长期经济增长下行的关键因素。这可以从供给侧和需求侧两个方面分析。

一、供给侧：城市和农村两个模块之间的生产要素双向流动梗阻

2018年，中国农业增加值的GDP占比下降至7.2%，看起来似乎中国已

经是一个进入了工业化中后期的中等收入国家，但是从另一方面看，2018年中国常住流动人口城市化率为59.6%，户籍人口市民化率为43%，农业劳动力占总劳动力的比率为26%，我国仍然拥有厚重的农村和农业社会特征。从这点上来讲，人口、劳动力和土地等生产要素从农村和农业向城市和非农业流动和再配置，应当有广阔的空间和充足的动力。然而事实上，近几年来，人口、劳动力、土地、技术和资本等生产要素从农村和农业要素模块向城镇和非农业要素模块的流动和再配置速度大为放慢，二者之间的通道似乎已经被阻断。

（一）现有城镇区域和非农业要素模块的问题

一是城镇和非农业要素模块开始排斥和挤出普通劳动力，普通劳动力发生向农村回流的现象。2017年，虽然中国城市化水平只有58%，户籍城市水平更是只有43%左右，第一产业中就业劳动力还有2.1亿人，占总就业劳动力的近27%，与同等发展水平阶段的国家相比，城市化水平按常住人口低了13个百分点，户籍城市化水平更是低了27个百分点；农业劳动力就业比例则高了13个百分点。但是从数据看，新增的外出向城镇和非农业流动的农民工在大幅度减少。制造业过剩和出清，以及税收和社保费用增多，再加上智能技术、自动生产线和先进机器装备对劳动力的替代，非农业领域雇用普通劳动力数量相对在减少。

二是现有城镇和非农业要素模块，由于制造业生产过剩，资金几乎找不到理想的再投资的领域，资本也溢满而已经相对过剩。由于人口少子化，有消费支付能力的经济主力人口收缩，老龄化加剧，曾经的人口增长导致消费需求扩大的态势已经成为过去。相反，由于人口开始收缩，那么必然要求供给规模相应收缩，这已经成为制造业不断过剩和不断去产能的一个压力因素；而贸易冲突又使中国制造业向外出口的需求空间受到压缩，而且未来也充满了不确定性，过去依靠出口导向型工业化来推进国民经济增长的时代也成为历史。2010年以来中国投资的单位GDP产出水平的下降，也是城镇和非农业要素模块中资本要素过剩的一个反映和实证。

三是现有城镇和非农业模块中，农村土地向其流动的产出配置效率大大下降。2010年以来，中国城镇建成区的单位GDP产出增长水平大大低于前30年，而且未来下降的压力也较大。主要原因在于：其一，集中式、规模化和劳动生产率较高的制造业陷入过剩，其对土地的需求下降。其二，服务业中的公益性土地配置，其投资建设主要增加当期的GDP，金融商业等用地与制造业相比相对较少；而增加住宅用地，一般也只是形成一次性的GDP，而不会有连续的产出。

四是农村模块中投资形成的知识型劳动力向城镇和非农业模块流动，技术要素也在后者中不断集中和积累。知识劳动力和技术的积累，需要人力投资和研发成本支出，其需要比普通劳动力和常规技术高的收益，才能收回其投资，获得合理的回报。而且，高收入的行业者集中在现有的城镇之中，这使得城镇不断地吸收知识劳动力，集中和积累技术要素。如果农村产业的效益太低，就会将知识劳动力和技术要素几乎全部吸收到城镇要素模块之中。

（二）现有农村和农业模块的人口和要素流动的变化和问题

一是由于各种原因，农村和农业模块中滞留了大规模的低收入过剩人口，降低了户籍居民和非户籍居民的消费能力，年消费能力损失约占当年居民消费总额的14.15%（2017年值），这使城镇和非农业要素模块的生产供给无法被低支付能力人口的消费需求所平衡。从人口比例看，2017年农村常住人口还在41.48%左右，户籍农村人口更是高达57%左右，与目前中国发展水平阶段城市化至少70%的国家相比，农村中按照常住人口比例多出了15958万人，按照户籍人口更是多出了38922万人。当年农村居民人均消费支出10955元，城镇居民人均消费支出24445元，差额为13490元，城市化滞后造成的消费能力损失额为17482亿元。如果按照户籍人口差距计算，

2017年在城镇中的22964万非户籍居民的平均收入约为24978元，而户籍居民的收入平均约为41017元，其差额为16039元；按照城镇户籍居民收入消费率66%和城镇非户籍居民76%计算，非户籍居民人均消费能力损失为18573万元。加上前述滞留农村人口损失的，总消费能力损失规模为36055万元，而当年居民总消费为254690万元。农村区域过多低收入人口和城镇非户籍中低收入人口，应有收入和消费能力的损失，除了人口收缩外，是不能平衡城镇区域和非农业要素模块生产能力的最为重要的原因。因支付能力低下，他们还没有满足的工业品消费，恰恰是目前制造业大量过剩的那部分生产能力。

二是农业和农村要素模块中普通劳动力（高中及高中以下受教育水平）太多，向城镇转移的速度放慢，劳均土地水平太低，劳动生产率太低。中国农业人口中有2.1亿普通劳动力就业，占总就业人口的27%，高于同期发展中国家的15%。除去国有农场近1亿亩地外，劳均耕地9亩，远低于世界人均17亩的水平，也低于日本、韩国和中国台湾地区劳均30亩到40亩的水平，更是低于欧美劳均500亩到2000多亩的水平。近些年中国粮食消费方面，20%需要进口。

三是农业和农村要素模块中信贷和投资资金因产权不确定和成本太高而无法进入。目前农村的固定资产投资大多是农户住宅建设支出和小型农机具购买，因土地产权不明确、结构复杂，土地实际上是生活和生产资料，而不是市场经济中有价值的财富，实际上是休眠或者“僵尸”资产，无法有效抵押，信贷资金其实无法顺利进入，社会资金因产权不安全、资产无价或低价、风险太高而不进入。另外，农业土地流转困难，经营规模小，农业补贴获得者不明，租金预期不确定，收益较低，风险较大，信贷和社会资金也不愿意进入。

四是农业和农村要素模块中，知识劳动力（大专及大专以上受教育水平）因收益远低于人力资本投入而几乎全部流出，技术服务因农村缺乏资金、技术服务收益低等，进入农业的积极性不高。从目前和未来看，农村达到青年劳动力年龄人口中的知识劳动力部分，基本上都留在了城镇和非农业领域中。从目前看，80%左右被单位和企业聘用，10%左右因找不到工作成为就业不稳定的2.86亿农民工的组成部分。现代农业技术的推广和使用也有一个规模经济条件，如果规模太小，一些技术使用的成本就较高，没有规模递增的经济收益。一些机械化技术、电气化技术、生物技术、化学技术等，越是农业生产规模化，其推广价值越高、效益越好。而规模太小，由于单位产品的固定成本较高，利润微薄，技术的应用和推广就受到制约。

也就是说，虽然学界对“中国是一个发展中国家，其增长动力来自传统农村社会和农业经济的城市化和工业化的二元结构转型”这样的发展经济学论述很熟悉，但是，对于中国经济增长城乡间转型的特殊变动没有进行深入分析，对于二元结构转型时空和体制障碍更是熟视无睹。而我国经济增长速度被强力抑制的最关键症结，就是上述城乡区域和模块间人口和要素双向流动的梗阻。

那么，促进国民经济中高速增长的逻辑是什么呢？就中长期看，通过减税降费，休养生息，可以稳住经济增长下行颓势；促进劳动力等要素流动和人口迁移，改革城乡土地产权，疏通城乡模块间的部分淤堵，使资金双向流动，平衡人口相对收缩造成的经济下行压力；水资源供给侧结构性改革与地域上改造土地和体制上改革土地产权相结合，形成新的要素模块，吸纳现有乡村模块中过多的人口和劳动力，引入城镇模块中过剩的资金和技术要素，形成“新增模块—现有农村模块—现有城镇模块”之间人口、要素、产出、收入和消费之间的良性循环，获得推动增长更大的动能，实现未来8～10年国民经济的中高速增长。

二、需求侧：有支付能力的消费需求不足

近年来中国需求侧也发生了巨大变化，主要特征是人口老龄化形势严峻，经济活动人口数量和占比都持续下降，特别是经济主力人口萎缩，城乡

居民之间的收入差距持续拉大，有支付能力的消费需求不足。

一是计划生育政策导致老龄化问题提前到来，经济活动人口数量和占比都持续下降，经济主力人口萎缩，有支付能力的消费需求减少。

一个国家和地区工业化阶段的人口生育和增长，是对后期主力消费、创新、创业和劳动力供应人口的跨期储备和积累，因此，须以工业化前期的高人口增长来平衡和防备后期（包括进入后工业社会）由于社会市场自动调节机制导致推动经济增长人口的不足。也就是说，如果从跨期来看，当我们将20～45岁的人口当作消费、创新、创业和劳动力供给的主体，即推动经济增长的主力人口时，人口高增长阶段的高生育率，对人口可能出现中低生育情况的市场经济环境中后期的经济增长，有一个人口的跨期储备和积累作用。特别是发展中国家在工业化的中后期，从5500美元的中等收入向12500美元的高收入发展阶段冲刺时，足够的跨期储备和积累的消费、创新、创业和劳动力供给的经济增长主力人口，显得尤为重要。而如果在工业化的中前期，政府对高生育率的人口进行强制计划和干预，导致工业化后期推动经济增长的主力人口不足，就会发生未富先老、经济增长速度过快放慢的问题。

中国虽然还没有到后工业社会，但是总和生育率低于2.1水平以下的拐点年为1991年，滞后20年劳动年龄人口开始收缩。比如，从1992年到1996年，总和生育率下降趋势为1.875、1.755、1.760、1.770、1.680，而2012—2016年劳动年龄人口各年收缩量为345万人、244万人、371万人、487万人和349万人。2016年居民消费总额／就业劳动力，平均为3.0587万元，当年因劳动年龄人口减少而减少的消费需求为1014.11亿元，为当年居民消费总额的0.42%。如果我们将5年减少的劳动年龄人口累积，2016年劳动年龄人口比2011年减少了1796万人，假定5年中平均失业率为5%，因经济主力人口减少损失的消费需求为5219亿元，占2016年居民消费总额的2.15%。

人口结构向老龄化发展的过程，将会出现因婴幼童少青中人边际需求减少、老年人边际需求先增加然后减少的趋势，全社会总产出出现“退潮—起潮—退潮”变动过程。由此可知，人口老龄化后，非老年人和老年人边际消费倾向不同步，国民生产总值短期内可能有所复苏，但长期肯定会下降。

除了经济主力人口劳动力贡献和消费增长变动外，在人口增长速度下行时期、工业化后期，或者后工业社会，产业结构从制造业比例上升向着服务业比例上升转型，由于制造业和服务业劳动生产率和成本的不同，经济增长速度也从上行转向下行，进入低速度增长阶段。然而，人口增长转型和人口结构变化与此也有着非常密切的因果影响关系。

二是由于农村土地、宅基地不能真正流转，农村建设用地和宅基地无法作为市场主体直接入市，因此无法价值表达，以农副业为主的农村居民收入与以工商业为主的城镇居民收入之间的差距越来越大，导致农村居民的消费能力有限。

从城镇劳动力工资看，2016年城镇单位职工平均年工资为67569元，进城务工农民工月均收入3572元，平均工作时间约为10个月，年收入为35720元；城镇单位职工与农民工的工资收入比为1.89：1。城镇中户籍人口为57153万人，非户籍常住人口为22595万人，非户籍人口中包括13585万农民工和他们的2000万左右子女等，还有7010万非户籍白领、工商业者及其家庭成员。非户籍城镇人口的人均年可支配收入要比城镇居民低一些，比进城农民工高一些；但考虑城镇居民的财产性收入水平要比农民工人口高这一因素，根据农民工工资与城镇单位职工工资的比例，将城镇户籍人口的人均可支配收入与城镇非户籍人口的可支配收入比确定在1.648：1。这样，城镇户籍居民人口、城镇非户籍常住人口和农民居民人口的人均可支配收入分别为37884元、22990元和12363元。如果农村居民的收入如果为1，则城镇户籍居民与城镇非户籍居民的收入比为1.65：1，与农村居民的收入比为3.06：1。这是我们对2016年三个阶层各自居民平均年收入水平的分析。图1-4是我们绘出的城镇常住居民人均收入和农村常住居民人均收入的变化情况。可以看出，20世纪80年代，城乡居民之间收入差距还不大，最小时在

1.5∶1的水平，而在2010年左右扩大到3∶1以上，近年来虽然比例有所缩小，但是收入绝对差额越来越大。在收入的结构中，城乡居民间财产占有和财产性收入的相对比例和绝对数额差距则更大。

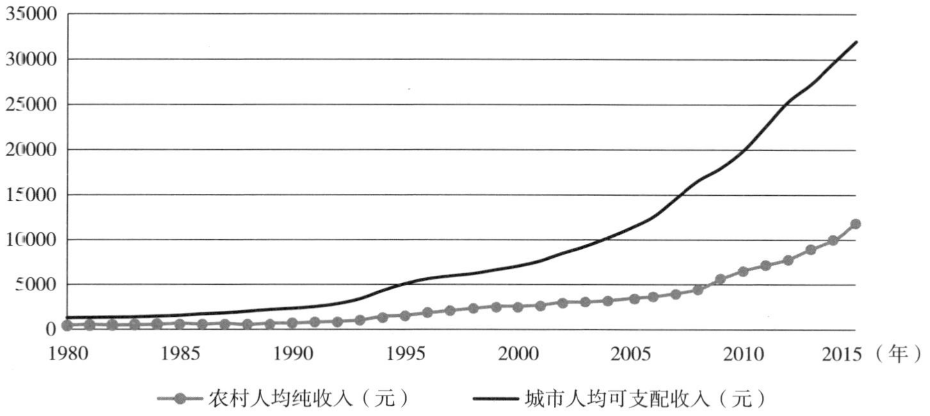

图1-4　1980—2015年中国城乡居民收入差距

消费支出占家庭总收入的比率，随着收入的不断提高，有着边际递减的规律。实际上，从收入水平和消费支出方面看，中国居民应当分为城镇户籍居民、城镇常住非户籍居民和农村常住居民三个群体。由于时序数据计算和获得的难度太大，我们这里试图只区分2016年一个时间点上的情况。从2016年居民的收入消费比看，城镇居民人均消费支出23079元，农村居民人均消费支出10130元，分别占各自收入的68.65%和81.94%。如果按照城镇户籍人口、城镇常住非户籍人口（城镇非户籍人口中农民工的收入消费率较低，有的转移给了农村家庭其他人口，成为他们的转移收入；但是白领和工商业者收入的租金等消费率较高）和农村常住人口划分，其收入的消费支出占收入的比例大约为67%、77%和82%。从经济学分析看，其因果链为：农村人口和劳动力向城市迁移，由于受到了阻碍，而农村农业等劳动生产率较低；城镇中农民工人口以及其他非户籍人口，其平均收入以及由于享受公共服务的不平等，要比城镇户籍居民收入低而支出多；城镇户籍居民则由于工资收入、经营收入、财产性收入以及政府转移收入要比农村居民多，形成了农村居民、城镇非户籍居民和城镇户籍居民从低到高的收入差距；而不同的收入水平，其消费支出占收入的比例，则收入越高，消费支出越低，反之则越高。

这样我们就发现了“抑制人口流动和迁移—形成收入差距—不同的消费收入比率—生产投资能力越来越大—消费需求相对收缩—导致生产过剩”的一个传导过程。也就是说，由于市民化的城市化受阻，导致了农村人口过多地留在土地等生产资料较少的农村，对国民收入的分配能力较弱，又造成了城镇不断扩大的生产能力与农民相对增长不足的消费能力间的失衡。通过这样的推导，我们认为在城镇资本和技术分配的比例越来越大，农村农民的分配能力相对越来越弱，财富和收入向城镇和较高收入群体流动和集中，其收入的高边际投资率使生产能力扩张，而农民和最不富裕阶层收入的边际消费较高。但是，其收入增长相对较慢，不能消费和平衡由投资和技术创造的巨额供给。而人口流动管制的施行，使更多人无法从低收入的农村走向城市，更扩大了城乡收入差距。

但是，如果按照前述的三元分类的城镇户籍居民、城镇非户籍居民和农村居民各自人均可支配收入消费率计算，2016年这三个群体的人均消费支出分别为25382元、17702元和10138元，按照人口迁移受阻应该为城市市民而还在农村的人口损失的消费需求为26665亿元，由于户籍管制不能转为市民的非户籍城镇常住居民损失的消费需求为17150亿元，两项共计消费需求损失43815亿元，占当年全年居民消费总额的18.52%。对人口迁移的管制，使中国与处于同样发展阶段的国家城市化滞后，农村和城镇非户籍居民的收入机会和能力被限制在较低水平或低水平上，由于消费需求能力的不足，造成了巨大的消费塌陷性的损失。

由于对人口迁移的管制，土地财产性收入分配的不均，高收入的人口集中在城镇户籍居民人群中，他们对生产能力和房地产等的投资能力较强，而收入的消费率较低；城镇非户籍常住人口收入的消费率要比城镇户籍居民高，但是二者的收入比为1.648∶1；而农村居民的收入消费率则更高，但是城镇户籍居民与农村常住居民之间的人均可支配收入比为3.06∶1。也就是说，消费欲望高的人群收入少，消费欲望低的人群收入多、投资能力强，财富和收入向高收入居民集中，其投资的生产能力越来越大于低收入人群消费需求能力，于是生产过剩就出现了，并且会越来越严重。

第三节 未来经济中高速增长的淡水资源硬约束

城镇化、工业化和经济中高速增长都需要更大规模的淡水资源消耗，包括农业灌溉、工业用水、服务业用水、城市生活用水等。我国总体上人均可利用淡水资源少，节水观念和节水技术比较差，经济增长的水资源消耗弹性比较高。这是对未来我国持续多年的经济中高速增长形成了淡水资源的硬约束。

一、水资源需求的增长趋势

2018年《中国水资源公报》显示：2018年，全国水资源总量为27462.5亿立方米。其中，地表水资源量为26323.2亿立方米，地下水资源量为8246.5亿立方米，地下水与地表水资源不重复量为1139.3亿立方米。

2018年，全国用水总量为6015.5亿立方米。其中，生活用水为859.9亿立方米，占用水总量的14.3%；工业用水为1261.6亿立方米，占用水总量的21.0%；农业用水为3693.1亿立方米，占用水总量的61.4%；人工生态环境补水为200.9亿立方米，占用水总量的3.3%。地表水源供水量为4952.7亿立方米，占供水总量的82.3%；地下水源供水量为976.4亿立方米，占供水总量的16.2%；其他水源供水量为86.4亿立方米，占供水总量的1.5%。

全国人均综合用水量为432立方米，万元国内生产总值（当年价）用水量为66.8立方米。耕地实际灌溉亩均用水量为365立方米，农田灌溉水有效利用系数为0.554，万元工业增加值（当年价）用水量为41.3立方米，城镇人均生活用水量（含公共用水）为225L/d，农村居民人均生活用水量为89L/d。按可比价计算，万元国内生产总值用水量和万元工业增加值用水量分别比2017年下降6.6%和6.9%。

数据来源：GDP数据来自世界银行，淡水需求量数据来自水利部网站。

图1–5　中国经济总量和淡水需求总量趋势（2001—2016）

二、水资源供给与供需缺口

一个国家水资源的总供给量，在没有大规模调水工程、技术或极端气候（旱灾）前提下，一般是稳定的。根据现有数据预测，到2030年，全国实际可利用水资源量仅为8000亿～9000亿立方米，水资源开发利用接近极限，淡水资源缺口很大。[①]第一，造成工农业和城市用水短缺。我国平均每年受旱面积3300多万公顷，因旱灾粮食减产约5%；经济社会发展大量挤占农业灌溉水源，使农业缺水的压力进一步增大；正常年份全国农业缺水约300亿立方米。工业用水紧张——正常年份我国工业年缺水至少60亿立方米，影响工业产值2000亿元。根据全国性的水利调查，667个城市中420多个城市缺水。大概有46%的城市是资源性缺水，8%的城市是水质性缺水，26%的城市是工程性缺水。420多个城市一年总缺水量在105亿立方米左右。[②]第二，缺水造成地下水的过度开采。2008年，有关部门对21个省级行政区的地下水位降落漏斗进行了不完全调查，共统计漏斗81个，漏斗总面积7万平方公里。在38个浅层（潜水）漏斗中，年末漏斗面积大于500平方公里的共11个，年末漏斗中心水位埋深大于20米的共24个。在43个深层（承压水）漏斗中，年末漏斗面积大于500平方公里的共25个，年末漏斗中心水位埋深大于50米的共13个。2008年年末与年初相比，浅层漏斗面积扩大的有21个，中心水位下降的有21个；深层漏斗面积扩大的有9个，中心水头下降的有10个。[③]总之，由城镇化和经济增长带来的淡水资源缺口将成为未来我国经济中高速增长的硬约束。

三、保障水资源供给：中国安全和发展的重大战略

对于中国当前和未来的经济发展来说，保障水资源供给是一个涉及中国安全和发展的重大战略问题。

---

① 《2030年我国水资源开发利用接近极限》，《浙江日报》2006年11月6日。

② 《超六成城市缺水 年损失两千亿元》，央视网2010年3月22日。

③ 中华人民共和国水利部：2004年、2006年、2008年《水资源公报》。

（一）水资源将成为未来中华民族发展的最重要战略性资源

能源供应曾经是全球包括中国面临的最紧迫问题，但随着新的能源技术（包括光能、风能、三代核电、页岩油气等）的突飞猛进，能源供应紧张问题已经得以显著缓解，在未来5～10年内大概率不会出现全球能源紧张。而对于中国进一步跨越“中等收入陷阱”、迈向高收入阶段来说，要延长工业化时间、提高城镇化率、提高城乡建设质量，都要形成更为庞大的淡水需求，尤其是华北和西北地区的许多省份。可以说，淡水资源供给已经成为决定中华民族发展、中国经济成长的最重要战略性资源。

（二）水资源的供给与国民经济安全：粮食安全、生态安全

在淡水资源消耗结构中，农业用水占比超过60%。这些淡水和耕地成为中国粮食产量的决定性因素，保障着中国的粮食安全和农产品安全。中国要基本保障国内14亿人口的粮食供应，除了要在耕地上加大制度改革、土壤改造、增加总面积外，还必须保障淡水资源的供应。未来随着人均收入增加、消费者膳食结构调整和消费升级，我国还将需要2000亿立方米以上的农业用水。此外，生态用水也是淡水资源消耗结构中的重要组成部分，约占淡水供应总量的2.5%，但随着未来我国城镇化率和城镇人口总量的进一步提高，生态用水安全将成为制约城市发展的关键因素。

（三）水资源：开源与节水并举

保障中国的淡水资源安全，要开源和节水相结合。所谓开源，就是要采取措施，稳步增加淡水总量供给，优化淡水的区域分布结构。所谓节水，就是要提高淡水使用效率，提高单位淡水的人均消耗、农业消耗、GDP消耗，建设节水型社会。开源和节水都非常重要，尤其是节水。中国农业用水模式主要是漫灌式，其用水有效利用系数仅为0.523，发达国家可达到0.7～0.8，

提升空间很大；中国城乡生活用水效率也不高，淡水浪费现象十分普遍。如果能够改造农业用水模式、提高城乡生活用水效率，那么中国在节水方面将产生若干个南水北调工程的供水量。

第四节　水资源供给侧战略性调整及其重要意义

由此引出本书的研究对象：水资源供给侧战略性调整。它对于推动中国经济在较长时间内的中高速和高质量发展等方面具有重要意义。

一、水资源供给侧战略性调整：内涵和外延

所谓水资源供给侧战略性调整，是指通过一系列对国民经济能产生全局影响的新水利工程、新技术、新制度安排或其组合，来有效增加当前及未来水供给，优化水供给的区域分布结构，改造未利用国土，扩大中华民族经济活动空间，解决制约国民经济中长期增长的水资源硬约束和可利用国土面积约束问题。

水资源供给侧战略性调整，是要站在国家经济发展的全局角度，来审视和解决能够影响我国跨越“中等收入陷阱”、实现“两个一百年”奋斗目标的水资源中长期供给问题。因此，这里就是要对有关战略性的水利工程、技术进行研究，如南水北调西线工程、绿水西输工程、空中调水技术等，对其成本—收益、投入—产出、经济价值、社会生态影响等进行对比研究，同时更要对有关战略性的新制度进行研究，如PPP投资制度、水市场的对内对外开放等。

二、可以形成促进经济中长期增长的新要素模块和新动能

现在中国经济发展的基本条件是：（1）城乡间普通劳动力严重过剩，并大量淤积、梗阻。从中国长远的发展战略上讲，未来的经济增长方面，最重要的是解决现有农村模块人口及劳动力过多、土地过少、资金稀缺，城镇模块中生产过剩、资金溢满、无处投资，城乡模块中人口和要素流动及循环梗阻等三大问题；出路在于转移2.1亿农业劳动力的就业，给2.86亿农民工创造工作机会，主要是倍增8亿农村户籍中低收入人口的收入，扩大居民对工业品有支付能力的消费需求，延长工业化时间。（2）城市资本大量过剩，投资空间少。改革开放40多年，城市中积累了大量财富和资本，但工业制造业领域利润率低、新经济领域失败率高，大量私人资本、银行资本、股权投资资本无处可投，纷纷向国外投资。（3）中国可改造国土空间巨大。2017年年末，中国960多万平方公里的国土，已经利用的土地中，耕地面积约135万平方公里，园地14万平方公里，城镇交通水利等建设用地40万平方公里，林地253万平方公里，牧草地219万平方公里。各类建设用地、耕地、园地和林地占国土面积的比例分别为4.17%、14.01%、1.46%和26.35%，牧草地占22.85%。还有31.13%的干旱土壤地、沙漠戈壁地、盐碱滩涂地和无森林覆盖的山丘峻岭等未利用国土。[①]（4）中国淡水资源总体稀缺，同时分布极不均衡。“胡焕庸线”[②]东南水资源、人口和劳动力多，可利用土地缺乏，可利用光能和风能较少；而“胡焕庸线”西北水资源缺乏，人口和劳动力相对稀少，未利用土地较多，可利用光能和风能丰富。华北严重缺水，西北干旱和半干旱面积较大。其中，最基础的水资源不仅总量上短缺，结构分

---

① 自然资源部：2016年和2017年中国土地矿产海洋资源统计公报。

② 胡焕庸线（Hu Line），是由我国著名地理学家胡焕庸（1901—1998）在1935年提出来的假想线。该线从中国东北边境的黑龙江省黑河市（原名“瑷珲”）一直延伸到中国西南边境的云南省腾冲市，大致划分出了中国人口在区域上的分布，体现了中国人口东南和西北的分布区域之悬殊差异。

布上更是不平衡。各地水资源短缺程度差异巨大，水资源短缺综合指数的最大值是最小值的 2.26倍。水资源极度紧缺的省（自治区、直辖市）有6个，主要分布在华北、西北极度缺水的地区；水资源紧缺的地区有9个，主要分布在华北、西北、东北和西南地区；不缺水的省份有9个，水资源富余的省份有7个，主要分布在中国东南地区。水资源紧缺程度的空间变化趋势是：从南向北，水资源紧缺程度逐渐加重；秦岭—淮河以北的华北、西北和东北地区，除辽宁等省外，其他省（自治区、直辖市）水资源紧缺程度都是“极度紧缺”或“紧缺”，而且越向西，缺水越严重。

能创造财富的土地就在我们的国家，需要的只是进行水资源的供给侧区域结构调整。如果通过多种综合的方式改变水资源的地区分布，华北和西北增加700亿立方米的水资源供给，并推广节水技术和生产及生活方式，实施水循环利用，就能在现有的31.13%未利用土地中改造7个百分点，22.85%的牧草地中改造3个百分点，就可扩大10亿亩耕地、3亿亩林地、1亿亩园地、4000万亩城镇水利交通用地。这样就形成新的人口和要素模块，扩大发展可利用的国土空间，跳出在目前城乡存量模块中找出路的思维定式，以扩大新可利用国土空间的途径解决动能不足问题，会带来四个方面的布局效果。

（1）新增长动能区域。如果能够形成这样一个经济发展的新要素模块，我们可以使其吸纳现有农村和农业模块中多余而城市开始排斥的人口和普通劳动力要素，引进城镇和非农业模块中的因生产过剩无处投资的资金，并且也引进技术要素，构造国民经济增长的新动能区域。

（2）改善和增强现有农村和农业模块的增长动能。现在的农村和农业模块中，由于人口和劳动力向新模块的迁移和流动，劳均耕地等面积增加，劳动生产率提高，再配合农村土地体制改革，农业生产向规模化经营迈进；农业结构向高增加值调整，农村中因土地增多和产权改革，给城镇资金的进入提供了体制和收益水平条件，启动其吸纳城镇资金向农村和农业流动的功能。

（3）改变现有城镇和非农业模块中制造业过剩、资金投资无门、工业品消费需求不足的局面，使其恢复增长的动能。新增人口及要素区域和模块，改善现有农村和农业模块人口要素结构，更多的是给中低收入人口带来迁移机会，给普通劳动力创造工作岗位，提高农村和农业的劳动生产率，是一场中低收入居民收入水平倍增行动。他们有支付能力消费需求的扩大，将大规模和长时间增加家私、装修、耐用消费品、汽车、农业机械装备，以及住宅建设的水泥、钢材、铝材、玻璃、塑料等工业品的需求，延长工业化时间。消费需求的扩大，平衡生产过剩，增加投资需求，恢复现在城镇经济增长的动能。

（4）国民经济模块间流动和循环整体被疏通，活力和动力得到释放，形成较大区域的新经济带，整个水资源供给侧结构性改革和新经济带建设成为较长时期拉动国民经济增长的强劲动力。用新增人口和要素模块吸收现有城镇和农村的资金、人口、普通劳动力向其流动，配合以土地产权，以及存量城镇过剩的缓解和存量农村收益的提高，存量城镇过剩的资金也启动向存量农村流动，因产能过剩被缓解而存量城镇也增强吸收存量农村人口和普通劳动力，以增量吸收启动存量城乡模块间人口和要素流动和循环，也疏通了城乡存量模块间人口和要素的双向循环，使原人口及要素流动淤堵和梗阻的城乡二元模块，变成了人口和要素流动、循环顺畅的三元模块和新的增长动能。

三、可以扩大国内投资和消费需求，使国民经济彻底走出过剩困局

随着新能源的技术进步和扩大应用，淡水的重要性将超过石油和煤炭等，成为国家各方面安全和发展的第一最大宗战略性资源。粮食能不能自足，生态能不能修复和改善，城市化、工业化、农业现代化和人民生活提高

质量等能不能正常推进，从地区结构上看，受制于华北和西北水资源缺乏。水资源总量上供给不足，分布上极不均衡，水资源的保障和安全关系中国人民生活、生态环境、发展空间等方面的安全。根据中国目前的国力，有关技术、材料、装备施工力量的条件，稳定就业、提高收入和扩大内需的需要，已经到了能够并可以改变水资源分配的发展阶段，已经到了需要解决水资源分布不均和资源不安全问题的关键时刻，也已经到了以此为基础的支点和杠杆启动国民经济中高速增长的转折时期。

通过淡水资源的供给侧结构性改革，我们至少可以增加15亿亩可供利用的土地。在新的土地上，建设新的城镇和农村，修建新的住宅，建造新的交通道路、机场、车站，发展新的工业，在人们投资、创业、就业创造财富的同时，扩大建材、能源、建筑安装、住宅装修、家居用品、日常生活消费品、工农生产原料及装备等方面的需求，这可以扩张10年以上持续和强劲的投资和消费需求，解决当前我国钢铁、水泥、家电、能源等许多行业领域产能过剩、生产不振的局面。淡水资源的供给侧战略性调整，需要有巨额投资进行配套建设，每立方米淡水收集、处理、淡化、调水等设施和装备投资平均按照150元计算，预计投资规模也在30万亿元到45万亿元之间。

在贸易保护主义盛行、外部需求收缩、内部生产过剩的局面下，启动较大规模改变水资源再分配、改造国土扩大发展空间的工程，其整体和长远的经济意义远大于其仅仅在水利工程、可开发未利用国土上进行投资和建设狭义的获利。从水利和改造国土建设开发工程看，可以扩大基建投资拉动内需，增加水泥、管材、防渗材料、干旱沙漠盐碱地改良材料、钢铁闸门等的生产；扩大海水淡化设施装备、工程机械的需求，消化工程机械产能；扩大建筑安装市场需求，平衡施工力量过剩；增加普通劳动力就业，转化为有支付能力的消费需求，扩大最终消费品工业市场，提高制造业产能利用率。从形成新中国成立以来最大新经济带看，改造国土、人口迁移、劳动力流动和集中，新农场、新农村社区的建设，华北、西北城镇扩大和新城镇的形成，东南部一部分产业向华北和西北转移，形成华北、西北新的产业经济带；西部与“一带一路”中俄、中蒙、中哈、中巴等经济走廊连接；建造城乡社区基础设施、居民住宅、铁路和高铁、公路和高速、机场；增加财产和收入的新移民装修住宅，购买家具、耐用消费品、汽车等工业品，增加和升级日用品和出行消费，也将带动新一轮国内工业品消费需求，极大地缓解和平衡生产过剩，延长工业化时间，其新经济带的产业和消费成为国民经济增长推动力很强的新动能。

这种以扩大新的国土可利用空间、新增增长模块、盘活存量模块的战略性布局的方式，我们预计，其可以在8年到10年中带来年平均3个百分点的经济增长动能。这样，加上减税费稳定增长，改革户籍、公共服务、住宅、社保等体制促进人口和劳动力双向流动，改革农村土地产权形成资金进入农村和农业形成的增长动能，并且通过存量和增量区域土地产权的明确化和永佃化，吸收过多货币，稳定向外流动的资金，在未来的8年到10年中，保证国民经济7%左右的增长速度；产权安全和经济基本面的预期，增加良性资产，稳固制造业基础，使人民币币值保持稳定，就完全可以稳步地在2035年前进入高收入国家行列。

四、可以吸收过去量化宽松货币政策化解困局

在2008年全球金融危机时，中国也采取了主动式量化宽松的货币供应政策。特别是在2009年，M2总量为610225亿元，比2008年的475167亿元，增加了135058亿元，M2供应增长幅度为28.42%。在此背景下，2011年我国消费物价上涨了5.4%，商品房价格上涨了23.18%。2010—2011年的M2货币供应的增长速度仍然为13.6%和12.2%，2015年加杠杆推动经济增长，M2的增长速度为13.3%，均高于这三年GDP的增长速度；2016年M2增长开始回落为11.3%。2017年开始的去杠杆、降债务、整顿融资平台、清理表外业务、防范金融风险，使2018年的M2同比增速放慢到了8.1%。

中国持续用量化宽松货币政策推动经济增长速度碰到的难题在于：（1）货币投放对提振消费，给制造业提供宽松的需求环境作用不大。由于经济主力人口收缩，有支付能力的消费需求相对收缩，货币投放不能被增长着的消费品供给与需求所吸收，消费物价仍然低迷，即出现了类似于日本的“你可以印出货币来，但是，你找不出挣钱和花钱的人来”的问题。（2）由于生产过剩，货币投放不被制造业的投资扩张所吸收。农村人口市民化的城市化受阻，需要大量消费品的传统工业化阶段提前结束，财富收入向城市和上层流动集中，消费需求不足，制造业几乎全面过剩，不能扩张投资和生产制造，而吸收央行放出的货币。（3）实体经济特别是制造业，由于过剩和比较投资利益低，进入投资意愿不强；股市发行融资，以及定向增发市场，包括二级转手投资市场，由于上市企业的效益和质量及其分红少甚至没有，许多当年融资的公司目前已经消耗完投资者的融资而成为空壳，二级市场机构投资者掠取中小股民的利益，其吸引居民投资的力量也大大下降；对外汇和其他资金汇出进行避险和其他投资进行限制，也使国内的人民币无法以流出和换汇加以平衡。（4）农村耕地、林地、宅地、经营建设用地等，由于产权结构复杂、时限较短、交易范围有限而实际上是休眠或者“僵尸”资产，不能成为吸收货币的领域。

货币资金的流动，是要追逐收益率的。制造业的微利、农村土地的低产出和产权的高风险，造成即使出台再多的文件要求，供给的货币也会较多地进入高收益的城镇土地市场和房地产领域。以国土资源部和国家统计局的数据计算，2015年、2016年、2017年全国土地出让价格每亩平均上涨了6.9%、25.2%和30.3%；商品房销售额为87280亿元、117627亿元和133701亿元，价格每平方米平均上涨了7.9%、12.13%和7.54%。2018年上半年财政部数据显示，土地出让金为24864亿元，同比增长了43%，地价估计上涨30%左右；而从计算国家统计局的数据看，商品房销售额为66945亿元，每平方米价格上涨了9.9%。[①]可以看出，货币在向其他领域流动涨幅收低的情况下，向土地和房产领域流动的势头仍然较强，规模还是很大。因此，继续实施宽松货币政策刺激经济增长的结果可能是：实体经济投资依然得不到货币流入而不振，资本市场依然不能吸收货币导致企业扩大融资，货币总量调控不能解决人口收缩和收入差距问题而使消费价格依然低迷，住房资产却大规模吸收货币而价格快速上涨，实体经济不能回暖而经济增长速度下行压力依然可能很大；并且，加大货币投入，需要有提高负债率来配合，使国民经济杠杆率上升，潜在的金融风险得不到化解，反而可能加大。

因此，如果能够将淡水资源的供给侧战略性调整与户籍制度改革、土地产权改革结合起来，设计出一个让利于民，新移民家庭、开发商、工程建设者、金融融资者、社会投资者、中央和地方政府各方共赢的模式，那么必将新增大量社会权益性投资、合理负债的良性资产，如新农场、新产业、新城镇社区、新交通能源基础设施、新土地资产，吸引社会资金进入，消除产业过剩挤出性的资金外流，稳定汇率，并且改善金融体系的质量。比如，让地于民，让利让产于民，使其有使用土地财产、有财产性收益；新移民土地可以入股，投入水利项目，入股形成规模化和现代化的农场，入股兴办二、三产业，等等。

五、可以延长工业化时间，动态平衡生产过剩

淡水资源的供给侧战略性调整也是有时间窗口的，这个时间窗口就是我国人口出现超级严重老龄化之前的8～10年时间。2015年中国60岁及以上人口达到2.22亿人，占总人口的16.15%。预计到2020年，老年人口达到

① 数据及其计算依据数据来自国家统计局：《2018年1—6月份全国房地产开发投资和销售情况》，2018年7月16日；财政部：《2018年上半年财政收支情况》，2018年7月17日。自然资源部网站“数据”栏。

2.48亿人，老龄化水平达到17.17%，其中80岁及以上老年人口将达到3067万人；2027年，60岁及以上人口将达到3亿人，成为超老年型国家（见图1-6）。在中国成为超级老龄化国家之前的这段时间，中国可以充分利用的大量青壮年农村劳动力和农民工，可以在大规模施工建设中发挥作用。在人口还未达到超级老龄化之前，有个8～10年实施水资源再分配、改造国土、扩大发展空间的宝贵的人口结构机遇期。通过淡水资源的供给侧战略性调整，最终可以增加普通劳动者就业，增加中低收入人口的收入，增加国内有支付能力的工业品消费为主的需求，调节供给淡水资源区域分布结构，开发和改造形成可利用国土，吸引人口、劳动力和资金进入。最大目的是，为8亿户籍农民、2.1亿农业就业劳动力、2.86亿农民工、6000万留守儿童——未来可能的新普通劳动力、每年数百万退役军人和需要重新安置的国企职工创造就业机会，增加他们的财产，增加投资、创业和就业收入，实现中国居民收入倍增的目标，扩大有支付能力的国内消费需求，应对国内外面临的冲击，形成最主要的国民经济体能。犹豫不决和拖延下去，将会丧失机遇，并且可能机不再来。

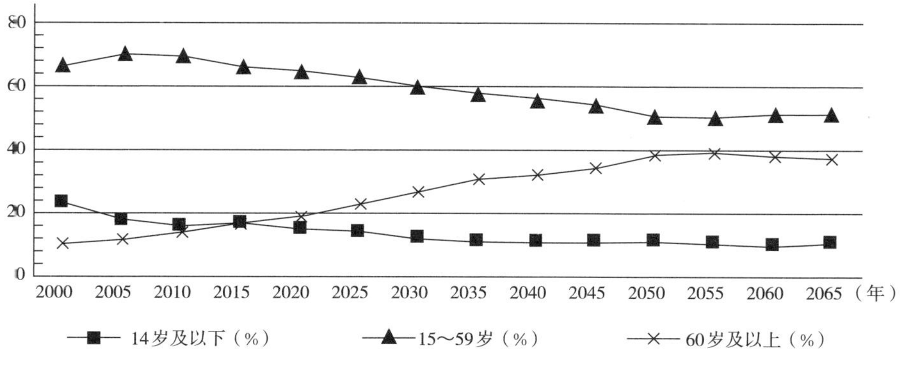

数据来源：《2018年中国人口老龄化发展趋势、老龄化面临问题及应对措施分析》，中国产业信息网2018年10月17日。

图1-6　中国人口结构老龄化趋势

第五节　保持中高速经济增长是实现中华民族伟大复兴的关键一步

中国经济增长的中远期目标处在一个中高速的水平上，第一步是进入高收入国家门槛和中等发达国家行列，第二步是在2050年实现中华民族伟大复兴。我们认为，现在中国正处在迈入高收入国家门槛的最关键时刻。我们要通过突破性、大力度的水资源供给侧战略性调整，结合农村土地产权和户籍体制，使城镇信贷和投资资金能够向农村和农业进入，避免“青出老回”[①]，促进进城人口市民化，带动人口和创业投资的双向流动，扩大农村规模经营等，增加城乡就业，提高中低收入人口收入，扩大对工业品的消费需求，能够给国民经济带来5年左右时间年均两个百分点左右的增长动能。这是决定中国能否成功迈入高收入国家门槛的最关键一步。

我们在排除不可能给经济增长带来较大动能的策略性财政货币政策以及远水不解近渴、加剧生产过剩和有支付能力消费需求相对收缩的创新这些一般性的其他改革等选项后，至此对于最重要动能的选择给了三个选项：稳定住经济增长速度的减税降费、推进人口迁移和要素流动的相关改革、突破性的农村土地产权改革。预计会增加2.5～3.5个百分点的动能。考虑少子化、经济主力人口收缩、老龄化，养老成本的快速上升，未来出口需求拉动力的减弱，包括通货膨胀和汇率贬值因素，新增的2.5～3.5个百分点的增长动能是不是能够弥补这些经济增长下行的压力，还是充满着

---

① 即农村人在青年时期到城市务工、到中老年时期则回农村的现象。

不确定性和很大的风险。于是，我们以战略经济学思维方式讨论这一问题，看能不能找到和选择更大力度增加国民经济增长动能的选项，以推动未来8～10年国民经济的中高速增长。这是实现中华民族伟大复兴的关键一步，走好这一步，可以解决制约中华民族发展和中国经济增长的水资源硬约束，可以为中国发展打开广阔空间。

（本章作者：周天勇　冯立果）

第二章

增加战略性新动能：水资源的区域再分配

从中国经济发展所需要的淡水资源看，其天然分布就是不均衡的，总体上南方特别是西南充裕，北方特别是华北、西北缺少。可以说，淡水资源供给已经成为制约北方特别是华北、西北地区经济发展的关键因素，淡水资源的区域再分配也成为中国要打通现有农村模块和城市模块之间的核心生产要素相互流动梗阻的关键变量。未来中国的经济发展，要通过跨流域、跨区域之间的调水，实现劳动力、资本、耕地、水资源、传统产业、新技术的有机结合，打通城乡梗阻和要素积压，形成新的战略性动能，延长工业化时间，盘活主要生产要素资源的配置状况。

第一节　发展要素配置的天赋扭曲

要素禀赋是一个国家或经济体发展的基础条件，也是发展经济学理论研究的逻辑起点。许多地方发展要素禀赋天然地存在巨大差异，而不是像理论上要求的那样各种生产要素合理地配置和组合。这就对经济发展的实践形成了挑战，同时也给了经济政策发挥作用的空间。

一、发展要素配置的不均衡

我国地处亚洲东部，幅员辽阔，地区间自然条件迥异，决定了不同地区发展存在着“先天性”的差异。东部和东南地区面临海洋，降水和淡水资源丰富，地势平缓，土壤肥沃，气候宜人，占据了先天发展优势；同时，东部地区交通发达、基础设施先进，吸引了大量劳动力前来就业；人们的市场意识较高，是改革开放、吸引外资的最佳区位。而中西部地区地处内陆，远离海洋，尤其是西部地区，自然资源丰富，土地广阔，但是地形复杂，多崇山峻岭和沙漠戈壁，整体气温较低，自然条件恶劣，光照充足但降水资源稀少，环境承载能力有限。

东西部自然条件的显著差异，形成了极其不合理的人口分布。我国地理经济学上有一条著名的“胡焕庸线”，此线的东南方约占全国43%的国土面积，却集中了94%的人口，此线西北方约占全国57%的国土面积，只分布了6%的人口，平均每平方公里不足10人。西北地区虽然土地面积大，但劳动力少而又过剩，人口分布稀少而市场需求规模小；东南地区虽然地少，但劳动力充裕，人口密集而市场规模相对较大。

中国水资源分布严重不均，总体上南多北少，特别是西北和华北少，水资源禀赋和经济布局严重不匹配。在中国地图上画两条线：一条是黑河—腾冲一线（“胡焕庸线”），这是中国人口经济活动分界线；另一条是淮河—秦岭—祁连山—昆仑山一线，这是中国水资源分界线。两条线在宝鸡附近交叉，将中国地区版图分为四个象限。

第一象限是淮河—秦岭以北、宝鸡—黑河连线以东，以华北和东北为主，该区域的华北地区严重缺水，水资源超负荷运行。2015年，北京、天津、河北和山东的水缺口分别达到11.4亿立方米、12.9亿立方米、52.1亿立方米和44.4亿立方米，四省市水资源缺口达到120亿立方米。2017年南水北调中线工程共调水44.92亿立方米，主要供应了河南、河北、北京和天津等缺水地区，但缺口仍然很大。而且该区块内的江苏、山西、河南的水资源盈余分别仅有7.6亿立方米、20.4亿立方米、64.4亿立方米，未来水资源形势也不容乐观。该区块内的京津冀鲁豫苏六省市，是中国经济活动的重心之一，经济总量约占全国的33.5%，需要大量的农业、工业和生活用水，但却是水资源最短缺的区块，目前已经出现了严重的地下水超采、地面沉降、海水入侵等问题。水资源将成为该区块后续生活生产和经济发展的最大约束条件之一。

第二象限是传统意义上的“江南”，该区块水资源禀赋和经济活动比较匹配。该区块是中国经济活动的另一个主要区域，经济总量约占全国的41.9%，而该区块的经济活动有丰沛的水资源作为支撑，长江中下游、珠江流域的年径流量都很可观。湖南、湖北、广东、广西、浙江、福建、安徽、贵州、云南水资源很丰富，只有上海严重缺水。

第三象限的主体是青藏高原，包括西藏、四川西部、青海，该区块水资源极其充沛，但不适宜大规模经济活动。比如，2015年西藏水资源盈余3822亿立方米，四川盈余1955亿立方米，青海盈余562亿立方米，但这一区块海拔高，地理地形复杂，生态环境脆弱，人口稀少，不适宜大规模经济活动，因此水资源严重过剩。

第四象限是大西北，包括甘肃、宁夏、新疆、内蒙古大部，该区块地处大陆腹地，远离海洋，降水量少，而蒸发量大，水资源严重匮乏且分布不均。这一区块地域面积广阔（超过300万平方公里），盐碱地、沙地等未开发利用土地面积很大，如甘肃未开发土地面积达到55%，耕地面积仅有12%（约8000万亩）。如果有一定数量水资源配置，那么很多土地可以改造为草地、农用地、城镇工业用地和城镇居民商业用地。

二、区域发展要素配置扭曲带来区域发展不平衡

改革开放以来，由于东部地区的区位优势和早先实行对外开放政策，最先享受了国家优惠政策，特别是对外商投资的优惠政策，从而吸引了大量的外资涌入东部地区，使东部地区的经济得到了较快的发展，而由此产生的循环累积效应使东部地区的投资环境进一步优化。相比而言，西部地区地处内陆，对外联络渠道少，中介渠道不通畅，加之基础设施落后，利用外资开发西部基础设施的优惠政策不具体，导致西部地区对资本的吸引力就要差得多。目前，西部地区在资金引进的过程中仍存在着一些障碍。资本要素投入的差异、市场规模大小差异，加上由于水资源分配不均而直接或间接造成的人口和劳动力不断转移，这些发展所必需的要素配置扭曲所带来的直接结果就是区域间发展不平衡。具体表现在三个方面。

（一）区域经济发展不平衡

中国区域经济发展差距从空间上看，呈现东高西低的特征。2017年，东部地区人均GDP水平最高，前三位：北京12.9万元，上海12.46万元，天津11.49万元；后三位：云南34545元，甘肃29326元，青海19001元，均为西部省份。上海人均GDP是青海的近7倍，这个差距在2004年时高达

13倍，虽然近几年差距有所缩小，但是总体上差距还是很大。

（二）区域社会发展不平衡

不仅我国经济发展水平存在着东高西低的状况，社会发展水平也是如此。国家统计局公布的地区间社会发展水平综合评价结果显示：社会发展总指数低于全国水平的16个省区都属于中西部地区，而居前10位的都位于东部地区。在公共基础设施、环境、文化、教育、医疗和社会保障水平等方面都存在着巨大的差别。目前西部地区人均教育经费支出仅为东部地区的73.5%。另外，我国70%以上的优质卫生资源都集中在城市，而广大中西部农村只拥有不足30%的卫生资源，医疗资源严重不足。

（三）城市化发展差距

从城市化发展水平来看，中西部地区的城市化水平也远低于东部地区，中国目前城市总数达667个，其中50%以上都集中在东部地区，中西部地区所占的比重分别为30%和20%，据统计，东部平均每100万平方公里有各级城市330多个，而中西部平均每100万平方公里仅有各级城市80个和30个，东部城市密度是西部的11倍。

有学者把我国区域发展不平衡的这种状况形象地概括为“一个中国、四个世界”。“第一世界”是高收入发达地区，相当于世界的高收入发达国家水平，如北京、上海等。“第四世界”是广大中西部贫困地区、少数民族地区、农村地区、边远地区和低收入地区。中国目前约有一半以上的地区属于“第四世界”，主要集中在西部地区。“第四世界”和“第一世界”差距非常大，在某些方面社会经济发展差距更大。

三、水资源区域再分配对发展要素配置扭曲带来的问题的缓解

在当前面临经济增长下行压力大、中美贸易冲突加剧等一系列风险和挑战的经济发展新形势下，通过调整水资源的区域间配置，可以改善西北地区的生态环境，将西北地区的大量不可用土地变成可用土地，从而扩大国内可利用国土，扩大中华民族的发展空间。利用以水资源再分配为基础而扩大可利用土地，吸收过去量化宽松货币政策，拉动投资需求，促进人口和劳动力迁移，增加就业机会，提高居民收入，形成新的人口、劳动力、资本和技术等要素流入，在新的可利用国土上扩大建设新的城镇，建设新的能源交通体系、新的农村社区、新的规模化现代化农场，形成新市场，发展新产业，形成东部—西北部繁荣经济带。水资源区域再分配通过对淡水再分配，进行水资源空间分布结构调整，以此来增加和激活西北地区发展要素，从而改善区域间发展要素扭曲的现状，缓解发展要素扭曲所带来的问题，促进西北地区经济发展，提高我国的经济增长率，使国民经济健康运行和发展，向和平富裕的现代化国家迈进。具体来说，有以下几个方面。

（一）改善西北缺水地区生态环境，促进农业发展

水是生态的基础，水资源是改善生态的基础，有水才有生态，西北地区生态脆弱的原因是缺水，只有有水，才谈得上改善西北地区的生态。西北地区的生态环境，只有在水资源结构调整这种大开发中，才可以得到改善和保护。由于水资源短缺的制约，我国西北地区尚有1400万亩有效利用土地得不到灌溉、部分灌区的灌溉保证率明显偏低；再加上干旱土壤地、沙漠地和盐碱滩涂地等不可利用的土地较多，对农业的发展产生了巨大影响。为保障

西北地区的生态建设和环境保护、扩大环境容量、拓展人的生存空间、促进地区经济协调发展、推进城市化建设，需要开辟新的水源。水资源区域再分配将作为西部地区重大的基础设施工程，通过改造开发国土、增加新土地，一方面将对西北缺水地区的生态进行改善，另一方面也会对农业的发展起到促进作用，对西部大开发战略起到直接的推动作用。

（二）扩大当地就业和提高居民收入水平

水资源区域再分配为当地劳动力的转移和非农就业提供了条件，可提供大量就业岗位。以水资源再分配为契机，形成调水工程与地方社会经济发展互动的局面，有利于当地劳动力的非农转移，推动劳动力资源的优化配置，对提高居民的收入水平可做出重要贡献。

（三）促进人口和劳动力迁移流动

由于生态环境的改善、可利用土地的增多，再加上水资源区域再分配工程将提供大量就业岗位，必定会促使西北缺水地区流向东南地区的大量人口和劳动力回流，并促进新的人口和劳动力流入。劳动力要素的大量流入将会改善原来劳动力要素东多西少的现状，加快经济增长。人口大量流入会扩大西北缺水地区的市场规模，扩大有支付能力的消费需求，扩大投资，产生国民经济产业关联带动效应，从而彻底改变西北地区经济发展较慢的局面。

（四）推动城市化发展

西北缺水地区自然经济色彩极其浓厚，而且城镇经济很不活跃，不能形成对劳动力转移的吸引力。随着水资源区域再分配工程的大规模开发建设和投产运行，与之相配套的后方生产生活基地的建设将大大改变所在城镇的功能，并形成良好的投资环境，增加城市的经济活力和投资吸引力，并为当地劳动力的转移创造条件和吸引力，从而加快城市化的速度，形成对区域经济的辐射力，缩小与全国城市化水平的差距。

（五）促进当地基础设施（交通、电力、通信）的发展

由于地理、气候等自然条件的限制和历史因素的影响，西北缺水地区交通、电力、通信等基础设施相对落后。随着水资源区域再分配工程的建设，将投入大量资金改善该区域内的交通、电力、通信等基础设施，形成较为完善的交通、电力、通信等网络，不仅可满足工程的需要，也可为当地经济服务，使矿产、农林牧等资源得以开发，促进物资交流，从而带动西北地区经济的发展。

（六）带动地方财政增收

西北地区由于受经济发展的影响，税源匮乏，地方事业主要依靠中央财政转移支付。水资源再分配工程的建设和投产运行将提供大量税收。由于大规模投资的拉动和相应城市化的加快，地方经济的活跃和升级，税收将持续增加，而且税收结构将出现由以水资源再分配项目税收为主向税收多元化、多渠道、广税源的方向发展。

（七）促进西北缺水地区科教、文化、卫生等社会事业的发展

水资源再分配引进国内外大量技术及多种行业的专业人才，带来社会文明前沿的先进理念，大量市场经济信息和科学知识也将不断地被输入和推广，这些将对当地文化教育和科技进步产生积极的引导作用，增强与内地经济的联系，促进科教、文化、卫生等社会事业体系趋于完善。

第二节　现有存量农村和农业全要素模块

我国是个农业国。改革开放40多年来，我国城镇化率快速提高，常住人口城镇化率从1978年的17.9％提升至2019年的60.6％。但从总体上看，我国的城乡二元结构特征仍然没有消除，且近年来城镇化进程有所放缓，甚至部分大城市存在“逆城市化”现象，现有农村和农业模块内的主要生产要素配置和生产率进一步提高面临着较为严重的困难。

一、将城乡二元结构看作两个要素配置模块

一个国家，无论其是否完成工业化，都可以被看作一个经济体，它有劳动力、资本、土地、技术等生产要素，其经济增长可以用经典的柯布－道格拉斯生产函数来计量。但没有完成工业化的国家通常都是二元经济结构，即存在泾渭分明的农村和城市，可以将之看作一个经济体的两个模块（见图2-1）。

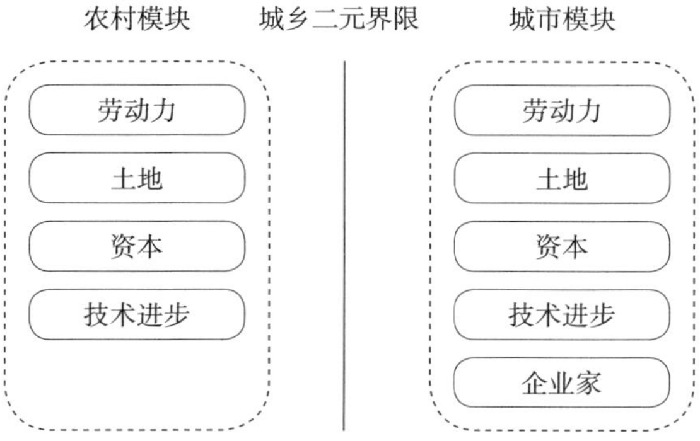

图2-1　将城乡二元结构看作两个要素配置模块

在农村模块中，其生产活动以第一产业为主（农业种植业、畜牧业、渔

业、林业等），存在着劳动力、资本、技术、土地等生产要素，各生产要素的主要特征是劳动力充裕，资本稀缺，技术进步缓慢，土地总量多但劳均面积少且市场化程度低。在城市模块中，其生产活动以第二产业、第三产业为主，也存在着劳动力、资本、技术、土地、企业家等生产要素，其总体特征是劳动力需求量大，资本充足，技术进步程度高，土地供求市场化程度高，市场价值高。

改革开放之初，中国人口总量为9.63亿人，其中城市人口为1.72亿人，农村人口为7.90亿人，城镇化率为17.92%。经过40多年发展，中国人口总量达到14亿人，其中城镇人口达到8.48亿人，城镇化率上升至60.6%。大量农村人口向城镇流动，给我国城镇化、工业化提供了充足的劳动力和人才，成为驱动改革开放时期经济增长的基础性力量。

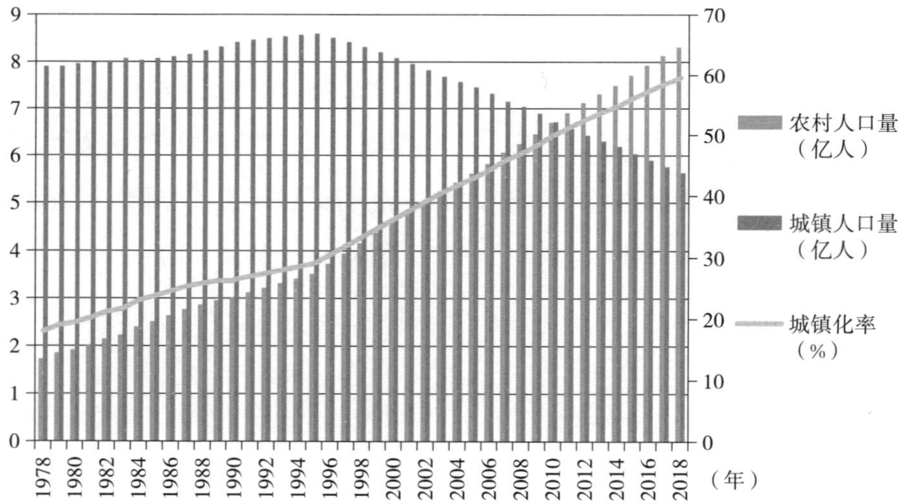

图2-2　1978—2018年中国城乡人口总量和城镇化率变化

然而，虽然中国城镇化率已经突破60%，中国城镇化建设也取得了突飞猛进的进步，中国已经从落后的农业国嬗变为工业大国，工业化进程也临近尾声[1]，并且三次产业在新工业革命背景下正在向新时代发展，看起来中国正在越来越远离“农业国”的特征。但是事实上，中国城乡二元结构至今并未完全破除，农村劳动力在城镇化过程中出现“青出老回”现象，城镇模块的资本、技术、企业家等生产要素难以进入农村模块，规模巨大的劳动力在城乡两模块之间流动、淤积，农村模块无法顺利实现现代化（见图2-3）。

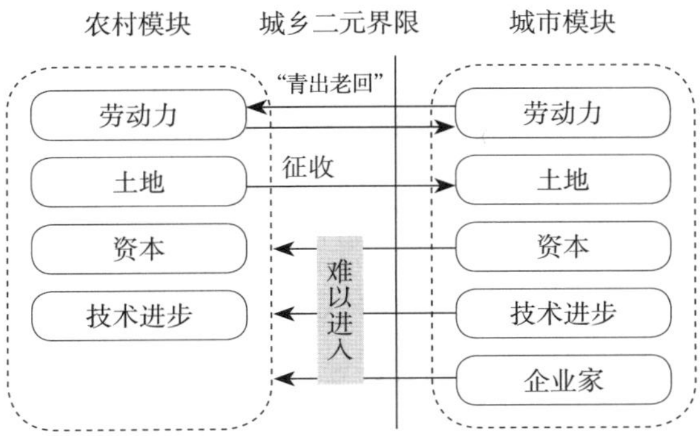

图2-3 城乡二元结构并未彻底破除

二、农村和农业模块存在的问题

（一）农村人口和劳动力过剩

从当前中国国情看，2017年全部就业的7.76亿劳动力中，2.1亿是农业领域中的劳动力，2.86亿是农民工劳动力，未来还有6000万农村学生陆续从各类学校毕业后进入工作岗位。从受教育程度看，目前的2.86亿农民工中大专以上教育水平的占10%，农业领域中就业的2.1亿劳动力中大专以上的

① 黄群慧：《中国工业化进程与产业政策》，《中国经济报告》2019年第1期。

为1%左右。也就是说，现在农业领域2.1亿农民和2.86亿农民工中，4.66亿为高中及以下教育水平的劳动力。技术进步和新经济发展可能排斥这些文化水平低的劳动力，造成劳动力严重过剩。另外，除了劳动力过剩，还有中国农村人口过剩，而且是严重过剩。我国现在有8亿农村户籍人口，人均才一亩多地，如果我国城镇化要达到欧洲水平，达到美国水平，将腾出3亿到4亿人口，这些人口的就业问题没解决，将会造成严重的劳动力过剩。而且，农村进城外来人口的有效工作时间到45岁，相较于正常退休，即有15年到20年劳动力时间过剩。

（二）耕地数量减少和质量下降

在资源环境约束趋紧背景下，我国农业发展方式粗放的问题凸显。工业“三废”和城市生活垃圾等污染向农业农村扩散，地下水超采、投入品过量使用、农业面源污染问题加重，导致农产品质量安全风险增多和耕地数量减少、质量下降。我国西北地区地处干旱、半干旱地带，降水稀少，气候干燥，蒸发量大，生态环境十分脆弱，是水土流失较为严重的地区。长期以来，随着人口的增长，大部分地区在无灌溉的条件下大量开垦土地，草场超载放牧和无节制樵采，致使土地沙化、植被退化和生态环境恶化，土地质量严重下降，可利用土地面积逐渐减少，严重制约着当地农业和经济的发展。因此，推动土地资源开发和资源永续利用在当前显得十分迫切。

（三）粮食安全问题逐渐突出

黄河流域是我国最早从事农业活动的区域，目前总耕地面积约0.16亿公顷，农村人均0.23公顷，约为全国农村人均耕地面积的1.4倍，是我国小麦和玉米的主产区。可以说，黄河流域及华北平原是保障国家粮食安全重点区域的重点。然而，随着城市和交通线路快速建设以及分散耕作效益的日趋低下，我国土地资源日趋紧张，土地大量撂荒。我国西北地区干旱缺水，土地质量下降。这些问题严重影响到农业的可持续发展，对国家粮食安全产生较大危害。另外，在国内外农产品市场深度融合背景下，农业竞争力不强问题日益凸显。劳动力、土地等生产成本持续攀升，主要农产品国内外市场价格倒挂，部分农产品进口量逐年增多，传统优势农产品出口难度加大，我国农业大而不强、多而不优的问题更加突出。

（四）农业发展的环境更加复杂

“十三五”时期，农业现代化的内外部环境更加错综复杂。在居民消费结构升级的背景下，部分农产品供求结构性失衡的问题日益凸显。优质化、多样化、专用化农产品发展相对滞后，大豆供需缺口进一步扩大，玉米增产超过了需求增长，部分农产品库存过多，确保供给总量与结构平衡的难度加大。另外，在经济发展速度放缓、动力转换的背景下，农民持续增收难度加大的问题日益凸显。农产品价格提升空间较为有限，依靠转移就业促进农民收入增长的空间收窄，家庭经营收入和工资性收入增速放缓，加快缩小城乡居民收入差距的任务艰巨。

三、水资源区域再分配带动西北地区土地资源的开发

西北地区位于干旱和半干旱地带，迄今为止绝大多数研究均认同西北地区有着数量巨大的后备土地资源。后备土地资源指可能用作农用地或建设用地的未利用土地。由于建设用地受自然条件限制极小，基本不受后备土地资源供给量的限制，因此，后备土地资源通常主要是指能够用于各类农业生产的土地资源。耕地后备资源是指在当前技术条件下，能够通过开发、复垦措施改变为耕地的未利用土地和毁损废地。由于耕地对自然环境的要求更高，通常情况下，在全部后备土地资源中仅有小部分可以用作耕

地后备资源。几乎所有的研究成果均认为西北土地资源开发的基本障碍是水资源短缺。即使是反对进行大规模土地资源开发的研究也认同在解决了水资源供应条件下，西北地区可以开发出相当规模的耕地。

从后备土地资源的地区分布看，我国的耕地后备资源主要集中在西北地区。从资源条件看，西北地区后备耕地资源有着多方面优势，但也有着十分突出的局限性：水资源严重短缺、土地相对贫瘠、单位产出水平较低等。只有在解决了水资源制约后，西北地区的土地资源潜力才能转化为显示的土地资源。从后备耕地资源开发的角度看，西北地区土地资源的优势集中地表现在：第一，后备土地资源潜力巨大；第二，光照条件具有突出优势；第三，地形开阔平坦，地形条件有利于成片开发。一般情况下，地形越平坦，土地开发的工程量越小，并有利于后续的各项农业生产活动的进行，后备土地资源也能够在较大的面积上转变为耕地资源。制约这种潜力转化为显示的可开发的后备耕地的关键制约条件在于西北地区的水资源条件。改善以水资源为中心的土地开发条件是扩大耕地的重要保障。合理利用这些优势，对于解决中国后备耕地资源短缺的状况将会产生重要的作用。

由于西北地区的光照资源相对丰裕、土壤条件基本可支持粮食生产，制约西北地区土地资源开发的主要障碍是干旱和水资源不足。随着技术进步、工程能力的不断提高、国家投资能力的增强，以及相关体制的调整，相当部分未列入后备耕地资源的土地是可能被利用的。另外，从水资源供应的角度看，除天然降雨外，增加西北地区水资源供应量的基本途径是从外流域调水，以及通过人工降雨方式增加降水量。在实施水资源区域再分配工程和在河源地区进行大规模人工降雨的条件下，黄河的水量可望有较大幅度增加，从而改进西北地区的水资源供应状况。在这一背景下，西北地区的耕地后备资源数量可望有进一步增加。

四、水资源区域再分配对农业和整体经济发展的效应

目前，我国农村人口太多，劳动力严重过剩，农业劳动力人均耕地面积水平较低，资本和技术因收益太低，土地为休眠或者“僵尸”资产不愿意进入或者不能够进入农业领域，农业全要素生产率很低。通过水资源区域再分配，加上其带动的对西北地区土地资源开发，能大大提高我国目前的农业全要素生产率水平。因此，战略性新动能增长的关键就是水资源的区域再分配，它通过开发土地资源，提高农业全要素生产率，从而盘活整个经济，推动我国经济增长速度上一个台阶。具体来说，有以下几个方面。

（一）保障国家粮食安全

粮食安全始终是关系我国国民经济发展、社会稳定和国家自立的全局性重大战略问题。党的十九大报告提出：“确保国家粮食安全，把中国人的饭碗牢牢端在自己手中。”为此，我们必须在更高层次上保障国家粮食安全，树立科学的粮食安全观，增强高效协同的粮食安全保障能力，牢牢守住粮食安全底线。水资源区域再分配之后，通过设施农业和节水灌溉生态农业，可以保障西北地区的农业用水，保证西北地区农业主产区的用水需求，从而大大提高西北地区粮食增产量。水资源区域再分配工程的建设不仅可确保国家农业战略格局，还可从根本上保障国家的粮食安全，其效益是巨大的。

（二）增加就业机会，有效缓解劳动力就业压力

就业是民生之本，就业是否充分是考察一个国家或地区宏观经济状况的重要指标。党的十九大报告指出：“就业是最大的民生。要坚持就业优先战略和积极就业政策，实现更高质量和更充分就业。”当前，我国农村仍存在很大规模的剩余劳动力有待转移，城镇失业人口逐年积累并有扩大趋势，特别是西部地区由于经济发展相对缓慢，其吸引就业的能力也相对较弱。

水资源区域再分配工程实施后，将促进本地区工业的发展，大量新建矿山和工厂，围绕大型厂矿企业形成新的城镇，将带动第三产业的发展，城市化程度大大提高。随着基础设施的改善和工业的迅速发展，各行业如商业、运输业、建筑业、贸易、金融、旅游、科技教育、邮电、通信、信息咨询、生活服务等崛起并取得长足发展，尤其是针对西北高原特色发展具有良好效果和收益的服务行业，如特色旅游产业等。第三产业往往又是劳动密集型产业，这些产业的发展，无疑会为本地区提供大量劳动就业机会。并且，在农村由于调水增加了灌溉面积，促进了乡镇企业的发展，将为剩余劳动力增加就业机会，从而缓解就业压力，推动经济稳定健康发展。

（三）探索新开发土地利用方式，引导东部资金向西部地区转移

水资源区域再分配工程实施后，我国西北地区可利用土地资源将大大增加，宜农土地将大大增加，为我国土地资源合理配置和开发利用提供了支撑条件。在目前我国东部地区土地资源日趋紧张的情况下，可以充分探索土地政策的创新，更好地促进经济社会发展。例如，可以探索东西部共建产业园区的方式，以充分利用西部土地资源，通过制定相关政策引导东部投资向西部地区转移，设计合理的开发模式和建立有助于双方实现共赢格局的利益分配机制，对跨区域资源进行整合，实现自身更好发展，同时带动其他区域共同发展，有利于实现区域经济协调发展。

（四）提高再分配区域居民健康水平

水是生命之源。西北地区不仅供水量不足，而且水源水质也较差。西北地区不少河流如马莲河、苦水河、浑河、黑河、赤水河等，水质普遍较差，长期以来饮用这些水的滨河居民不堪其苦，常常靠远距离拉水解决吃水难问题；还有许多居民长期饮用高氟水，优质饮水长期得不到充分保证，严重影响了人民群众的身体健康。水资源区域再分配将大幅改善居民

生活环境，提高人民身体健康水平，保证生产工作持续高效进行，为国民经济健康运行提供保障。

第三节　现有存量城市和非农业全要素模块

改革开放以来，我国经济经过了几十年高速发展，这使我国国民生产总值显著提高，也对我国的生产要素结构与资本构成产生了深刻影响。作为经济发展中的重点模块，城市与非农业全要素模块在飞速发展的同时，其内在的产业结构与资本构成的深刻改变是发展过程中矛盾逐步积累与转化的重要领域。矛盾的相互斗争与相互转化是促进事物发展的原因与动力，产业结构与资本构成的变化正是城市与非农业要素模块经济发展领域中矛盾相互斗争与转化的重要表现，也就成了研究其发展前景的重要切入点。目前，城市与非农业要素模块中表现出了城市资本积累越来越多，资本有机构成逐步提高的现象，这是任何一个发展中国家在发展过程中的必由之路，也是中国特色新型工业化、信息化、城镇化、农业现代化道路过程中根据我国国情做出的偶然性改变的结果。

一、城市和非农业要素模块的资本积累和资本有机构成

发展中国家在发展的一般情形中，往往呈现现代工业和传统农业并存的二元经济结构，由于在经济与军事实力上与发达国家存在很大差距，为了实现自身的独立自主发展，发展中国家决定了其必须先走重工业主导经济的道路。在这种原有的第一产业占比高的局面无法做出改变的情况下，大力发展第二产业，会使得生产资料和劳动力结合的比例越发失调，不变资本比重继

续扩大，使得资本有机构成呈现上升趋势。同时，为了稳定国家经济发展速度，发展中国家必须保持较高的人口增速，难免出现农村人口所占比例较大、劳动力过剩且素质较低的现象。随着工业化进程的推进，这一部分富余且廉价的劳动力将会从农业部门转向非农业部门，使得第二产业和第三产业劳动力供过于求，从而使原本就廉价的劳动力要素价格进一步下降。相比之下，资本要素的相对价格会上升，进一步刺激资本积累，使得资本有机构成越发上升。不过，单纯由于产业结构变化产生的资本有机构成增加并非持久，而且其造成的城市资本积累并非不可逆转，因为随着国家经济的发展，原本放在第二产业的重心会逐步向第三产业转移。目前我国GDP三次产业构成中第二产业增加值由2007年的46.9%降到了2016年的39.9%，而第三产业增加值则由42.9%增加到了51.6%，在新的产业结构调整过程中，随着第三产业在GDP比重中的大幅上升，劳动力收入占比将会得到提高，使得资本有机构成上升的步伐有所减缓。但是，产业结构转变并不是资本有机构成上升的唯一原因。

改革开放以来，我国通过引进先进技术、实施科教兴国等战略决策，大大刺激了技术进步。一方面，资本偏向型技术的进步提高了资本收益率，同时使得不变资本的比重上升，机器设备和先进技术取代了更多的劳动力；另一方面，技能偏向型技术的进步在提高对技能型劳动者需求的同时也会降低对非技能型劳动者的需求。在中国这样一个低素质劳动力占比大的国家，非技能型劳动者的数量远远大于技能型劳动者，因此技能偏向型技术的进步会进一步扩大失业规模。综合两方面考虑，处于技术进步中心的城市与非农业模块中，技术进步进一步刺激了城市资本积累与资本有机构成的增加。从失业人数来看，2006年以来，中国城镇登记失业人数不断增加，呈现缓慢上升趋势。从失业率来看，2006年后失业率有所下降，于2007年达到了失业率的低点4.0%，但是随后就开始上升并于2009达到高点4.3%，在之后的几年中一直保持在4.1%不变。不过随着我国人口老龄化越发严重，市场中劳动力的总量会逐步降低，退出劳动力市场的人口数量越来越多，在这种情况下维持一个水平不变的失业率并非劳动力结构的健康表现。

此外，在GDP政绩观导向下，许多地方政府为了招商引资，在基础设施、要素价格、环境保护和提供更多优惠政策等方面为企业大开方便之门，甚至有意压低劳动报酬，推动粗犷型经济增长方式更进一步，也为资本有机构成的增加起到了推波助澜的作用。还有不能忽视的在垄断行业中占据绝对优势的国有产业，由于缺乏合理的垄断利润调节措施和国企分红制度，使得大量超额利润留在企业部门内部用于投资扩大再生产，从而进一步加剧了资本积累。

二、经济新常态下基本有机构成变化的隐患

如今中国经济已进入新常态，由原来的高速增长转为中高速增长，人口红利渐渐消失。一方面，劳动力价格的上升使得我国在劳动力价格上的优势逐步减退，更多的跨国公司倾向于把产业转移到中国以外的东南亚国家。另一方面，为了应对经济新常态，我们要推动经济发展由要素驱动、投资驱动向创新型驱动转变，要求经济结构优化升级，从产业失衡到优化平衡。在这一过程中，经济增长进一步放缓是必然的，原来被经济高速发展所覆盖的各种矛盾也会逐渐暴露出来。虽然说事物的发展总是螺旋上升的，但是这并不代表如果对各种矛盾处理不当的话，不会出现灾难式的后退。当前环境下，随着城市资本的积累、资本有机构成的增加，不可避免地会出现资本边际收益率下降的情况。与此同时，随着资本有机构成的增加，可变资本投入的减少会使得越来越多的劳动力退出生产，劳动边际收益率也会有所下降，最终导致全要素生产率下降，甚至有引发经济危机的可能。

从经济周期来看，当经济发展速度减缓时，资本有机构成的上升会导致劳动力相对过剩，引发大规模失业，使得平均利润下降，最终导致经济危机。如果将当今经济领域中矛盾的对立看作一幅太极图，那么矛盾双方就是

阴阳两面，一面是产业结构成功优化升级，我国平稳度过结构调整阵痛期；另一面则是在应对经济增速放缓时应对不当，进一步引发经济衰退甚至经济危机，而目前的经济发展新常态则是阴阳两鱼中间的太极弦。随着以往被经济高速增长所缓解或者掩盖的各种矛盾逐步积累，中国经济逐步逼近由量变引发质变的节点，在这一关键时刻，如何采取应对措施促进矛盾向着有利的一面转化成了解决问题的关键。而其中的主要矛盾，则是如何处理相对过剩的劳动力，这要求我们对现在的劳动力国情做进一步深入了解。

第四节　劳动力国情与发展新经济的不适应

在农业领域2.1亿农民和2.86亿农民工中，4.66亿为高中及以下教育水平的劳动力。随着经济发展新常态的进一步深入，我国失业人口的主要构成成分极有可能会被这一类低素质劳动力所占据，甚至出现失业规模扩大的倾向，进而成为拖累我国经济发展的一大累赘。

一、技术进步对低素质劳动力的“挤出效应”

技术进步对劳动力的影响，在不同的历史发展阶段表现出不同的状态。在工业机器刚出现时，作为体力劳动的替代品大大解放与发展了生产力。随后，自动机器体系在生活中的逐步应用，不仅突破了人类四肢和五官等生理器官的限制，更进一步地解放了人类的思维。其中最有代表性的就是计算机的发展与应用，它使得人类使用的机器得到了质的飞跃，从使用机器替代体力劳动者向替代脑力及智力劳动者迈出了关键的一步。随着人类进入工业智能化和人工智能时代，人的体力劳动、脑力劳动被智能化机器大范围取代，智力劳动者和创新劳动者在劳动力结构中的比重不断增加。

新技术的出现往往会引起劳动力结构的巨大变化，新技术对一部分劳动者掌握的技能的替代，会使得这部分劳动者由于竞争力不足而退出生产领域，引发短期的劳动力供给过剩。

近年来，我国政府相继发布了《中国制造2025》和《机器人产业发展规划（2016—2020年）》，强调了进一步推动技术进步并将机器人行业确立为坚持可持续发展行业的重要性。虽然说囿于现有的技术水平，利用工业机器完全代替劳动力是不可能的，但是其对简单劳动力的“挤出效应”却非常明显。随着工业化进程中“机器换人”的深入实施，未来直接在制造业生产线上工作的工人数量将会大幅度缩减，从而使得短期内第二产业对劳动力的吸纳能力有所降低。虽然说被挤出的过剩劳动力可以通过熟练和掌握一定程度的信息技术知识、机器操作知识等技巧从而被重新投入生产领域来完成管理机器的任务，但在这一过程中，要求劳动者掌握多种技能才能满足科技进步带来的新挑战，将会使得劳动者的创新能力成为新的就业门槛，进而形成在劳动力结构中高素质劳动力比重增加，中素质劳动力比重相对下降以及低素质劳动力就业比重进一步增加的“极化”趋势。虽然说中素质与低素质劳动力经过技术培训可以被重新投入生产领域并成为高素质劳动力，但是如果面临经济发展放缓、收入状况恶化、劳动力需求降低的局面，那么这些被挤出的劳动力可能无法投入足够多的资本来进行技术水平提升，他们可能会迫于失业压力而不得不从事低素质劳动力的工作以维持生计，这会使得原有的低素质劳动力被进一步挤出劳动力市场。此外，我国劳动力现状不仅仅存在大量劳动力素质水平低这一问题，更为严重的是我国劳动力质量提升速度过于缓慢。在技术进步中被挤出劳动力市场的失业者以学习能力较低的农民工为主。一方面，他们本身的学历不高，专业知识能力的匮乏会成为其通过训练成为高素质劳动力的一道难以跨越的鸿沟，我们不可能将希望寄予大量高中及以下学历的劳动者经过短期培训就能成为高素质劳动力；另一方面，目前我国低素质劳动力中的大部分人已经错过了最佳的学习年龄，其学习思维固化之严重远远不是通过能力培训就可以化解的。因此，最有可能出现的情况就是我国劳动力质量无法跟上技术进步的步伐，造成劳动力结构与技术进步匹配的失衡，从而导致结构性失业，有一部分低素质劳动力在技术进步的过程中可能会永远退出劳动力市场。

在这样的技术进步大环境下，我国推动经济发展由要素驱动、投资驱动向创新驱动转变的新经济发展政策，无疑为短期内排斥这些低素质劳动力起了推动作用。一方面，为了推动经济与环境的可持续发展，我们必须放弃以高度消耗原材料、能源以及破坏生态为代价的粗犷型发展模式，这必然要求更为先进的技术以及能力更强的劳动力作为支持，甚至为了遏制对环境的污染而使一些企业退出或转产，这也使一些低素质劳动力离岗；另一方面，建筑行业作为低素质劳动力大量存在的行业，随着投资驱动模式的减少，其规模减小也使得很大一部分低素质劳动力被挤出。

二、经济新常态下低素质劳动力处于不利位置

面临经济新常态，产业升级是绕不开的话题。从数据上可以看出，我国第一、第二产业占GDP的比重有所下降，而第三产业占GDP的比重明显上升，这标志着我国产业结构优化升级正在稳步推进。但是我们也应该注意到，在这一过程中，虽然我国就业结构的发展与产业结构的优化具有一定的协调性，但是仍然存在较大缺口。在产业结构优化升级过程中，劳动力流动状态不尽如人意，很大程度上是受到了城乡户籍制度与教育制度的影响。城乡二元结构主要表现为城乡之间的户籍壁垒，一方面使得劳动力不能在区域间自由流动，另一方面使得劳动力不能在同一区域的城镇间自由流动，这使得外出打工的农民工难以转化为城市人口，而城乡收入差距不断扩大造成的农民消费需求不足，更加严重影响了农村经济的发展，阻碍了产业结构优化升级

的进程，无疑增加了劳动力流动的困难。劳动力的教育问题也是影响其流动性的一个重要因素，目前我国教育体制不完善、教育资源分配不均衡的问题依旧突出。由于平均教育年限较少，产生了大量低素质劳动力，更加严重的问题在于这些低素质劳动力由于受教育年限少而丧失了适应就业环境变化的学习能力，一旦面临产业结构变化，他们很难快速学习新的技能以在新的领域谋求工作。特别是现在第三产业中新增的岗位往往会对劳动者的技能提出更高的要求，这又加固了对低教育水平劳动者的壁垒。与此同时，应该发挥专业技能培训作用的职业教育还没有充分发挥应有的作用，有的为了招到生源采用各类手段，使得自己的水平一降再降，在我国教育体系中拖了后腿。

此外，随着经济增速的放缓，在这一过程中可能出现的居民消费结构变化也会对劳动力结构造成影响。目前居民生活中已经出现了随着居住、汽车、教育、文化娱乐等方面的支出增加，居民对生活必需品消费压缩的情况，虽然最终的结果是居民消费结构优化且更加合理，但是在这一过程中产生的结构变化也会产生影响，这又会对我国的劳动力流动提出新的难题。在随之产生的劳动力结构变动中，低素质劳动力依旧处于弱势地位，仍然是最容易被挤出劳动力市场的那一部分。

三、人口老龄化为劳动力结构带来新的变化

随着我国人口老龄化形势的不断加剧，呈现出了规模大、速度快、健康水平低、地区差异大的态势，其中地理和经济分布规律造成的城乡、地区之间人口老龄化程度的差异，使得这些低素质劳动力的前景变得更加不容乐观。《全国老龄办关于国家应对人口老龄化战略研究总报告》预计，在21世纪内农村人口老龄化的程度和速度会始终高于城市。21世纪30年代，农村和城市老龄化差距将达到最大，可以说解决好农村的老龄化问题是中国应对人口老龄化挑战的关键所在。在如此庞大的老龄化人口面前，政府仅能发挥

“保基本”的养老兜底作用，要想更进一步独立扛起全社会的养老责任显然是不现实的，势必推动养老服务的市场化产业化发展，在基本保障之外要靠居民自己来实现养老服务质量的提升。在这样的环境下，大量来自农村的低素质劳动力一旦被挤出劳动力市场，其未来的养老问题将会成为自己与国家的重大负担，在家庭方面加重本身收入就不高的后代的负担，在国家层面就会形成财政支出的重大缺口并进一步阻碍国家整体经济的发展。

为此，要将这一部分低素质劳动力进行合理引导，为其开发新的市场，在短期内可以优化我国现有劳动力结构，进而继续保持经济增长，在长期内可以减少国家在养老方面支出的负担，进而保证经济可持续发展。

第五节　水资源区域调整是关键

由于历史、自然条件等原因，黄河上中游地区经济社会发展整体水平相对滞后，上游资源型产业比重较大，产业转型升级起步相对较晚，与东部地区相比存在着一定差距，需要加快“追赶”进程，缩小与东部沿海地区的差距。这一区域发展的主要制约因素就是水资源匮乏。水利是农业的命脉，是能源基地、重化工基地的重要先决资源，是区域调整的关键基础，通过再分配淡水资源可以为深入实施西部大开发战略提供水资源保障，进一步形成生产要素新模块。

一、西部地区具备相当可观的发展潜力

我国西部地区资源丰富，具有丰富的煤炭、矿产、风力及土地等资源，依托资源优势，长期以来西部地区产业发展偏重化工业，是我国重要的重化

工业基地。近年来，受经济新常态影响，产业结构亟需转型和创新升级。受水资源的制约，工农业发展长期受限，现代服务业发展更为滞后。南水北调西线工程实施后可以引导现有城市和农村过剩劳动力与现有城市过剩资本向新模块流动、重组和配置，加上新进入的技术要素，组成高质量的全要素新模块，从而逐步缩小与东部地区的差距。

当前，我国农村仍存在很大规模的剩余劳动力有待转移，城镇失业人口逐年积累并有扩大趋势，特别是西部地区由于经济发展相对缓慢，其吸引就业的能力也相对较弱。如果南水北调西线工程可以形成新的高质量全要素模块，则可以成功引导过剩的劳动力，从而通过刺激就业来稳定国家经济增长。

南水北调西线工程一期大约调水80亿立方米，根据2014年我国GDP、就业总人口、万元GDP耗水量之间的相互关系，初步估算，可以解决提供大约800万人口就业机会。南水北调西线工程大约45%的水量，即36亿立方米的水用于工业建设，按照2014年工业增加值、工业就业人口以及万元工业增加值用水量的相互关系计算，大约可以提供480万人口就业机会。

二、实现南水北调西线工程可以促进西部地区产业全面发展

（一）促进新能源产业规模不断扩大

西部地区是我国风力及光资源最丰富也是最集中的地区，是我国新能源产业发展布局的重点地区。近年来风力发电和光伏发电产业发展迅速，但由于受风力发电和光伏发电自身特性以及电网发展相对滞后的影响，甘肃、宁夏、内蒙古等地大量风力和光资源并没有完全开发利用起来，同时建成的风力发电和光伏发电设备也没有完全得到发挥，弃风、弃光现象严重，这几个地区的弃风率及弃光率都在20%左右。究其原因，其中最重要的一个因素

就是风力发电和光伏发电的间歇性、波动性和随机性。在这方面，国家电投黄河公司龙羊峡水光互补项目为我国新能源提供了互补的新型发展模式。其研发的水光互补协调运行控制系统弥补了光伏发电的不足，将光伏发电转换成了安全、稳定的优质电源，提高了光伏发电电能质量，较好地实现了水力发电和光伏发电快速补偿的功能，解决了光伏发电安全并网问题。随着水光互补、水光风互补技术的不断完善，南水北调西线工程建成后，利用丰富的水资源和地形优势，可开发建设抽水蓄能电站，与风力发电和光伏发电相结合，能够促进我国西部地区风力、光电资源的大规模开发和利用，一方面促进这些地区新能源产业发展，有利于促进我国西部地区产业转型和结构升级，另一方面也为我国能源结构调整开拓更广阔的空间。

（二）带动农业及农产品深加工业快速发展

干旱缺水是制约我国西部地区农业发展的主要因素。从甘肃、宁夏的水资源利用情况来看，农业用水占据了绝大部分，宁夏回族自治区近年来全年取水量的89.4%都是农业用水；甘肃农业用水也达到了80.7%。即使这样，西北地区农业发展的潜力也远远没有发挥出来，水资源仍是制约我国西部各省区农业发展的主要原因。甘肃、宁夏、内蒙古河套等地区地处温带，具有丰富的光热资源，非常有利于小麦、玉米、谷类、葵花、枸杞、枣、葡萄、苹果、梨等多种粮食、经济作物和水果的生长，这些产品品质优良，受到全国消费者的喜爱。但是，农产品生产规模的扩张受水资源的制约难以达到最大化，由此也使得农产品深加工业发展受到制约。引长江水到黄河，将大大增加西部地区的黄河取水量，对甘肃、宁夏、内蒙古河套等地区农业发展起到很大的促进作用。此外，我国西部荒漠地区大多地势比较平坦，引长江水入黄河后，加大了西部地区黄河取水量，对甘肃、宁夏、内蒙古河套地区农业规模化生产、现代农业体系的完善都将起到积极的推动作用。由于农产品可利用资源的不断增加，也将促进当地农产品深加工业快速发展。近年来，甘肃、宁夏、内蒙古河套等地区依托其特有的农业资源优势，农产品深加工业发展较快，枣业加工、酒业加工、食品饮料、面粉加工等产业规模不断扩大，涌现了一批如莫高实业、亿利集团等为代表的农产品深加工龙头企业。随着南水北调西线工程的实施，西部地区可利用农产品资源的增加，将带动我国西部地区农产品深加工业更加快速的发展。对调整西部地区产业结构、促进产业转型和升级具有重要的长远意义。

（三）对西部重化工业发展意义重大

甘肃、宁夏等是我国重要的重化工业基地。煤炭是宁夏最具优势的资源，也是支撑宁夏经济快速发展的基础。宁东能源化工基地是国家重点建设的大型煤炭基地、“西电东送”火电基地和煤化工基地，到2020年宁夏将建成国家重要的煤炭资源转化基地，形成世界最大、最具竞争优势和发展潜力的煤化工基地。据初步预测，煤化工基地将带动下游产业和服务业发展，带动沿黄城市经济带新增就业岗位近10万个，对推进宁夏生态移民和提升城镇化率起到积极促进作用。但煤化工产业项目都是高耗水的，目前来看，宁夏工业项目所需用水量与农业节水息息相关。总体来看，农业节水有一定的潜力，但不大，不能满足工业经济日益快速发展的需要。因此，开辟新的水源对宁夏工业经济特别是煤化工产业经济发展至关重要。

（四）促进现代生物医药产业快速发展

西部地区是我国中草药重要产地之一，同时沙漠有许多濒危植物及沙生植物。在引水治沙过程中，围绕沙漠生物保护与繁殖的技术研究，不仅能扩大中草药的种植规模，也起到了保护沙漠生物多样性的作用，同时也将带动相关医药产业发展。内蒙古亿利集团在沙漠治理过程中，结合中草药种植，培育和扩繁了多种耐旱、耐寒、耐盐碱的优质种质资源，如甘草、肉苁蓉、黑果枸杞、沙生灌木等，并开发出深受市场欢迎的产品，如甘草口服液、甘草片、甘草良咽糖、沙小甘饮品、蓉蛾益肾口服液、沙生灌木饲料等。很多珍稀濒危资源也具有广阔的产业开发前景。内蒙古亿利集团对我国西北地区珍稀濒危植物资源进行搜集、保存并对其繁殖方式进行研究，使植物数量不断增加，不仅保护了珍稀濒危植物，也促进了相关产业的发展。内蒙古亿利集团的成功经验是可复制的，南水北调西线工程实施后，利用节水灌溉技术，使得大片荒漠转化为草药种植基地成为可能，也为以中草药为原料的现代中医药产业发展打开了广阔空间。

（本章作者：史妍媚　冯立果　刘　洋　张虓邦）

第三章

国内外水资源空间分布调配的经验

水资源在地理空间上的不均衡分布有其固有特点。过度充裕则易形成洪涝灾害，极度匮乏则易形成干旱沙漠。某种意义上，人类文明史就是一部与水相处的历史，治理好、利用好水资源，成为人类历史的永恒主题之一。人类在和自然长期相处的漫长历史中，不断探索和水相处的技能，逐渐积累调水治水工程的修建经验。据史料记载，世界上最早的跨流域调水工程是公元前2400年古埃及人兴建的，将尼罗河水引到埃塞俄比亚高原南部进行灌溉，一定程度上促进了古埃及文明的发展和繁荣。我国早在公元前506年，吴王阖闾就派伍子胥开凿了我国历史上最早的人工运河——胥河，帮助吴国成为“春秋五霸”之一。

人类社会进入现代以来，尤其是第二次世界大战以后，各国致力于经济恢复与发展，纷纷开始兴建各种用途的调水工程，且规模越建越大，系统结构愈加复杂，工程建设与运行管理的技术方法也越来越先进。比较典型的调水工程主要有美国的调水工程、埃及西水东调、澳大利亚东水西调、俄罗斯莫斯科云痕工程、以色列北水南调等，通过梳理这些国外重大调水工程的建设和管理经验，为未来规范国内重大调水工程的建设和管理提供经验支撑，进一步推动水资源合理利用和生态可持续发展。

第一节 我国现代主要调水工程

中华民族是一个善于治水用水的民族。在古代，我国曾经兴建过许多大型水利工程，如战国时期的郑国渠、都江堰，秦代的灵渠，隋唐、宋元、明清的大运河。古代水利工程的主要功能是防洪、运输、灌溉。新中国成立后，我国工农业用水、居民用水需求大增，建设了一批长距离的调水工程。比如，20世纪60年代开始建设的江苏江水北调工程、广东东深供水工程、甘肃景泰川电力提灌工程；70年代的福建九龙江北溪引水工程、甘肃引大入秦调水工程；90年代的辽宁富尔江引水工程、山东引黄入卫工程、吉林引松入长、福建湄州湾供水工程和辽宁引碧入连工程等。[①]进入21世纪后，主要工程是南水北调工程。下面选取几个调水工程进行介绍。

一、引滦入津工程

20世纪70年代末，天津遭遇半个世纪以来最严重的水荒。为了解决天津市工业、生活用水问题，1981年8月，党中央、国务院决定兴建引滦入津工程，将河北省境内的滦水河跨流域引入天津市的城市供水工程，具体包括：引滦枢纽工程和引滦入津输水工程。工程于1982年5月11日动工，1983年9月11日建成。整个工程由取水、输水、蓄水、净水、配水等工程组成。工程自大黑汀水库开始，通过输水干渠经迁西、遵化进入天津市蓟县（今荆州区）于桥水库，再经宝坻区至宜兴埠泵站，全长234公里。分两

① 本节主要调水工程资料引自王光谦主编：《世界调水工程》，科学出版社2009年版。

路进入天津市：一路由明渠入北运河、海河，另一路由暗渠、暗管入水厂。输水总距离为234公里，年输水量为10亿立方米，最大输水能力为60～100立方米/秒。主要工程包括河道整治、进水闸枢纽、提升和加压泵站、平原水库、大型倒虹吸、明渠、暗渠、暗管、净水厂、公路桥，以及农田水利配套、供电、通信工程等。工程缓解了天津市的供水困难，改善了水质，减轻了地下水开采强度，使天津市区地面下沉趋于稳定。

引滦入津工程水源保护是一项综合性的防污防治、提高人民生活水平、确保天津可持续发展的系统工程。该工程结束了天津人民喝咸水、苦水的历史。截至2009年9月，累计向天津供水192.2亿立方米，使得天津城市饮用水水质达到国家二级标准，为全国饮用水质量最好的城市之一；工业生产缺水的被动局面得到扭转，不仅使用水较多的缺水企业全部恢复生产，而且使天津港获得了新生，新港船闸得以重新开启使用，停产三年之久的内河港区码头恢复了生产；同时，为新建企业提供了可靠水源，加速了工业发展，改善了投资环境，成为天津经济和社会发展赖以生存的“生命线”。①

二、引黄济青工程

青岛是一座因水而兴的城市，背山面海，宛如镶嵌于黄海之滨的一颗明珠。然而，缺水恰恰成了这座城市的梦魇：人均水资源占有量仅为247立方米，仅为全国人均占有量的11%，是我国北方缺水最严重的城市。全市共有大小河流224条，均为季风区雨源型，多为独立入海的山溪性小河。据资料记载，20世纪80年代前，青岛城市供水水源主要依赖大沽河、白沙河水系，以及仙家寨水厂、崂山水厂两个主净水厂。大沽河径流季节性较强，汛

---

① 朱龙基、范兰池、林超：《引滦入津工程水质时空演化规律分析》，《水资源保护》2009年第2期。

期下大雨，河水暴涨，流量剧增，但一到枯水期径流变小，甚至河川干涸断流。

在此背景下，1985年，国务院正式批准了引黄济青工程方案，以解决青岛市供水需求为主，兼顾灌溉和人畜用水。整个工程从滨州市博兴县黄河打渔张引黄闸到青岛白沙河水厂，全长292公里，途经4个地市、10个县市区。工程要建沉沙池、252公里的输水明渠、四座泵站、36座倒虹吸及涵闸桥等建筑物450余座，还包括总库容1.568亿立方米的棘洪滩水库，22公里暗渠，白沙河水厂、市区输配水系统以及沿线输变电工程和通信、自动测控工程。[①] 黄河水在滨州的引黄济青工程的起点进行沉淀，向东南经过东营、潍坊，最后抵达青岛市境内的棘洪滩水库。

工程在1989年11月建成通水以来，共向青岛供水约30亿立方米，相当于至少60个崂山水库的容量。从建成之初的计划日供水30万立方米，到如今日均供水超120万立方米、提供全青岛95%以上用水，从根本上解决了淡水资源匮乏的局面，基本满足了青岛市经济社会发展的用水需求，促进了青岛市经济社会的发展和改革开放的推进，发挥了巨大经济社会和生态效益。[②]

三、引碧入连工程

大连市是一座沿海城市。由于大连市没有大的河流，水资源短缺问题一直困扰着大连市，人均水资源占有量为760立方米，仅为全国人均占有量的1/4，严重影响其经济的发展和人民生活水平的提高。早在1958年，当时的旅大市就有过引碧入连的考虑，但因国家经济困难而停止。1972年，大连遭遇罕见的旱灾，大连引水工程再次迫在眉睫。1975年，国家计委批准碧流河水

① 《通水28年“引黄济青”运来60个崂山水库》，《半岛都市报》2018年3月12日。
② 《通水28年“引黄济青”运来60个崂山水库》，《半岛都市报》2018年3月12日。

库动工兴建，库容为9.21亿立方米，每年可调节水量5亿立方米；引水工程包括两大部分，第一部分是北段引水工程从碧流河水库至洼子店水库，第二部分为南段引水工程从洼子店水库至市内各区。1984年3月，引碧供水工程正式投入运行，全长166.92公里，日供水能力为120万立方米。

在建设资金中，引碧入连供水工程有一部分是利用亚行贷款。根据《贷款协议》，土建工程项目全部采用亚行规定的国内竞争性招标方式，实行无标底投标：工程材料和设备采用国际竞标。招标工作严格遵循《亚洲开发银行贷款项目招标采购指南》及亚行和国内的其他程序，按照“公开、公平、公正”的原则进行。评标是经过对投标单位的资质、实质性响应、施工方案、进度计划和价格等进行严格审查，由评委会推荐具有实质性响应最低评估价的投标，并具备有效实施合同能力和资金的投标人为中标单位。引碧入连供水工程建设分为北段工程和南段工程，其中北段主体工程共划分22 个合司包，经130多家企业竞争，有17家具有国家一、二级资质的建筑企业中标。北段工程的建筑材料、机电设备分别通过国际竞争性招标、国际采购、直接采购方式进行发包和采购。通过招投标，收到了选择优秀施工企业、降低投资、净化社会环境的效果。南段工程共有34个主要施工承包单位，分别接业主合同承包了土建、水工、机电、自动化、设备及管道安装等施工任务。

引碧入连供水工程建设实行了与国际接轨的法人负责制、招投标制和施工监理制的先进管理体制，经过缜密组织和规范运作，不仅使工程总投资得到了有效控制，而且还有节余。该工程总投资概算30.48亿元，其中利用亚行贷款1.6亿美元（折合人民币13.92 亿元，汇率1∶8.7），经优化工程方案，总投资概算压缩调整为25.52亿元，其中利用亚行贷款1.03亿美元（折合人民币8.96亿元，汇率1∶8.7）。工程竣工后，实际完成工程概算总投资23.46亿元，其中亚行贷款合人民币8.36亿元。这样，实际完成工程概算投资额比调整后节余9.641亿元，平均节约率8%。[①]

四、南水北调工程

早在新中国成立之初，毛泽东就提出了南水北调的设想。改革开放后，为有效解决华北地区（京津冀鲁豫）的严重缺水问题，改善缺水地区的工农业生产及生活用水条件，并改善华北生态环境，我国分别于2002年、2003年开始兴建南水北调东线、中线工程，从水量相对充沛的长江流域向华北地区调水，实施南水北调工程。南水北调工程分东、中、西三条线路。东线工程起点位于江苏扬州江都水利枢纽，输水主干线长1150公里，其中黄河以南660公里，黄河以北490公里；从东平湖向东送水到山东半岛的输水线路长约690公里，供水区域为江苏、山东、河北、天津，已于2013年12月8日正式通水。中线工程起点位于汉江中上游丹江口水库，总干渠长1246公里，其中黄河以南462公里，穿黄河段约10公里，黄河以北774公里，天津干渠长144公里，供水区域为河南、河北、北京、天津四个省（直辖市），已于2014年12月12日正式通水；一期工程设计年调水量为95亿立方米，二期工程将达到130亿立方米。截至2019年7月，通水5年来，中线工程累计调水225.87亿立方米，东线工程累计调水39.1亿立方米。2020年初，水利部启动新一轮南水北调西线工程综合查勘。此次查勘的主要任务是对西线工程规划方案涉及影响工程论证的主要节点进行调研，为年内按计划完成西线工程规划方案比选论证报告奠定坚定基础。

南水北调工程是一项规模宏大、投资巨额、涉及范围广、影响十分深远的战略性基础设施；同时，又是一个在社会主义市场经济条件下，采取“政

---

① 于洪一：《大连“引碧入连”供水工程招标是与国际惯例接轨的一次有益尝试》，《中国工程咨询》2003年第8期。

府宏观调控、准市场机制运作、现代企业管理、用水户参与”方式运作，兼有公益性和经营性的超大型项目集群。南水北调工程建设管理体制的总体框架分为政府行政监管、工程建设管理和决策咨询三个方面。

（1）政府行政监管。国务院南水北调工程建设委员会①作为工程建设高层次的决策机构，决定南水北调工程建设的重大方针、政策、措施和其他重大问题。国务院南水北调办公室作为建设委员会的办事机构，负责研究提出南水北调工程建设的有关政策和管理办法，起草有关法规草案；协调国务院有关部门加强节水、治污和生态环境保护；对南水北调主体工程建设实施政府行政管理。

工程沿线各省、直辖市成立南水北调工程建设领导小组，下设办事机构，贯彻落实国家有关南水北调工程建设的法律、法规、政策、措施和决定；负责组织协调征地拆迁、移民安置；参与协调省、自治区、直辖市有关部门实施节水治污及生态环境保护工作，检查监督治污工程建设；受国务院南水北调办公室委托，对委托由地方南水北调建设管理机构管理的主体工程实施部分政府行政管理职责，负责地方配套工程建设的组织协调，研究制定配套工程建设管理办法。

（2）工程建设管理。南水北调工程建设管理以南水北调工程项目法人为主导，包括承担南水北调工程项目管理、勘测（包括勘察和测绘）设计、监理、施工、咨询等建设业务单位的合同管理及相互之间的协调和联系。

南水北调工程项目法人是工程建设和运营的责任主体。建设期间，主体工程的项目法人对主体工程建设的质量、安全、进度、筹资和资金使用负总责，负责组织编制单项工程初步设计，协调工程建设的外部关系。

承担南水北调工程项目管理、勘测设计、监理、施工等业务的单位，通

① 2018年3月，根据第十三届全国人民代表大会第一次会议批准的国务院机构改革方案，将国务院南水北调工程建设委员会并入水利部，不再保留国务院南水北调工程建设委员会。

过竞争方式择优选用，实行合同管理。

（3）决策咨询。成立南水北调工程建设委员会专家委员会，主要任务是对南水北调工程建设中的重大技术、经济、管理及质量等问题进行咨询；对南水北调工程建设中的工程建设、生态环境、移民工作的质量进行检查、评价和指导；有针对性地开展重大专题的调查研究活动。

从南水北调工程东中线情况看，该项工程具有显著的社会效益、经济效益和生态效益。

一是巨大的社会效益。解决北方地区的水资源短缺问题，促进这一地区经济、社会的发展和城市化进程。截至2018年8月，南水北调东中线一期工程累计调水200亿立方米。东中线一期工程供水量逐年增加，已成为京津冀鲁豫地区受水区大中型城市的供水“生命线”，直接受益人口超过1亿人，工程正在稳步达效。

二是巨大的经济效益。南水北调东中线一期工程支撑调水沿线和水源区绿色发展。据测算，南水北调东中线为受水城市每年增加工农业产值近千亿元。北京、天津、郑州、石家庄、济南等北方大中城市水资源短缺问题得到根本缓解，为经济结构调整和产业转型创造了机会和空间。同时，工程助推了水源区的经济发展和产业结构调整，如中线水源区湖北省十堰市近5年GDP增速平均达到9%，超过全国平均水平。

三是巨大的生态效益。南水北调东中线一期工程改善修复区域生态环境。工程显著改善了沿线受水区水源条件，遏制了地下水超采状况，增加了生态环境用水，改善了河流生态。通过优化调度，中线一期工程连续两年利用汛期弃水向受水区实施生态补水，已累计补水11.6亿立方米，生态效益十分显著。3年来，北京、天津等6个省（直辖市）累计压减地下水开采量逾8亿立方米，地下水位得到不同程度的回升，其中2016年和2017年年底北京平原区地下水位分别较同期回升0.52米、0.23米。天津海河水生态得到明显改善，地下水位保持稳定或小幅回升。

第二节　国外主要调水工程

国外大规模调水工程的兴建开始于20世纪初，世界上主要大型河流，如非洲的尼罗河、亚洲的底格里斯河和幼发拉底河、南美的亚马孙河、欧洲的多瑙河、大洋洲的墨累–达令河、美国的密西西比河和科罗拉多河、印度的恒河等诸多河流上都有调水工程。目前世界上至少已有40个国家和地区建成了350余项调水工程，已建好的调水工程的年调水量超过5000亿立方米。

据不完全统计，全球调水量位居前列的国家主要有加拿大、印度、巴基斯坦、澳大利亚、俄罗斯、美国、中国等。加拿大已经建立调水工程60多项，年调水量约1390亿立方米，调水量位居世界之首。印度也建立了许多调水工程，有大中型调水工程50项左右，年调水量达到1386亿立方米，调水工程的输水干渠的总长度超过8000公里，印度调水的灌溉面积约为2100万公顷，灌溉面积位居世界第一。巴基斯坦40多项调水工程的调水量达到1300亿立方米。自20世纪初到20世纪70年代末，美国联邦政府和各级地方政府建立了许多大型水利工程，每年总调水量超过300亿立方米，调水工程干渠输水线路总长达到6000公里。中国总调水量仅有660亿立方米。

从世界范围来看，20世纪40—80年代是各国调水工程建设的高峰期，国外许多大型跨流域调水工程都是这一时期建立起来的。调水工程虽然给当地带来巨大的经济效益和社会效益，但同时也不能忽视大型调水工程带来的生态、移民等问题。本节通过对国外典型的调水工程的分析，对未来我国调水工作的运营和管理，提供一定的借鉴意义。

一、美国加利福尼亚州水道工程

美国从20世纪初至20世纪70年代末，联邦政府和地方州政府组织兴建了大量水利工程。美国本土年径流量1.7万亿立方米，已建水库库容约1万亿立方米，有效库容约6000亿立方米，对地表水资源有了较强的调控能力。美国已建大型调水工程10多项，比较有名的工程有：中央河谷工程、加利福尼亚州水道工程、向洛杉矶供水的科罗拉多河水道工程、科罗拉多－大汤普森工程、全美灌溉系统、向纽约供水的特拉华调水工程和中央亚利桑那工程等。这些建设调水工程的运作和经营，对美国缺水地区的经济发展带来了新的生机，促进了美国宏观经济布局和工农业生产的发展，提高了人民生活水平，对美国的生产要素和各种资源的合理配置都起到了推动作用。在美国诸多调水工程中，从工程规模、调水量、调水距离、工程技术和综合效益等方面衡量，最具代表性的是加利福尼亚州水道工程，这也是全美最大的多目标开发工程。加利福尼亚州人口总量、经济总量位居全美第一，大洛杉矶地区及旧金山湾区为美国第二及第三大都会区。加利福尼亚州北部雨水丰沛，萨克拉门托河常常洪水肆虐；南部则是天干地裂，却住着全州2/3的人口，水资源分配也极度不均。早在1919年，就有地质学家提出北水南调的想法。第二次世界大战之后，加利福尼亚州人口快速膨胀，经济发展迅猛，已有的供水设施已经无法满足当地用水需求。为了有效解决水资源供需问题，加利福尼亚州立法机构于1951年正式授权兴建加利福尼亚州水道工程。1957年，加利福尼亚州水道工程正式动工。

加利福尼亚州水道工程的储水、提水、输水、配水及动力系统由29座水坝及水库、17座泵站、10座电站以及长达1086公里的水道及其他辅助设施组成。工程分为两期：第一期工程为主体工程，于1973年完工，包括18座水库、15座电站和870公里水道；第二期工程主要包括北支渠二期工程、沿海支渠二期工程、东支渠扩建工程以及渠道电站的建设等工程。加利福尼亚亚州水道工程目前的年调水量为40亿立方米。工程竣工后，调水规模按照计划达到52亿立方米/年（2021年）。[①]

加利福尼亚州调水工程的主要管理经验如下。

（1）政府的作用。在具体工程方面，自20世纪50年代提出要建立加利福尼亚州北水南调工程的设想后，州议会通过立法批准建立该项目，并确定加利福尼亚州水资源部为建设单位。水资源部的组织结构是公开的，人员安排和施工情况都公开。政府不直接介入工程的建设，具体建设工作都由建设单位按照法律程序操作。一方面，政府为该项目融资的债券进行担保；另一方面，政府需要确认工程建设用地所需要的土地是为了公共利益。根据美国相关法律规定，当政府为公共利益征收土地时，个人不得阻挠，也不能漫天要价，当然政府在征地过程中对土地的征收费用还是很高的。

（2）工程的融资问题。1957年，在该工程的设计基本完成之后，州议会通过发行公债的形式融资17.5亿美元，并在1959年颁布《伯恩斯－波特法案》，发行17.5亿美元债券用来兴建加利福尼亚州水道工程。此外，调水总工渠下的配套工程由用水户自建，工程为非营利性质。除了向社会发行债券融资，调水工程的资金还来自加利福尼亚州水基金、联邦防洪工程拨款、加利福尼亚州旅游工程拨款和用水合同的预付款。

调水工程的全部建设费用来自债券和贷款，并且以工程运营收入来偿还全部债务和利息。水费是维持工程运行的基本保障，工程建设发行的债券和贷款全部要由水费来偿还，并在加利福尼亚州水道工程开工立项时以立法形式规定。另外，水道的全部运行费用也要从水费中开支。联邦政府和州政府不再对加利福尼亚州水道工程提供任何拨款。加利福尼亚州水道平均每立方米水价将近0.2美元，而最南端的每立方米水价达0.32美元。加利福尼亚州水道工程的年水费收入约为6亿美元，年均供水量在20亿～40亿立方米。

① 王光谦等编著：《世界调水工程》，科学出版社2009年版。

总体来说，加利福尼亚州水道工程的收支平衡。

（3）用水户的权利和义务规定。加利福尼亚州水资源部首先确定水资源的长期用户。大量的用水户是分散的，这些分散的用户自行组成了30个用水户联合会，后来合并为29个。每个用水户组成的联合会其实就是一个经济主体，负责各自范围内的配套工程建设、维护、计收水费，并且具有一整套管理运行的机构。加利福尼亚州水资源部花了5年时间和各个用水户联合会进行谈判，并且最终签订了一系列协议合同，规定了用水户要承担的工程运营费与建设费，以及各个用水户分到的用水量。这些规定和合同一方面明确了用水户的权利和义务，另一方面又对调水工程的建设单位进行了限制，使得施工单位严格控制工程造价。

（4）“水银行计划”。加利福尼亚州水资源部专门成立了水工程分析办公室，负责水价分析、制订水的中长期供求计划和“水银行计划”，相当于水市场的中介，为那些需要水的客户寻找水源、安排输水和蓄水。美国所有的水交易都是通过加利福尼亚州水道工程的调度中心进行操作，但是加利福尼亚州水资源部本身不能赢利，财务上要求达到收支平衡即可。

（5）处理好城市用水、工业用水和农业用水的关系。加利福尼亚州水道工程是以城市供水为主要目标，当城市供水不足时，首先要减少农业供水量。20世纪80年代以后，城市用水量增加，又遇上旱年，农业水量被大量挤压。农业用水户开始争取用水权利，因为农业用水户在承担工程建设费和水费方面和其他用水户一样，因此在1994年，调度规程进行了修改，明确所有的用水户具有完全相等的地位，在供水紧张情况下，各用水户协商解决。实际上，在干旱年份，通常采用经济方式进行调节。水资源部作为中间协调人，在城市用水户与农业用水户之间促成交易，让城市用水户向农业用水户买水。农场主每年种植计划根据加利福尼亚州水道工程的供水量来确定，如果供水量很少，农场主就可以选择少耕种，将分得的水量出售给其他用水户。

加利福尼亚州水道工程调水量达到49.3亿立方米，供2000万人使用，占加利福尼亚州总人口的2/3，其中70%用于城市，30%用于农业。调水工程对美国经济宏观布局、生产要素和资源的合理配置组合都起到了重要作用，同时也是维系经济可持续发展的命脉。[①]但同时，也带来了负面影响，有许多批评者指责该水道工程破坏了加利福尼亚州生态系统，毁灭了该地区大量鱼类资源，造成河道上游淤积。此外，还质疑该水道工程对固体径流的减少和对泥沙平衡的破坏，使得下游河滩被破坏。

二、埃及西水东调工程

阿拉伯埃及共和国地处尼罗河下游，跨亚、非两大洲，主要领土在非洲，苏伊士运河以东的西奈半岛属亚洲，北临地中海，南与苏丹接壤，西邻利比亚，东邻巴勒斯坦和以色列。埃及国土面积100多万平方公里，绝大部分为沙漠，适于人居和生产的地区仅占国土面积的4%，即尼罗河三角洲和尼罗河谷地。西奈半岛面积约6万平方公里，其地势是南高北低，南有埃及最高峰凯瑟琳山，海拔2673米，北部地势平坦，多为沙漠。埃及气候炎热干燥，全国86%的地区属热带沙漠气候，仅地中海沿岸属亚热带地中海气候。

埃及以干旱著称，降水稀少，年均仅10毫米，地中海沿岸年降水量150～200毫米，开罗地区年均降水量28毫米，开罗以南广大地区基本为无雨区，而且蒸发强烈，纳赛尔湖年均蒸发2500毫米。尼罗河是埃及唯一的河流，也是唯一的地表水源。可以说，尼罗河哺育了埃及人民，没有尼罗河也就没有埃及。尼罗河在阿斯旺年径流量840亿立方米，根据1959年埃及和苏丹两国签订的分水协议，埃及每年分享水量555亿立方米，苏丹每年分享185亿立方米，另100亿立方米作为最大蒸发量。待尼罗河上游工程完成后，

---

① 魏昌林：《美国的调水工程》，《世界农业》2001年第5期。

尼罗河增加180亿立方米可用水量，埃及可再多分得90亿立方米水量，那时享有尼罗河水645亿立方米，另有地下水5亿立方米，灌溉回归水约120亿立方米，部分资源化后，水资源总量为685亿立方米，如果全部资源化，最大可能水资源为770亿立方米。1990年埃及年总用水量达到514亿立方米，水资源开发利用程度很高，农业灌溉用水户是最主要的用水户，年用水440亿立方米，约占总水量的85%；工业用水占9%，城市生活用水占6%，人均综合用水量为913立方米。

埃及经济以农业为主，但人口多、耕地少，1997年人口6200多万人，耕地280万公顷，约1/3耕地面积种植棉花，是世界长绒棉的主要产地，也是埃及主要的出口物资，粮食不能自给。根据埃及农业发展政策，要求采取扩大耕地面积和提高单位面积产量双管齐下的举措增加粮食产量，最大限度地减少粮食进口，增加水果、蔬菜出口。埃及人口集中在尼罗河三角洲和尼罗河谷地，其他地方人烟稀少，位于亚洲部分的西奈半岛基本没有开发，对国家均衡发展极为不利，从经济和社会长远发展要求考虑，迫切需要开发。西奈北部地势平坦，适于农耕，制约西奈发展的关键因素是水，而西奈半岛非常缺水，地表大部分被沙漠覆盖，埃及唯一的水源是位于非洲的尼罗河，要开发亚洲部分的西奈半岛，只有跨大洲从尼罗河调水，别无他途。

为了开发西奈半岛，埃及公共工程和水资源部成立了“西奈北部开发委员会”，专司西奈北部开发工程的建设和管理，即埃及西水东调工程。工程主要有三部分：一是苏伊士运河以西渠道，二是穿苏伊士运河输水隧洞，三是西奈北部输水工程。规划开发耕地25万公顷，其中苏伊士运河西侧非洲部分开发8.4万公顷，苏伊士运河以东亚洲部分西奈半岛北部开发17万公顷；总用水44.5亿立方米，其中引用尼罗河淡水21.1亿立方米，利用三角洲灌溉回归水23.4亿立方米，大体按1∶1混合进行灌溉，部分采用喷滴灌；根据不同土壤，分别种植谷物、水果、蔬菜、牧草和油料等作物，发展工农业生产，提供就业机会，减少粮食进口，增加水果、蔬菜出口。按规划将从人口过密的尼罗河谷地移民75万人，到西奈北部发展，建立新村45个，每个村约3300公顷耕地，建立中心村10个，每个中心村辖4～6个新村，划分成5个区进行开发。

西水东调工程从尼罗河三角洲地区起建萨拉姆渠，引尼罗河（杜米亚特河）水东调，在东调中加入排水（灌溉回归水），萨拉姆渠到苏伊士运河段长约87公里；调水从苏伊士运河下经隧洞立交穿过，继续东调175公里直达阿里什河谷，连同运河西段，西水东调工程主干线全长262公里。西奈北部开发工程基本是在沙漠地区进行的，建设条件艰苦，但工程设计标准高，施工质量好，输水工程为减少渗漏损失，采取混凝土全断面衬砌，引进成套渠道衬砌设备进行施工，从渠道削坡、混凝土浇筑、振捣、切割分缝等全部机械化作业。尼罗河三角洲地势低平，穿苏伊士运河工程两端又有水位控制，因此东水西调工程为顺畅输水，设有9处抽水泵站，其中在输水干线上设有7级泵站，逐级提水东调。在最后一段，即第四开发区到阿里什河谷的第五开发区，由于地形复杂采用压力管道输水，水泵加压75.5米，抽水流量52.6立方米/秒。为预防干旱地区因灌溉产生土壤盐碱化问题，在灌溉工程建设的同时建设了排水系统，以控制开发区的地下水位。

穿苏伊士运河工程是埃及西水东调的最大单项工程，也是技术难度最大的一项工程。苏伊士运河为沟通地中海与红海的齐洋面运河，现运河底为−19.5米，计划将来浚深拓宽，河底深至−27米，设计输水隧洞顶部高程为−39米，距运河设计河底有12米，砂黏土地层，运河西侧有公路、铁路、供水渠道等设施。设计输水隧洞长770米，最大输送流量160立方米/秒，设4条圆形隧洞，内径5.1米。隧洞由英国豪克公司设计，意大利公司施工，使用德国海伦克奈特公司盾构机开挖衬砌，隧洞外衬用预制30厘米厚混凝土拱片，中置2毫米厚PVC薄膜，内衬混凝土厚32厘米，隧洞两端进出口设有控制建筑物。

西水东调开发西奈北部沙漠是埃及最大的土地开发项目，建设内容包括两大部分：一是基础设施工程，主要有灌溉排水系统、输变电系统、道路工程；二是开发区及新村建设，主要有农场内部的灌排水网、住房、公共服务设施、内部供电和交通等。按1994年价格，总投资约17.24亿美元。工程于20世纪90年代初全面开工建设，至1995年苏伊士运河以西萨拉姆渠及土地开发等项目全部完工，1994年年初开始建设穿苏伊士运河输水隧洞工程，工期3年，于1997年5月完工。1998年10月26日，时任埃及总统穆巴拉克亲临穿苏伊士运河工程，按动提闸放水的电钮，通过苏伊士运河底下的输水隧洞，将尼罗河水调至干旱缺水的西奈半岛，为工农业生产和人民生活提供了水资源。西奈北部开发工程于2000年全部完成，苏伊士运河东西两岸新增约25万公顷耕地，大片干旱的沙漠因有水而变为良田沃土。新建45座新村和住宅区，为150万人口提供生活用水，有效地缓解了埃及粮食短缺状况，增加水果、蔬菜出口，促进西奈经济和社会的全面发展与繁荣。

三、澳大利亚雪山调水工程

澳大利亚位于南半球，在太平洋西南部和印度洋之间，面积769.20万平方公里，人口2100多万人，经济以农牧业、采矿业和制造业为主。澳大利亚全国平均降水量约为460毫米，水资源总量为3430亿立方米，其水资源基本特点为：一是总量少，人均占有量多。按联合国可持续发展委员会对世界153个国家和地区的统计，澳大利亚以人均水资源量18743立方米位居前50名，是水资源相对丰富的国家。但以国土面积计，其水资源总量并不多。二是地区分布不均。降水主要集中在东部山脉和谷地相接的狭长地带。占国土面积1/3的中部和西部沙漠地区年均降水量不足250毫米。

澳大利亚东部为山区，有很多河流的分水岭，东部沿海的大分水岭是太平洋水系与印度洋水系的分水岭，山地东坡较陡，沿海平原狭窄；西坡缓斜，向西逐渐展开为大平原。大分水岭在新南威尔士州与维多利亚州之间称为澳大利亚山脉，是澳大利亚最高山脉，主峰科西阿斯科山海拔2228米，是全国最高点。澳大利亚山脉北端、主峰科西阿斯科山周围山区称为雪山，冬季长期有雪，雪水注入各条河流，形成较稳定的径流；雪山东坡降水量十分丰富，多年平均降水量约为1600毫米，是全国降雨量充沛、地表径流丰富的地区。

雪山东坡径流汇集于斯诺伊河，向南流经维多利亚州东南部人烟稀少而降水量较多的地区，但东坡工农业用水量不大，致使大量宝贵淡水资源白白注入大海。雪山西坡为墨累河及其支流马兰比吉河的主要发源地，其降雨量约占雪山地区的20%。墨累－达令河流域面积为106万平方公里，而多年平均年径流量仅为110亿立方米，单位面积径流量约为我国黄河流域的1/5，水资源十分贫乏。新南威尔士州南部、维多利亚州北部、南澳大利亚州东南部位于墨累－达令河流域，是澳大利亚小麦、稻谷、羊毛的主要产地，下游有南澳大利亚州的钢铁工业中心，新南威尔士和维多利亚两个州拥有占全国70%的工厂。流域上中游的农牧区是用水大户，而下游的城市、工业用水要求有很高的保证率，工农业用水矛盾十分尖锐；国民经济的发展，也需要大量电力生产及水电调峰电能。因此，澳大利亚政府提出了将雪山东坡的水资源合理地用于西坡灌溉、发电和供水的设想。1937—1946年，澳大利亚东南部出现了持续严重干旱，再加上第二次世界大战后的国民经济恢复和发展，急需增加电力生产和粮食供应，因此，澳大利亚政府于1949年开工修建雪山调水工程，1974年竣工，修建时间长达25年，工程总投资为8.2亿澳元。

澳大利亚雪山调水工程在雪山山脉的东坡建库蓄水，用两组隧洞将东坡斯诺伊河的水引向西坡的墨累河和马兰比吉河的需水地区。沿途利用落差（总落差760米）发电供应首都堪培拉及墨尔本、悉尼等城市，是澳大利亚跨州界、跨流域水力发电和农业灌溉工程。雪山工程由16座水库（总库容约84.7亿立方米，有效库容69.1亿立方米）、7座水电站（其中2座为地下式，1座为抽水蓄能式）、1座抽水泵站（抽水流量为25.5 立方米／秒）、12

条隧洞（总长约145公里）及80公里的输水管道等组成。工程设计年调水量为11.3亿立方米，经水库调节后的年下泄水量为23.6亿立方米，新增灌溉耕地16万平方公里。[①] 电站经510公里330千伏高压网与新南威尔士州、维多利亚州和首都区相连。

（1）管理模式。澳大利亚水资源管理部门地位很高。雪山调水工程的供水对象是墨累－达令河全流域。墨累－达令河流域委员会负责水资源的调度、监管界河上各用水户的取水量，对水纠纷进行调解和制定相关的水资源管理条令和制度。主要设立3个管理机构：部长级理事会，由各州和联邦政府部长官员组成，每个州3个人，分别是水利部门、土地管理部门和环境保护部门。理事会主席是联邦政府农业部部长，理事会是最高决策机构，所作出的决定，各州都要执行。社区咨询委员会由各主要支流地区推举一个人组成，加强了公众和墨累－达令河流域委员会的联系和沟通，对开发利用水资源起到积极作用。执行委员会由技术专家组成，是常设机构，负责流域的日常管理工作。墨累－达令河流域委员会不足100人，常设的执行委员会为40多人，主要依靠各州政府水土资源管理机构进行相关流域的管理，管理人员也不多。这种管理机构的设计，使得该管理体制既有权威性，又能够及时反映公众的意愿，及时处理问题，效率很高。

（2）协调供水和发电的矛盾。该工程是多目标综合利用，供水只能部分满足需要，各个供水目标之间的矛盾十分突出。此外，澳大利亚雪山调水工程的运行和管理费用由受益的联邦政府和两个州政府按照比例进行分摊，其中维多利亚州出29％，新南威尔士州出58％，联邦政府出13％。该工程灌溉供水不收水费，电站的发电收入上缴联邦政府和两个州政府。雪山调水工程7座电站总装机容量为375.8万千瓦，是新南威尔士州、维多利亚州和南澳大利亚电网的主力调峰电站。但是电站调峰和事故紧急启动会造成下游流

① 《中国水利报》2007年4月13日。

量大幅度波动，与上游的用水需求不协调。如果要以满足供水这一目标来决定各发电量的话，那么发电的峰值作用将大大受到限制。

（3）严格控制农牧业用水增长。缺水严重使得水资源供给不足，因此，澳大利亚采取了一系列水资源保护政策，一个重要方面就是控制农牧业用水。农牧业用水耗水量大，并且还会将农药、化肥等污染带到下游，因此，有关州政府决定，不再签发新的农牧业取水许可证。还有呼声要求提高水价，从根本上改变那些灌溉技术落后的农牧业技术。

（4）取水许可证。该工程对于用水用户都采用严格的取水许可证制度，该制度规定了用户年平均取水总量、取水的设备等。取水证分为很多级别，一般只有较高级别的用水户的用水需求得到满足，并且规定，级别较高的用水户在水量配额和取水设备的能力范围内，可以根据需要自由取水。当然，最高级别的用水户和最低级别的用水户的水价相差40倍，也正是基于这一手段，才鼓励用水户积极修建自己的调蓄水库。

澳大利亚雪山调水工程使得调水和开发水电相结合，工程在社会经济方面取得了显著效益。该工程原计划年调水23.6亿立方米，实际上年调水量都在30亿立方米以上，一般年调水超过计划的40%～80%。发电方面效益也很显著，雪山调水工程水电装机容量376万千瓦，年均发电量约51亿千瓦时，可满足东南澳电力市场16%的用电需求，每年发电盈利额约3.5亿美元。但是出于水源供应的限制，电站一般都在用电高峰或者电力物联网负荷较重时开始发电。此外，雪山调水工程为国家供应增添了新景观，促进了雪山地区旅游业的发展，16座大小不等的水库为公园增加了新的景观。但是还是引发了许多负面问题，如雪山调水工程运行后，斯诺伊河的很多支流出现了生态退化现象，以及引发的原始鱼类和水生植物种类减少，还给在雪山生活的土著居民传统文化带来了负面影响。

四、俄罗斯莫斯科运河工程

莫斯科运河是苏联最早建成的调水工程。早在19世纪初莫斯科就受到供水问题的困扰，1903年莫斯科有了第一条自来水管道，当时是在莫斯科河取水，供水量仅为3立方米/秒。十月革命后，苏联对其进行了多次重大的改造，到1934年莫斯科人均供水量为136升/天。但是，随着莫斯科市人口增长和工业蓬勃发展，改善城市供水问题变得越来越尖锐，不仅居民日常生活和工业生产需要水，而且改善市内河流的卫生状况和满足人们体育文化的需要也需要水。到1930年年初，莫斯科河水资源实际上已经用尽，需要开辟新的供水水源。苏联曾经研究了利用莫斯科河支流和奥卡河支流给莫斯科市供水等方案，但没有一个方案能根本性解决莫斯科市远景用水问题。莫斯科是一座拥有数百万人口的大型工业城市，如果不算水深较浅的莫斯科奥卡闸化水路，那么莫斯科就与苏联欧洲部分的主要水路干线分离开来，因此莫斯科的发展要求建设将国家的中心与最重要的经济区和海港联系在一起的统一深水航道网。建设莫斯科运河的主要目的是要解决以下问题：一是保证莫斯科市及其近郊的饮用水供应；二是使莫斯科成为伏尔加河和五个内陆海（黑海、里海、亚速海、白海和波罗的海）的港口；三是给莫斯科河及其支流补充水量，以便改善首都的卫生状况；四是顺带利用水资源进行水力发电。

1931年，苏共中央十六届五中全会通过了兴建莫斯科－伏尔加运河的决议。在所研究的运河3条线路方案中，最终选择了德米特罗夫线路方案。该方案是在伏尔加河上建伊万科夫水利枢纽，运河从这里开始，向南经过德米特罗夫市和伊克沙镇；在行进到乔尔纳亚河与维亚济河汇合处，运河穿过维亚济河与乌洽河的分水岭转向西南；运河切开克利亚济明斯克－希姆基分水岭，在休基纳地区沿陡坡下到莫斯科河。该方案运河线路总长128公里，其中19.4公里位于水库中，人工开挖段长32公里，半填半挖段长68公里，填筑堤坝段长8.6公里，总的土方工程量为1.54亿立方米，混凝土工程量为300万立方米。渠道横断面为梯形，堤岸坡度从河底到水边线的边坡坡度为1：4，水边线到堤顶为1：2.5，渠底宽46米，水面宽85.5～90米，渠道挖深一般在15～16米，分水岭段最大挖深为32.5米；低洼段填筑堤高11～12米；最高达14米。

莫斯科运河可以分成3个典型渠段，即运河的北坡段、分水岭段和南坡段。北坡段从伊万科夫水利枢纽开始，到伊克沙镇（6号船闸）止，全长49公里，沿途建设了五级水利枢纽，每一级都建有水泵站和单室船闸，总共把水位抬升38米。分水岭段是指6号船闸与7号船闸之间的渠段，全长49公里，共建有5座通航水库和1座沉淀水库，总库容3.48亿立方米，其中有效库容0.91亿立方米。分水岭段的水库是把伏尔加河水供给主要用户的中央分配区。南坡段从7号船闸开始到莫斯科河的休基纳码头止，长6公里，共建有2座双室船闸，克服水位总落差36米。为了利用从分水岭段到莫斯科河的引水流量的落差来发电，在7号船闸前开凿了一条长2公里的引水明渠到斯霍德尼斯克，这样在南坡建成斯霍德尼斯克水电站。此外，为了保证船舶从伏尔加河能进入莫斯科市内，在市内的莫斯科河上还建设了2座水利枢纽和1座小型船闸。

莫斯科运河于1932年9月开工建设，1937年5月1日竣工。运河上共建有240余座不同的水工建筑物，包括10座大坝，其中有7座土坝、3座混凝土坝、11座船闸、5级水泵站等。运河建筑物施工和设计具有很高的水平和超前意识，虽然这些建筑物是在80多年前设计的，但其主要参数仍符合现代的要求。为了保证莫斯科市的供水和莫斯科河的引水，在运河北坡的5级水利枢纽中，每一级都布置了给水量为100立方米/秒的水泵站。水泵房为钢筋混凝土结构，水泵房平面尺寸为13米×50米，高25米，在水泵房施工时布置了4台水泵机组，并预留了1台泵机位置。从1964年起，机组一直高负荷运转，水泵的利用系数夏季为0.91，冬季（由于1台机组进入计划检修）为1.0。水泵机组无可替代地运转了几十年，是类似泵机现行标准的1.5～2倍。在每一级水泵站中，除了取水泵房外，还包括管道、取水建筑物，以及与泵站相连接的下游引水渠和上游排水渠。水从下游通航运河沿专用引水渠引到水泵房，经过拦污栅和吸水管进入水泵，经水泵加压泵送到上游排水渠，然后沿上游排水渠进入上游运河段，就这样水经过5级泵送后进入分水岭段。

1932年，在莫斯科运河技术设计中，首都按未来人口为500万人、居民人均生活用水为500升/天来计算需水量，计算确定生活用水量为29立方米/秒；工业用水按照生活用水的20%，即6立方米/秒。这样，首都未来总的用水量为35立方米/秒，靠莫斯科运河取伏尔加河水26立方米/秒，剩余的9立方米/秒计划在莫斯科河及其支流上兴建若干水库来解决。

运河首部位于伏尔加河上的伊万科夫水库，这就保证了在干旱年份运河取水的需要。在运河分水岭段兴建了2座输水站和1座沉淀库。此外，一些用水量大的工业企业，在运河上有自己的专用取水枢纽。运河的建成使工业用水量急剧增加，到1940年运河向首都供水量已增加到7立方米/秒。在第二次世界大战期间，当德国法西斯占领伊斯特林水利枢纽时，莫斯科运河实际上成了莫斯科市唯一地表供水水源。为了保证向首都连续供水，分水岭段水库因放水冬季水位下降2～3米，这样大的水位降幅有时在春汛时都不能使水库蓄到正常水位，但是运河必须保证在整个战争期间向首都供水所需要的水平。第二次世界大战后莫斯科经济迅速恢复和发展，运河的供水量急剧增加，到1985年达到了运河设计供水量26立方米/秒，以后年供水量达到41立方米/秒，大大超过了设计值。

莫斯科在继续扩大，工业在发展，生活用水和工业用水需求在增加。后来，莫斯科人口增加到900万人，比莫斯科运河设计时所设定的人口增加了400万人，而且人均用水量达到600升/天，比设计值增加100升/天。为了满足城市不断增长的用水需求，除了在莫斯科河支流上兴建水库，使支流输水站的供水量增加到29立方米/秒之外，1972年苏联水工设计院确定增加伏尔加河供水水源的设计供水量，即在水泵房预留的位置安装新的水泵机组，这项工程已于1979年完成，共投入资金510万卢布（按当时的官方汇率约为740万美元），在运河北坡5级泵站中各安装了1台水泵机组（共5台机组）。目前运河向莫斯科市供水量为34立方米/秒，即比原技术设计增加8立方米/秒，实现了设计预留的能力。尽管水源输水量增大，但是仍然不能完全满足莫斯科生活用水和工业用水日益增长的需要。实际上，从20世纪60年代末开始，水泵机组一直是超负荷运转，是以设备高度磨损和频繁维修的代价来满足用水量提高。给莫斯科河引水以根本改善莫斯科河及其支流的卫生状况，是莫斯科运河的第二大任务。在兴建运河之前，莫斯科河平水期只有10立方米/秒～15立方米/秒的流量，在干旱年份有时下降到7立方米/秒～8立方米/秒。如此小的流量，在市内河流中流动显然是不够的。虽然莫斯科河上建设了几座老式木坝使市内河水水位抬高了1～2米，但仍不能改善卫生状况。

莫斯科运河技术设计确定引水量为32.5立方米/秒，其中靠运河引来伏尔加河水为27.5立方米/秒，而剩下的5立方米/秒则是靠莫斯科河鲁别利水库调节。随着莫斯科运河的建设，伏尔加河水进入莫斯科河，使莫斯科河获得了新生。向莫斯科河的放水量是按照“混合法”计算确定的，根据这个方法，清洁水的含氧量应等于氧化污水所必需的含氧量，即在水中要达到所确定的最低值4mg/L。苏联公用事业科学院用“混合法”确定，为了中和没净化的污水对莫斯科河水质的影响，在含氧量急剧减少条件下，河中的清洁水流量应当为30立方米/秒。

运河为莫斯科河引水是常年进行的，除了汛期之外，自运河投入运行至1941年都是如此。1941年秋天，由于德国法西斯入侵，苏联欧洲部分电厂遭到很大破坏而导致国内严重缺电，莫斯科运河用电量被大大缩减，因此莫斯科河引水工程在冬季不得不停止。在第二次世界大战期间和战后进行经济建设年代，莫斯科河引入伏尔加河水水量夏季被缩减为25立方米/秒，而冬季只是偶尔根据特别申请才放水，如要冲洗雪堆等。随着莫斯科工业发展，排入莫斯科河及其支流亚乌扎河的污水量大大增加，这对莫斯科河卫生状况有负面影响。亚乌扎河水特别脏，排到那里的污水没经过任何净化，而来自莫斯科运河的引水又无规律。自1964年开始，政府规定莫斯科河和亚乌扎河的引水量分别为30立方米/秒和6立方米/秒。莫斯科河水比运河建成前增加了4～5倍，现在枯水期莫斯科河水中90%是伏尔加河水，总的引水量已达到40立方米/秒。

在汛期，莫斯科河放水冲洗河床上的污染沉淀物具有重要意义，即在大流量（流量700立方米/秒以上）下，完全打开市区内所有的闸坝进行冲洗。自莫斯科运河运行以来，平均每7年进行一次。从1964年开始，莫斯科河和亚乌扎河有规律地从运河引水，汛期河床的冲洗限制了非净化污水向河中排放，再加上用挖泥船清除河底的污泥，使得莫斯科市内的莫斯科河和亚乌扎河卫生状况得到很大改善。现在莫斯科河及其两岸的绿化区域成了莫斯科人休息的场所，河水用作工厂、热电中心和其他工业企业的供水。莫斯科河常年从莫斯科运河引水，引水量日均30立方米/秒，这还不包括莫斯科河丰水期，这导致运河水资源的不合理使用，同时从伊万科夫水库引来如此大的水量消耗了大量电能和资金。为了不浪费资金，根据莫斯科水利部《关于水源的利用和保护协议》，莫斯科运河管理局和莫斯科－奥卡流域（区域）管理局从1986年3月开始改变了莫斯科河引水，现在以维持卡拉梅舍沃水库的水位来进行供水，流量约35立方米/秒。实践表明，莫斯科河更合理的引水可以节约伏尔加河水约5立方米/秒，这个水资源储备可供莫斯科及其卫星城工业供水之需。

莫斯科运河水工和电力建筑物及其泵站设备经过长时间高强度运行，已经完成了其运行寿命，出现了建筑物改造和设备更新问题。实际上这些工作已在进行，船闸闸门和水泵机组已经更换，新的水泵机组功率更大、效率更高，比老水泵效率提高了40%，现在莫斯科运河设计过流能力提高40%。首都对供水需求和用水量的稳定增长，迫使莫斯科运河过流能力不断提高，泵机供水能力不断提高。在莫斯科运河完成更新改造增加新的水源以后，运河在莫斯科供水以及莫斯科河引水和航运中将发挥更大作用。莫斯科运河对莫斯科的发展做出了无可替代的贡献，正如一些水利专家所说：没有莫斯科运河就没有莫斯科市的今天。

第三节　国内外水资源空间调配的经验和启示

国内外的水资源空间调配工程，为我们提供了宝贵的经验，为下一步调水工程提供了重要参考。

一、跨流域调水成为区域土地开发和经济发展的重要支撑

从前面介绍的各项调水工程看，无论是美国加利福尼亚州水道工程，还是中国南水北调东中线工程，有一个共同特点：工程建成之后均显示，除了调水工程本身具有巨大经济增长效益，同时也改变了水资源输入区域的土地资源利用条件，成为区域经济崛起的重要支撑。例如，调水工程使加利福尼亚州人口、经济实力、灌溉面积、粮食产量全部位居美国第一，洛杉矶更是发展为美国第二大城市。当年许多投票反对的居民也不得不承认，北水南调工程对加利福尼亚州经济起飞确实功不可没。[①]我国南水北调工程，目前东中线的效益已经开始显现。按照东中线总体科研阶段估算，仅此项每年可以

---

① 扈中平：《世界著名调水工程》，《科学时报》2013年9月6日。

拉动中国经济增长0.2至0.3个百分点；调水工程通水后，我国北方增加了水资源供给，每年将增加工农业产值500亿元；另外，由于调水工程的实施，每年可增加50万人至60万人就业。

二、采用建管结合、政府监管管理方式，政府主导调水工程建设

国外调水工程基本上采取了“谁投资、谁受益”和“谁建设、谁管理”的建设方式。具有供水、发电性质的调水工程，因为受益者是广大用水户和用电户，建设和运行的费用主要是由用水户及用电户支付。比如，美国加利福尼亚州水资源部花了5年时间和各个用水户联合会进行谈判，并且最终签订了一系列协议合同，规定了用水户要承担的工程运营费与建设费，以及各个用户分到的用水量。另外，对于防洪、生态环境保护等公益性设施，建设和运行费用主要由政府拨款。在管理方面，国外大型调水工程都专门成立相应管理机构，工程竣工之后，运营事务一般由工程主管机构负责，美国通常将部分设施交给地方机构运营管理，加拿大一些侧重于发电、航运的调水工程通常由私营企业出资建设，投资公司往往是该工程建设和管理机构。国家或者地方政府会按照和私营企业签订的协议，对工程后期运行进行监督，并在必要时采取干预措施。更多国家调水工程则是依靠政府，通过组建相应的主管机构，代表政府和受益者对项目建设和运行进行管理。

随着改革开放的深入，我国代表性调水工程逐步采用现代化体制和机制。例如，引碧入连供水工程建设，实行了与国际接轨的法人负责制、招投标制和施工监理制等先进管理体制。南水北调工程则实行“政府宏观调控、准市场机制运作、现代企业管理、用水户参与”的体制原则，实行政企分开、政事分开，按现代企业制度组建南水北调项目法人，由项目法人对工程建设、管理、运营、债务偿还和资产保值增值全过程负责。

三、完善相关法律体系，依法调配水资源

从国内外的情况看，大型调水工程，从规划、立项、融资、建设、运营管理、水量分配、水价机制以及生态保护、移民与补偿机制、水事纠纷和后期的工程管理方面，都有一套完善的法律保障体系，各个环节的立法都要经过中央政府和地方政府或相关立法机构的立法批准。比如，美国调水工程的建设从立项、确定投资规模到项目施工管理，以及工程投资的偿还等都严格按照有关法规进行，往往是一项联邦政府或州政府投资建设的工程相应就有一部具体的法案。有效的立法和严格执法是美国进行水利建设和在水资源调配工程上取得成功的重要保证。例如：为开发建设美国西部，缩小美国东西部经济和社会发展上的差距，美国国会在1902年通过《垦务法》，成立了垦务局，负责西部各州水资源开发任务。近百年来美国垦务局依法得到巨额投资，建设了大量水资源工程，如胡佛坝、大古力坝、中央河谷、中亚利桑那等大型调水工程，为开发美国西部建设了良好的水利基础设施。与此同时，垦务局依据法案规定和合同，收取水费、电费和其他税费，用以偿还政府的投资。

澳大利亚水权制度也十分值得注意。澳大利亚水权制度最初学习英国和欧洲，实行沿岸用水权制度。20 世纪初，澳大利亚逐渐认识到沿岸用水权制度不适合相对缺水和干旱的本国国情。当时的联邦政府通过立法，将水权与土地所有权分离开来，明确水资源是公共资源，州内的地表水、地下水、降水属于州政府，由州政府管理用水和分配水权。跨州河流水资源的使用，联邦政府协调有关各州达成分水协议。水权从州到城镇、灌区以及农户被层层分解。《维多利亚水法》是澳大利亚各州中较为有代表性的，规定州政府对河道内的水和所有地下水拥有使用权和管理权。其管理水权的表现形式分为三种类型：一是授予具有灌溉和供水职能的管理机构以及电力公司水权，称为批发水权。二是授予个人从河道、地下或从管理机构的供水工程中直接

取水以及河道内用水权力的许可证。许可证有效期一般为15年，到期前须申请更换。三是灌区内农户的用水权，灌溉管理机构必须确保向农户提供生活、灌溉和畜牧用水。由于水资源供需矛盾日趋紧张，水权的分配由早期的申请水权的做法逐渐演变为实行水权的拍卖，通过水市场交易和转让取得水权。自1995年起，维多利亚州北部逐渐开始实行用水权拍卖制度。目前，州政府不再审批发放新的用水权，新增用户只能通过用水权交易来取得用水权。用水权转让可以是临时性的转让，也可以是永久性的转让；可以在州内转让，也可跨州转让；可以全部转让，也可部分转让。①

转让用水权、开放水市场是澳大利亚水管理改革的一项重大措施。通过水市场购买用水权是新用水户获得所需水量的有效途径，拥有剩余水量的用户也可通过转让获得收益。转让价格由市场决定，政府不予干预。目前这种做法已在澳大利亚各州逐步推广开来，交易额越来越大，有关管理制度也不断完善，水权交易市场已基本形成。据市场行情反映，大部分用水权转让发生在农户之间，也有少部分发生在农户与供水管理机构之间，其中永久性转让占少部分，大部分属于临时性转让。例如，在墨累－达令河流域，自1998年以来，三个州之间永久的用水权转让已达1000万立方米。

此外，还实行严格的取水许可制度。在澳大利亚，对于各用水户，不论是从河道取水，还是从渠道取水，均实行严格的取水许可制度。取水许可证规定了用户平均年取水总量、用户取水设备的能力以及供水保证程度。供水保证程度分为多个级别，低级保证率的用水户取水完全受调度中心控制，一般只有当较高级别的用水户得以满足，且保证河道最低流量的前提下，才向其供水；高级保证率用水户在其水量配额与取水设备的能力范围内，可以根据需要自由取水。最低保证度与最高保证度供水水价相差40倍。管理机构正是通过这一手段，鼓励各用水户修建自己的调蓄水库，鼓励用水户蓄丰补

① 《中国水利报》2007年4月13日。

枯。有些国家还从政策法规上制定一系列节约用水措施，鼓励人们节约用水。以色列规定，农业用水水费根据用水量多少和用水时间不同有很大差异。为了鼓励节约用水，若用水量在定额用水量的70%以内时，每立方米水量水费为100%；超过70%时，水费为160%；若超过定额用水量，则按400%收取水费。在水费中，电费约占40%～50%。由于不同时间电费标准不同，水费也随之而异。如在干旱的夏季，21—8时电费为100%，8—14时，电费为400%，14—21时，电费为200%。因此，农业用水单位都强调节约用水，提倡夜晚开泵灌水，从而大大节约了水费，一般实际支付的水费为每立方米15～20美分。①

四、实行优惠的调水工程融资政策

调水工程往往都是投资大、周期长、见效慢的工程，调水工程需要巨额资金，通常要采用多种筹资方式。国内外的经验表明，融资渠道有贷款（政府贷款或者是大型金融机构贷款）、发债、政府拨款或者启动专项基金等方式。

我国南水北调工程主要融资渠道包括财政投资、国债、基金、贷款等。截至2017年3月底，国务院南水北调办和水利部已累计下达南水北调东中线一期工程投资2619.7亿元，其中中央预算内投资254.2亿元，中央预算内专项资金（国债）106.5亿元，南水北调工程基金196.5亿元，国家重大水利工程建设基金1586.6亿元，贷款475.9亿元。

美国政府对这类工程在基建投资的安排上给予了很多优惠。一是联邦政府提供拨款和长期低息贷款。对防洪、环境保护和印第安人保护区的工程，政府提供拨款投资；对有经济收益的灌溉、供水和水力发电工程，政府提供

---

① 许志方：《以色列的灌溉水管理》，《中国农村水利水电》1996年第1期。

长达50年的低息贷款（年利率为3%～4%），建设期免收本息，灌溉工程只收本不收息。如1928年为开发科罗拉多河水资源，美国国会通过《博尔德河谷法》，明确规定建造胡佛坝及相关工程资金由联邦政府支付，还款期50年，年息4%，建设期不付利息。二是发行建设债券。这是美国长距离调水工程主要集资方式之一，购买此类债券的人所得收入免交各种税费。三是设立调水工程建设基金。

五、重视生态环境保护

调水工程本身具有重大生态效益，但实施时或多或少会对当地生态环境带来问题。在早期规划中，如果前期研究不足或者认识不足，可能会引发严重的生态问题。因此，国内外大型调水工程会特别重视前期的生态环境评估问题，并对某些重大环境问题进行长期、反复的论证和研究。在生态环境保护工程措施方面，花巨资修建相关野生生物保护设施、栖息或者保护区，以尽量减少工程对环境的影响。

美国政府为了减少中央河谷工程带来的生态环境问题，在1992年10月颁布《中央河谷工程改良法案》，将鱼类和野生生物保护及其栖息环境修复等工程目标，放在与灌溉和生活供水同等的位置。

澳大利亚雪山工程供水系统中有诸多水库，为了保证这些蓄水工程不受淤积的威胁，联邦政府极为重视水土保持工作。将雪山工程水源区辟为国家公园，国家公园内除供游人观光外，不发展其他产业。全社会自觉保护水质。在澳大利亚，水质保护的重点是防止蓝藻暴发和农田污水入河。阻止蓝藻生长的有效办法是减少有机物进入水体，为此沿河岸修筑了拦截板，防止落叶、枯草被卷入水中。另外，严格禁止未经处置的污水排入河道。现在澳大利亚各州已把引水量与其污水处理设施建设作为一个整体，处理能力大的地区将在供水方面得到优惠。

总之，国内外重大调水工程的建设及运行管理，为我国今后水资源空间调配提供了可借鉴的宝贵经验。在政府管理、完善相关法律、工程融资、具体工程运行等方面对我国未来调水工程的建设调度、合理利用资源，以及运营后水价定价、后期配套设施方面提供了有益借鉴。但同时，我们也应该考虑到国情以及具体工程的特殊性，结合我国调水工程特点，灵活借鉴，全面考虑，实现生态效益和经济效益双赢，造福民众。

未来中国调水工程中应该注意以下几个方面：（1）加强水治理方面的立法，通过立法明确水量分配原则、分配方式、分配机构以及相关问题。同时，要实现《中华人民共和国水法》《中华人民共和国环境保护法》《中华人民共和国水污染防治法》《中华人民共和国水土保持法》《中华人民共和国防洪法》之间的衔接，通过修订相关法律，充分反映我国当前的生态文明体制改革。还要借鉴既有的经验，考虑取水许可证和排污许可证，通过约束和激励机制来提高水的利用效率。（2）完善现有流域管理机构，通过立法进一步明确流域管理机构的职能，在相关机构设立执行机构，确保地方层面能够更好地对调水工程进行运营。（3）在丰富融资渠道方面，充分发挥公共部门、私营部门和民间团体的协作，积极吸引各类资金，提高调水工程的资金供给。（4）在调水工程开展前，要对其对生态环境的影响进行充分论证，保护生态系统。

（本章作者：尤　苗）

第四章

潜在可利用水资源与扩大有效国土的可能性

由于未来经济增长下行压力较大，城乡模块间流动和循环梗阻严重，除了在存量中寻找非常有限的经济增长动能支撑部分增长点外，有效增加中低收入人口的收入、扩大有支付能力的消费需求、缓解生产的持续过剩、推动国民经济中高速增长的压力越来越大。在这种情况下，我们能不能构建一个新的可利用土地很多、人口劳动力稀少、资金投入基本是空白的要素模块呢？从我国水资源、土地资源等空间分布情况以及调水工程技术和未利用土地改造开发技术的成本等情况看，通过资源重配获得新的经济增长模块，具备可行性。

第一节 我国经济社会发展中的水资源安全与可持续发展

如前所述，我国工业化、城市化和现代化还远没有完成。根据用水变化的一般规律，随着工业化和城市化进程加快以及居民收入水平提高和生活方式改善，水资源的供给将显得越来越重要。由于我国是个人口大国和水资源人均量较少的国家，其战略重要性将会超过石油等资源。

2010年国务院批复的《全国水资源综合规划》指出，到2020年，全国用水总量力争控制在6700亿立方米以内，2030年全国用水总量控制在7000亿立方米以内。这也成为2012年国务院发布的《关于实行最严格水资源管理制度的意见》中用水总量红线控制目标。

尽管我国全面实施水资源消耗总量和强度双控行动，我国不断强化“红线”刚性，以水资源“双控”倒逼用水方式和经济发展方式转变，但是缺水状况依然严峻，主要表现在农业、工业和城市用水短缺3个方面。农业用水方面，我国平均每年受旱面积3300多万公顷，因旱灾粮食减产约5%；经济社会发展大量挤占农业灌溉水源，使农业缺水的压力进一步增大；正常年份全国农业缺水约300亿立方米。工业用水方面，正常年份我国工业年缺水至少60亿立方米，影响工业产值2000亿元。城市用水方面，全国600多个城市，有400多个存在不同程度的缺水。

一、水资源需求的增长趋势预测

学术界关于用水需求量的预测，基本都是从农业用水、工业用水、生活用水、生态用水4个方面展开研究的。

刘昌明教授（1998）的预测是：到2030年，我国农业用水4530亿立方米，工业用水1900亿立方米，全国城镇生活用水456亿立方米（非城市人口人均年用水30立方米），总计6886亿立方米（加上非城镇居民生活用水，总计7100亿立方米）。2050年的相应数值为4157亿立方米、3436亿立方米、730亿立方米，三项合计8323亿立方米（加上非城镇居民生活用水，合计8563亿立方米）。[①]这个预测，已经考虑到各种可行的节水措施的运用。[②]

水资源调配与国土整治课题组（1999）预测2030年的总用水需求量为9162亿立方米。他们按照日本标准购买力平价法进行计算。他们认为，如果考虑到日本的经济体系（与美国相比）具有明显的结构性节水倾向，即基础资源90%以上由海外运来，食品中相当部分来自海上捕捞，饲料（玉米）基本来自国外进口等，那么，毋宁说中国要在2030年达到日本同等GDP的耗水水平，还真不是一件容易做到的事情。换句话说，到2030年，我国水资源总需求达到9000亿立方米，并不是一个过高的估计。[③]

根据周天勇教授（2011）的预测[④]：（1）农业用水量：至2040年，我国人口达到15.5亿人，按照前面的分析，人均粮油占有量482公斤，总量为7470亿公斤。根据刘昌明教授的计算，我国目前平均每生产1公斤粮食要补充灌溉1.23立方米水，假设2040年节水效率达到40%，平均生产1公斤粮食补充0.74立方米水，农业需水量为5528亿立方米。（2）生活用水：届时，中国城市化水平将达到90%，有14亿人口在城市生活，用水增加的主要原因有两个：一是因城市化和居民生活方式的改变而用水量增加；二是第三产业总量在产业结构中的比例有望达到65%，如此，城市服务业用水量也将

---

① 括号内的数字是水资源调配与国土整治课题组做的调整。

② 刘昌明、何希吾等：《中国21世纪水问题方略》，科学出版社1998年版。

③ 水资源调配与国土整治课题组：《我国水资源供求总量及其结构的初步分析》，中国社会科学院经济文化研究中心《调查研究通讯》1999年3月20日。

④ 周天勇：《中国梦与中国道路》，社会科学文献出版社2011年版。

大幅度增长。根据发达国家城市人均中等用水水平是日水资源平均消费0.5立方米计算，则人均年消费水资源为182立方米，到2040年，我国15.5亿人口的生活用水总量，按照目前发达国家平均标准，为2821亿立方米。（3）工业用水量：2040年，按照年均6%～7%的速度增长，产业结构中工业比例将保持在25%左右，比目前比例下降一半。但是，工业增加值总量将达到70.5亿元人民币，为2009年15.7亿元的4.5倍。如果不实施节水技术，按照目前工业每万元增加值消耗水资源89立方米不发生变化，届时，工业需要消耗水资源6274.5亿立方米。即使将每万元工业增加值消耗降低近一半，即万元工业增加值/45立方米水，也需要3172.5亿立方米水。（4）生态用水仍然按照2%的比例计算，为236亿立方米。那么，到2040年，中国农业、工业、生活和生态总的用水需求量为11811亿立方米。

二、节水及其“天花板”效应

“节水优先、空间均衡、系统治理、两手发力”，是我国的治水方针。目前各个方面都在推进节水工作，有关部门亦在积极推进为节约用水立法。

以农业用水为例，按照要求，“十三五”期间做好1亿亩高效节水灌溉建设工作。到2020年，全国高效节水灌溉面积达到3.6亿亩左右，占灌溉面积的比例提高到32%以上，农田灌溉水有效利用系数达到0.55以上。有关部门预计，《“十三五”新增1亿亩高效节水灌溉面积实施方案》实施后，可提高年节水能力85亿立方米。①

我们分析相关年度的《中国水资源公报》的数据发现，1998—2018年，我国节水工作是卓有成效的：农田实际亩均灌溉用水量呈现下降趋势，从

① 参见《五部门联合印发〈“十三五”新增1亿亩高效节水灌溉面积实施方案〉》，水利部网站2017年2月27日。

1998 年的488立方米/亩下降到2018年的 365立方米/亩。万元工业增加值用水量也呈现下降趋势，从1998年的337立方米/万元下降到2018年的41.3立方米/万元。

但是，与此同时，我国相关领域的用水量以及总体用水量是持续增加的。其中，生活用水从1998年的542.92亿立方米增加到2018年的859.9 亿立方米，工业用水从1998 年的1126亿立方米增加到2018年的1261.6 亿立方米，农业用水从1998年的3766.3亿立方米略降到2018年的3693.1亿立方米，生态环境用水量由2003 年的79.46亿立方米增加到 2018 年的200.9亿立方米。

可以预期，随着节水法规的进一步完善、节水技术的进步、节水行为的广泛化，未来我国节水将取得更大进展。但是，节水是有“天花板”的，基本用水量不能太低。（1）农业用水。从当前技术水平看，我国很难比世界上节水技术位于前列的以色列更低，以色列每亩地平均用水约370立方米[①]，而我国2018年实际灌溉用水量为每亩365立方米，显然，我国继续节水的空间非常有限。（2）生活用水。随着水价改革等措施和节水工作的推进，人均用水量也将继续下降，但也有“天花板”，而且我国人口城镇化是必然趋势，未来有望达到70%，用水量将大幅度增加。（3）工业用水。从目前趋势看，工业用水有扩大的趋势，因为新的工业业态可能需要更多的用水量，如一些大数据的技术设备需要更多的用水。（4）生态用水。这也是我国未来增长量较大的一个方面。随着经济社会的转型升级，生态文明工作的推进，人居环境改善、植树、绿化等用水量大增。

---

① 以色列可耕地面积只有42.7万公顷，其中水浇地占48%，即灌溉面积307.44万亩。以色列每年农业用水量为10亿～13亿立方米，则每亩用水325.27～422立方米，平均每亩370立方米左右。

三、考虑节水因素的水资源缺口分析

根据现有数据预测，到2030年，全国实际可利用水资源量仅为8000亿～9000亿立方米，水资源开发利用接近极限。①一个国家水资源总供给量一般是恒定的，即使我们设想2040年最大限度考虑节水因素，但由于某些领域节水“天花板”的存在，2040年水资源供给对需求仍然有1911亿～3011亿立方米的缺口。

第二节　我国国土资源结构与缺口分析

我国的现实是：占全球近20％的中国人口生活在占全球6.44％的国土上。全世界陆地面积为14900万平方公里，中国有960多万平方公里，中国陆地面积为世界的6.44％。而中国20世纪80年代初人口就达到了10亿人的规模，2000年人口总规模达到了12.67亿人，2008年中国人口更是增加到了13.28亿人，2019年中国人口突破14亿人。中国人口规模占全球总人口的近20％。中国这样多的人口密集地生活在相对较少的特别是东部相对更少的土地上，给土地、淡水、资源、生态和环境等造成巨大压力和破坏，也带来就业困难、住房紧张、交通拥挤、养老负担沉重等一系列经济和社会问题。

① 《2030年我国水资源开发利用接近极限》，《浙江日报》2006年11月6日。

一、中国与其他国家耕地资源比较

一个国家的土地，从人们的需要看，分为森林、草地、耕地、湿地、水面以及交通用地、水利用地、村庄用地、独立工矿用地、城市建设区用地等。有的国家国土中，还有不能利用的沙漠、戈壁和半沙化土地，我们将其称为无效和低效国土。

表4-1　一些国家人均耕地面积比较

（单位：公顷）

	2009年	2010年	2011年	2012年	2013年	2014年	2015年
加拿大	1.30	1.28	1.25	1.24	1.23	1.22	1.22
中国	0.08	0.08	0.08	0.08	0.08	0.08	0.09
德国	0.15	0.14	0.15	0.15	0.15	0.15	0.15
法国	0.28	0.28	0.28	0.28	0.28	0.28	0.28
英国	0.10	0.10	0.10	0.10	0.10	0.10	0.09
印度	0.13	0.13	0.13	0.12	0.12	0.12	0.12
日本	0.03	0.03	0.03	0.03	0.03	0.03	0.03
韩国	0.03	0.03	0.03	0.03	0.03	0.03	0.03
俄罗斯	0.85	0.83	0.84	0.84	0.85	0.86	0.85
美国	0.51	0.50	0.49	0.49	0.48	0.48	0.47
越南	0.07	0.07	0.07	0.07	0.07	0.07	0.07
世界	0.20	0.20	0.20	0.20	0.20	0.19	0.19
经合组织成员	0.32	0.31	0.31	0.31	0.31	0.31	0.30
欧洲联盟	0.22	0.21	0.21	0.21	0.21	0.21	0.21

数据来源：世界银行数据库（更新于2018年10月18日）。

从表4-1中可以看出，2015年，中国人均耕地是世界人均水平的47.37%，是欧盟平均水平的42.85%，是经合组织成员平均水平的30%，是美国平均水平的19.15%，比日本、韩国、越南多。

但是，中国劳均耕地面积很少。自然资源部发布的《中国土地矿产海洋资源统计公报（2017）》显示，截至2016年年末，全国耕地面积为13492.10万公顷（20.24亿亩）。而我国农业劳动力为2.2亿人，劳均耕地为9.2亩。相比较而言，日本劳均耕地为30亩，韩国劳均耕地为21亩，美国劳均耕地为1070亩。

二、未来中国城市建设用地需求

未来中国经济和社会发展到底还需要多少土地，分布在什么地方？这需要认真研究。土地分配的内容主要为：居住和工作用的城镇、农村建设用地，出行用的交通用地，水利和水力发电用的水利用地，开发区、大型加工和资源型企业用的独立工厂和矿山用地，保护和恢复生态环境用的生态用地，保证农业产品生产需要的耕地，牧业用的草地，提高绿化率用的森林用地，等等。我们主要分析城市建设用地、农村建设用地、交通水利独立工矿用地和保证农业生产的耕地用地这四项。

《国务院关于印发全国国土规划纲要（2016—2030年）的通知》（国发〔2017〕3号）指出，2015年实际供地达到53万公顷。随着新型工业化、信息化、城镇化、农业现代化同步发展，资源需求仍将保持强劲势头。

自然资源部的数据显示，截至2016年年底，全国建设用地3909.51万公顷，其中城镇村及工矿用地3179.47万公顷。

2040年，预计城镇化率在70%以上。城镇化是需要土地的。2016年，全国城市和城镇建成区面积54331.47平方公里，2016年城镇常住人口79298万人，合计每平方公里约1.46万人。假定2040年，中国大陆总人口控制在15.5亿人，城镇化率为70%，其中城镇人口为10.85亿人，按照城镇建设每平方公里1.2万人（考虑人居环境等因素，而非2016年的1.46万人）的标准，城镇建成区面积应当为90416平方公里，即需要1.3亿亩建设用地。那么，尚有建设用地缺口0.5亿亩。

三、未来交通、水利和独立工矿用地

中国是一个人口和国土大国，以有效国土面积为基准人口密度在世界排第三。因此，随着生产和生活等活动增加、人民生活逐步富裕，出行量将会迅速增长。到2040年，我国交通运输需要量只能比目前的发达国家规模大，不可能比它们规模小。所以，交通需要大规模的铁路、公路、港口和机场建设。

未来20年（从2020年到2040年），我国铁路、公路、航空、水利建设和独立工矿用地，假定港口建设可以用填海造地解决，减去独立工矿复垦等调剂出来的3032万亩，还需要新增7369万亩土地。交通用地主要是铁路和公路（包括高速铁路和高速公路），发达国家每百平方公里铁路长度为7公里，公路长度为70公里，按照此标准，到2040年，我国应当有铁路67.2万公里，公路有672万公里。届时，比2017年还需要增加铁路和公路各42万和200万公里。[①]铁路建设需要1500万亩；公路中高速公路、一级、二级、三级、四级、等外公路如果按照每百平方公里各2公里、2公里、10公里、15公里、18公里、23公里计算，2040年应当分别有8.9万公里、9万公里、45.37万公里、68万公里、81.67万公里、104.36万公里，还需要增加高速、一级、二级、三级公路各9万公里、9.47万公里、46.39万公里、73.27万公里，四级和等外65万公里。未来公路建设需要5738万亩土地。

交通用地还有水运港口和航空飞机场，我们假定今后港口大部分用填海造地实现建设，飞机场按照发达国家每万平方公里应当有1个，飞机场占地面积平均为5000亩，则960个飞机场用地将需要500万亩。中国未来还需要新增810个飞机场，则需要新增机场用地400万亩。

未来水利用地不好用一些固定的指标测算，并且考虑以前水利设施的加固，包括适当限制水利设施建设，特别是以前围湖和围河及占滩涂造地的土地因粮食生产压力较大，不可能再改变回水利用途。水利用地未来可能为限

① 按照较节约的土地利用标准，每公里铁路路基、排水和绿化等需要25米，每公里铁路需要占地37.5亩；加绿化带，每公里三车道高速公路为50米宽，一级公路为40米宽，二级公路为25米宽，三级公路为21米宽，四级公路为18米宽，乡村公路为10米宽，高速、一级、二级、三级、四级、乡村公路每公里分别需要75亩、60亩、35亩、32亩、27亩、8亩土地。

制和受约束项目。假设水利用地为交通建设用地的1/4左右，即水利建设需要新增用地1434万亩。

四、未来农村用地需求

2015年年末，全国共有行政村58万个，自然村270万个，村庄建设用地面积2.87亿亩，平均每个村庄建设用地面积106亩。

未来农村会占用多少土地？假定2040年农村人口比率为10%，有1.5亿人，可以预测不同模式下的占地情况。据周天勇教授（2011）的测算[①]，有以下三种模式。

模式Ⅰ：2040年可以从现有农村占地中整理出1.97亿亩土地，用以复垦为耕地和城市交通用地等。假定政府采取向转移到城镇的农村人口购买其一部分宅基地、开发商置换其一部分宅基地的政策，2040年之前转移到城市中的人口在农村的住宅全部被退出，农村为每2.5平方公里容纳1万人，则那时全国农村占地面积为9000万亩，比目前的2.87亿亩节约出1.97亿亩。一部分可以复垦为耕地，另一部分可以作为扩大城镇面积等之用。

模式Ⅱ：如果转移到城镇的农村人口不退出农村住宅，城乡两栖居住，加上农村住宅改善因素，2040年，农村占地为4.12亿亩，比目前还将增加1.25亿亩。目前，统计到城镇人口中约有2亿人在农村有住宅，假定政府对转移到城镇人口在农村的住宅没有鼓励其退出的政策，农村转移到城市中的人口保留住宅，未来农村有住宅的人口为10.3亿人，则那时农村占地4.12亿亩，比目前农村面积还要增加1.25亿亩土地。

模式Ⅲ：允许城镇人口到农村购买住宅，则那时的农村占地面积会扩大到6.2亿亩，村庄占地还需要消耗3.33亿亩之巨。如果不禁止城镇人口到农

① 周天勇：《中国梦与中国道路》，社会科学文献出版社2011年版。

村去购买和建设宅院、别墅，甚至鼓励这种城镇人口在乡村拥有宅院和别墅的行为，即城乡人口在农村都有宅院，则2040年，按照农村每2.5平方公里容纳1万人的格局，农村占地面积将为6.2亿亩的规模，比目前农村占地2.87亿亩增加3.33亿亩。

五、未来耕地需求

考虑粮食自给以及现有耕地质量退化问题，需要再增加8亿多亩土地。目前中国已经成为全球第一大农产品进口国和第二大农产品贸易国。考虑中美经贸摩擦等国际因素，粮食自给的重要性越来越大。

再看耕地质量问题。2016年年末，我国耕地平均质量等别为9.96等（按：全国耕地评定为15个等别，1等耕地质量最好，15等耕地质量最差。1～4等、5～8等、9～12等、13～15等耕地分别划为优等地、高等地、中等地、低等地）。其中，优等地面积为389.91万公顷（5848.58万亩），占全国耕地评定总面积的2.90%；高等地面积为3579.57万公顷（53693.58万亩），占26.59%；中等地面积为7097.49万公顷（106462.40万亩），占52.72%；低等地面积为2395.41万公顷（35931.40万亩），占17.79%。由于耕地质量退化问题，目前东北、华北、长江中下游农区耕地已出现由点到面的系统性退化、整体亚健康，生态功能严重受损，目前20%左右的耕地受到污染，超过1亿亩耕地已经次生盐渍化。若要保持现有的耕地产量水平，不考虑耕地质量再造，需要增加2亿亩左右的耕地。

那么，综合考虑耕地污染和退化，确保我国粮食安全，需要新增加耕地6亿～8亿亩。

六、未来土地总的新增需求

综合上述各项预测，并充分考虑集约节约用地、农民进城等因素，未来我国粮食需要新增耕地6亿亩左右，生态用地需要1亿亩左右，建设用地2亿亩左右。

当前，由于体制和机制的制约，未利用土地开发利用受到约束，建设用地的需求满足转化为对耕地的不断蚕食。其中，2017年全国因建设占用、灾毁、生态退耕、农业结构调整等减少耕地面积32.04 万公顷，通过土地整治、农业结构调整等增加耕地面积25.95 万公顷，年内净减少耕地面积6.09万公顷。

第三节　潜在可利用土地和淡水分布

一、我国不同类型边际土地及其分布

土地资源，除了适宜人类生存的土地之外，还有大片未利用土地，面积达39.54亿亩（据2016年度全国土地变更调查结果）。此外，还有草地、林地等。

有学者根据全国最权威的第二次土地利用变更调查数据和相关气象、土壤、地形、社会经济数据等，在GIS平台对我国可利用边际土地进行空间分析发现[①]，从广义上来看，我国边际土地的总面积达2.9亿公顷（即43.5亿

① 陈瑜琦、郭旭东、刘俊杰、张智杰：《我国可用于能源作物种植的边际土地数量及空间分布研究》，《土地开发工程研究》2017年第7期。

亩）。所谓边际土地（Marginal Land），主要指生态环境比较脆弱、自然条件较差而被人类忽视的其他林地、其他草地、未利用土地等土地类型，这些土地再被开发为耕地的投入相当大，即使被开发出来，其经济生产能力也会逐渐消失。详细数据见表4-2。

表4-2　我国不同层级边际土地面积

（单位：万公顷）

类别	总量	物理边际量	生物边际量	生态环境边际量	总剩余土地
灌木林地	432.79	40.70	148.68	22.45	212.00
其他林地	142.57	10.30	60.81	2.11	67.30
其他草地	660.32	54.40	398.58	10.10	175.02
沿海滩涂	2.69	0.08	1.08	0.11	0.33
内陆滩涂	46.41	1.60	23.70	1.26	17.69
沼泽地	36.13	0.65	21.40	2.33	10.19
裸地	967.38	90.81	767.45	7.04	50.02
沙地	489.10	310.82	141.96	0.05	3.17
盐碱地	119.70	28.86	72.49	0.43	12.15
总量	2897.08	538.22	1636.14	45.87	547.87

数据来源：陈瑜琦、郭旭东、刘俊杰、张智杰：《我国可用于能源作物种植的边际土地数量及空间分布研究》，《土地开发工程研究》2017年第7期。

显然，我国的未利用土地面积不止39.54亿亩。物理边际量（指物理性质上不适合土地生产）达538.22万公顷，约合80亿亩；生物边际量（指由于脆弱或严峻的自然条件等生物压力导致较低生物量生产的土地）达1636.14万公顷，约合245亿亩；生态环境边际量（指具有生态环境生产力的土地）达45.87万公顷，约合6.88亿亩；剩余可利用土地面积有547.87万公顷，约合82亿亩，主要地类为灌木林地和其他草地。

从不同边际土地类型区域分布看，其他林地主要分布在河北、内蒙古、广西等省（自治区），其他草地主要分布在云南、新疆、西藏、内蒙古等省（自治区），内陆滩涂主要分布在青海、黑龙江、西藏、内蒙古等省（自治区），沙地主要分布在青海、甘肃、新疆、内蒙古等省（自治区），沼泽地主要分布在黑龙江、四川、新疆等省（自治区），沿海滩涂主要分布在辽宁、广东、福建、山东等省，灌木林地主要分布在四川、西藏、新疆、内蒙古等省（自治区），盐碱地主要分布在青海、新疆、内蒙古等省（自治区），裸地主要分布在甘肃、青海、新疆、西藏等省（自治区）。

除了沿海滩涂，其他大部分土地分布在“胡焕庸线”以上的区域。

二、我国可开发未利用土地与可转换土地潜力分析

当然，我们对于可开发利用土地的面积的估算，不能单纯按照边际土地来进行，而是应当充分考虑我国生态文明建设等因素。

我们认为，未来新增土地渠道主要有两个方面：可转换土地、可开发未利用土地。

（一）可转换土地

所谓可转换土地，主要是指经过一定条件的改善，可以转换为农耕地用途的土地。

根据自然资源部《2017中国土地矿产海洋资源统计公报》，我国牧草地面积为21935.92 万公顷，合计32.9亿亩。整个草地的面积则为60亿亩，其中，北方50亿亩，南方10亿亩。[①]

然而，正如《国务院关于印发全国国土规划纲要（2016—2030年）的通知》（国发〔2017〕3号）所指出的，全国中度和重度退化草原面积仍占草原总面积的1/3以上。

其中有自然因素、人为因素。自然因素主要包括气候变化和水文动态变化，如降水减少、风沙活动加强、地表水和地下水减少等。人为因素主要包括超载放牧、采樵伐木、不合理开发利用草原资源和土地资源以及采矿、修

① 贾庆林：《切实抓好生态文明建设的若干重大工程》，《求是》2011年第4期。

路等工程活动。

从我国草原退化情况看，北方草地退化主要是自然因素（尤其是缺水），辅之以人为因素。据水利部《2018年中国水资源公报》，2018年内蒙古降水量为328.2毫米，新疆更低，仅为186毫米。

如果通过跨流域调水，确保北方或者“胡焕庸线”西北区域的水充裕，那么，大片草地将重新焕发生机，成为肥美的草场。在充分提升生态安全水平、充分保障农牧民发展、满足当地经济发展需求之外，其中一部分草地完全可以转换为耕地和建设用地。

根据《国务院关于印发全国国土规划纲要（2016—2030年）的通知》，全国8个主要牧区省（自治区）草原总面积保持在3亿公顷以上；到2030年，草原综合植被覆盖度要达到60%。那么，通过水资源再配置，大力度改善草原生态环境，至少可以将其中5亿亩左右的草地转换为耕地。

（二）可开发未利用土地

根据原国土资源部2016年的分析，我国可供开发利用的耕地后备资源数量有限。其中，荒草地面积占后备资源总面积的64.3%，盐碱地占12.2%，内陆滩涂占8.7%，裸地占8.0%。其分析显示，全国近期可供开发利用的耕地后备资源面积为3307.18万亩，占耕地后备资源总量的41.1%。其中，集中连片耕地后备资源仅有940.26万亩，且分布极不均衡，新疆（268.21万亩）、黑龙江（197.01万亩）之和占集中连片耕地后备资源总量的49.5%，而东部11个省（直辖市）之和仅占11.7%，每个省（直辖市）平均不足10万亩。零散分布耕地后备资源2366.92万亩，且分布相对均匀，湖南（311.77万亩）、黑龙江（304.20万亩）、贵州（223.81万亩）和河南（202.36万亩）较多。

我们认为，这个数据主要是按照当前技术水平，没有考虑水资源配置等因素，是针对可以较为直接开发为耕地的未利用土地而言的，而且是在现有生态条件不变假设前提下提出的。实际上，近年来随着未利用土地开发改造技术的快速发展，开发利用盐碱地、沙化土地等技术成熟、成本低廉，若辅之以水资源的配置，面积可观的沙化土地、盐碱地可改造为耕地、草地或林地，不仅改善了脆弱的生态环境，还新增了耕地、绿地、湿地乃至建设用地。

那么，改造其中4亿亩土地，其中1亿亩用于生态，1亿亩用于耕地，2亿亩用于建设，是完全可行的。

三、我国淡水资源分布情况

我国水资源分布的显著特点是：总量丰富，分布不均。[①]

“胡焕庸线”是年均400毫米降水量的分界线，往东南呈递增趋势，而往西北则呈递减趋势，因此，东南水汽丰沛、植被茂密、市镇发育、人口稠密，相形之下，西北则水汽不足，植被稀疏，地广人稀。我国北方地区（长江流域以北）面积占全国总面积的63.5%，人口约占全国总人口的46%，耕地占全国总耕地的60%，GDP约占全国GDP的44%，而水资源仅占全国水资源总量的19%。比如，福建年均降水量1350毫米，浙江年均降水量1200～2000毫米，北京年均降水量500～600毫米，陕北富平年均降水量53～430毫米，而甘肃定西、河西年均降水量不足100毫米。南北降水量的巨大差异，不仅决定了中国人口南多北少、中国耕地南少北多的格局，也直接形成了南北经济之间贫富的鸿沟。

不仅如此，在我国3.24万亿立方米水资源总量中，外流水资源6083.6亿立方米（主要部分在南方），占我国水资源总量的18%。

---

① 2018年11月7日，国务院发展研究中心和世界银行联合发布的研究项目《中国水治理研究》指出，中国水资源的时空分布不均，南方和西南地区水资源储量最为丰富。

表4-3　2018年各水资源一级区水资源量及用水量

水资源一级区	降水量（毫米）	水资源总量（亿立方米）	用水总量（亿立方米）
全国	682.5	27462.5	6015.5
北方6区	379.1	5807.2	2706.4
南方4区	1220.2	21655.3	3309.1
松花江区	569.9	1688.6	479.2
辽河区	511.3	387.1	193.7
海河区	540.7	338.4	371.3
黄河区	551.6	869.1	391.7
淮河区	925.2	1028.7	615.7
长江区	1086.3	9373.7	2071.6
其中：太湖流域	1381.8	231.3	343.0
东南诸河区	1607.2	1517.7	304.6
珠江区	1599.7	4777.5	826.3
西南诸河区	1147.9	5986.5	106.5
西北诸河区	203.9	1495.3	654.9

数据来源：水利部《2018年中国水资源公报》。

四、其他资源的分布

我国太阳能资源一类地区，即资源丰富带，全年辐射量在6700～8370兆焦/平方米。相当于230千克标准煤燃烧所发出的热量。主要分布在青藏高原、甘肃北部、宁夏北部、新疆南部、河北西北部、山西北部、内蒙古南部、宁夏南部、甘肃中部、青海东部、西藏东南部等地。

我国最大的风库资源区风力资源储量极其丰富，主要分布在青藏高原、甘肃北部、宁夏北部、新疆南部、河北西北部、山西北部、内蒙古南部、宁夏南部、甘肃中部、青海东部、西藏东南部等地。在国家规划的七大风电基地，有五个就坐落在该区域内。

第四节 以再分配水资源为基础的新增长模块

我认为，再分配水资源，最为直接的是确保中国能源安全问题。因为，中国大部分煤炭资源主要蕴藏在水资源比较短缺的地区，也就是“胡焕庸线”上方流域。中国能源基地水资源短缺尤为严重，能源化工的高用水量有超出当地供水量的风险。煤化工项目普遍属于高耗水项目，生产每千立方米煤制气，需要耗水5～6吨，而生产1吨油，则要消耗近10吨水。[①]

除了能源安全外，我认为，水资源的配置加上未利用土地开发改造，形成合力，将为国民经济的增长提供一个新的模块。也就是说，在原有农村模块、城市模块之外，新增一个经济发展模块，既破除现行城乡二元要素梗阻，提高经济发展效率，又为经济发展提供新的动力和保障。

从国外看，很多国家通过重配水土等资源布局，促进了经济社会的发展。例如，1973年竣工的美国加利福尼亚州北水南调一期工程，主干线长约1060公里，使以洛杉矶市为中心的广大地区受益，受益人口多达2300万人。目前，加利福尼亚州的人口、经济实力、灌溉面积、粮食产量全部位居美国第一，洛杉矶更是发展为美国第二大城市，北水南调工程功不可没。又如，以色列北水南调工程，主输水管长约300公里，不但带动了南部经济发展，而且把大片荒漠变为绿洲，扩大了以色列的生存空间。再如，埃及有96%的国土是沙漠，为了开发西奈半岛，修建了西水东调工程，主干线长

① 《国务院发展研究中心和世界银行联合发布研究报告为中国水治理出谋划策》，http://www.shihang.org/zh/news/press-release/2018/11/07/china-a-watershed-moment-for-water-governance.

262公里，年供水量超过40亿立方米，为西奈半岛提供了宝贵的水资源，促进了西奈半岛的全面发展。

从我国技术和成本现状看，沙漠地和盐碱地改良、海水淡化等技术非常成熟，海水淡化成本已经降低到自来水的价格，改造盐碱地和沙漠地的成本已经低于化肥的投入，有各种各样的技术可以选择，有些技术已经成熟。而且，我国跨流域调水工程建设水平居于世界前列，其中，南水北调中线已成功运行。更何况，水资源的调配可以利用“胡焕庸线”上下区域的光、风等资源的置换和流动。也就是说，用“胡焕庸线”上方区域的光、风等丰富的资源，换取“胡焕庸线”下方区域的水资源，最大限度挖掘资源的效用，降低跨区域调水的成本。

此前，改造沙漠等未利用土地，除了担心各种改造技术不成熟之外，各方较为担心的是对生态的破坏。如果通过资源置换，以较低成本实现了水资源的再平衡，“胡焕庸线”上方的生存环境将大为改善，极大地解决了生态问题，为中国发展新增一个板块，推动国民经济持续高速增长。

一、水资源再配置及其可行性分析

我认为，通过水、土、光、风资源的置换和重配，可将“胡焕庸线”上方区域改造为适宜发展的区域。随着陆地调水工程、空中增降水技术、土地改造技术、植被恢复技术等可选择性增大、可行性成熟、成本逐步降低，并通过水、土、光、风资源的置换和重配，我国通过国土改造和整治获得更多可利用土地，能够西移和改变“胡焕庸线”，扩大中华民族的生存和发展空间。如果有效地解决了水资源问题，我国至少可以增加15亿亩可供利用的土地。在新的土地上，建设新的城镇和农村，修建新的住宅，建造新的交通道路、机场、车站，发展新的工业，在人们投资、创业、就业创造财富的同时，扩大建材、能源、建筑安装、住宅装修、家居用品、日常生活消费品、工农生产原料及装备等方面的需求，这可以扩大10年以上持续和强劲的投资和消费需求。

目前，在实现我国水资源再分配上，除了仍处于论证中的南水北调西线工程之外，国内学术界已有3个科技团队，提出了两大类战略性技术方案。这些方案均有其理由和可取之处，但也需要进一步的论证。无论如何，这为新增一个经济发展模块提供了可能性。

（一）空中调水

我国可开发的云水资源每年达2800亿吨，相当于7个三峡水库的储水量，但目前利用率仅有20%左右。

如果能通过人工干预，在西北、华北地区提高一定比例的降水、降雪量，将显著改变地面淡水缺乏、土地干旱的困境。

2016年以来，以中国科学院院士、青海大学校长王光谦为首的“天河工程”课题组，经过几年研究，目前已经掌握了海洋、大陆云层气流的流动规律、含水量、季节性等基础性资料，并建立了空中水汽资源数据库。课题组认为，可在中国三江源的黄河流域和长江流域的分水岭实行空中调水，改变云水资源在两个流域间的转化，以增加黄河流域的降水量。2018年8月，《青海省人民政府关于明确“天河一号”卫星用户使用要求的函》明确青海大学为“天河一号”卫星用户，航天科技集团上海航天技术研究院为“天河一号”卫星及运载火箭抓总研制方，下发了“天河一号”卫星用户使用要求。

课题组认为，“十三五”期间，“天河”工程将有望每年为三江源、祁连山、柴达木盆地，分别添加25亿、2亿、1.2亿立方米的雨水，以后更有希望完成每年50亿立方米的空中调水，必定会使这里的生态环境实现翻天覆地的改变。

此项人工增雨技术可以与地表自然径流、小型水利工程相结合，实现空中梯级调水，必要时也可以修一些大型工程。这项技术一旦成熟并使用，将显著改变新疆南北、青海、陕甘宁、华北等地区缺水干旱的状态，扩大中华民族的生存和发展空间。更重要的是，这实现了对空中水汽资源的主权管辖和利用，避免与周边国家争夺淡水而发生摩擦。

（二）地面调水

地面调水是实现淡水调节的重要措施。美国实施了中央河谷调水工程，使加利福尼亚州成为世界上最富饶的农业地区；我国南水北调东中线工程显著缓解了京津冀鲁豫的淡水短缺。

2017年以来，为解决我国西部调水问题，S4679课题组组织6位院士、12位教授以及多位年轻博士，探索出了一条现实可行的西部调水线路“红旗河”。这是一条沿青藏高原边缘全程自流进入新疆、华北的调水环线，避开了青藏高原和三江源等生态脆弱地区。它从雅鲁藏布江大拐弯处开始，沿途取易贡藏布和帕隆藏布之水，自流509公里进入怒江，经怒江河道自流60公里后经隧洞进入澜沧江，经澜沧江河道自流43公里后经隧洞进入金沙江，经金沙江河道自流97公里后以通过隧洞、明渠、水库等方式依次经过雅砻江、大渡河、岷江、渭河、黄河，然后进入河西走廊和新疆，分别延伸至新疆东部的吐哈盆地与新疆南部的和田、喀什。全程6188公里，落差1258米，全程沿海拔2000米等高线设计施工，避免了高海拔、高寒困难，也避免了建设超级水坝、超长隧洞、跨河引水渡槽等超大型工程，预计年调水量可达600亿立方米。2017年8月4日开工兴建的长约600公里的滇中引水工程，将为我国在危险地形下建设超长引水隧道提供经验。如果“红旗河”方案可行并建成，将显著改变西北、华北的长期干旱局面，可以轻松获得10亿亩耕地和25亿亩草原，使中国现有耕地面积、可利用国土面积大幅增加。

此外，还有渤水西调工程。1997年，西安交通大学霍有光教授提出渤水西调工程的设想，即将渤海水引入内蒙古。2001年，中国地质大学教授陈昌礼在霍有光理论的基础上，提出可将渤海水引到新疆，利用西北天然蒸发的自然条件，将海水转化成淡水，形成区域气候的良性循环，增加降雨，治理西北沙漠和沙尘暴，改变西北地区的生态环境。2010年，国务院研究室工交贸易司司长唐元表示，他的团队经过调研发现，把东部的海水调到西部，项目在技术上已经可行。2018年，中国工程院院士曾恒一等提出“绿水西输工程”，33位院士联名签字支持此方案。据其团队提供的材料，渤水西调工程是将海水直接输送到新疆哈密盆地，年供水量为21.9亿立方米，沿线不分水。线路全程约2800公里，设计总扬程2340米水头，输水成本为每立方米7.74元。

从工程不确定性和风险从大到小看，地质条件方面依次排列为“红旗河”“渤水西调”“空中调水”；从技术成熟可行和难度方面依次排列为“空中调水”“红旗河”“渤水西调”；从经济成本方面依次排列为“红旗河”“渤水西调”“空中调水”。

根据地质基础，对交通条件、距离、技术成熟性、可利用土地等资源区域和经济成本等进行比较，主体工程可选择渤水西调为启动主体，海水淡化副产品综合利用，利用沿海热电淡化降低成本，工程可依托G7、兰新、新疆域内等高速公路和津京包兰、兰新、新疆域内等铁路沿线展开，是否达到南疆，可与输入地水价、高效节水农业消化以及其他工程成本进行比较。其优势在于：长度短于“红旗河”工程，地质不确定性小，对国际河流流量影响不大且外交摩擦小，未来不受雪山面积缩小和水源减少的制约，工程依托的交通和能源条件优越，沿线工程在人口、可改造土地面积、城镇体系条件、工农业发展水平、水资源利用范围等方面比其他工程项目经济性高。

“红旗河”工程的优点在于：引水水质优良，不需要淡化；外流的水量较大，水源目前看有保证。不确定性在于：地质条件较为复杂，处在地震带上；温室效应加速雪山融化，未来水源保障有风险；较多的是国际河流，对外关系较为敏感；输入新疆南部距离并不远，成本上有可能比渤水西调高；

工程依托的交通和能源等条件，可能要比渤水西调差一些；投资较大，但关联和带动的区域人口稀少，经济发展效应可能不大。

鉴于空中调水技术的试验进程和成熟程度，可将其纳入考虑的水资源再分配方式。其工程量小，不受地质条件影响，与分布式能源技术装备配合，选择成本较低、效果较好和生态影响小的水汽振荡技术，可视云汽流动而移动降水，借助现有河道，结合地面中小型工程，也不失为一种选择，其关键是技术最终能不能规模化应用。

二、未利用土地开发改造分析

如果解决了水的问题，那么加之现有未利用土地改造技术的成熟、成本的降低，“胡焕庸线”以上区域大片的未利用土地（尤其是盐碱地、戈壁沙漠地），可以改造成良田，而且一举改变新疆、青海、甘肃、宁夏、内蒙古等区域现有生态问题。

我国目前治理盐碱地、荒漠地与沙化地等未利用土地的技术手段包括水利工程、力学、化学、生物学等，经过多年研发，成本大大降低，而且可以实现“土、肥、种”结合和“防、治、涵”结合，治理效果可以持续，避免返碱，可以提升土壤肥力。

（一）化学固沙材料技术

重庆交通大学研究团队研发出一种可以让沙漠变成土壤的黏合剂，点沙成土。2016年，研究团队在乌兰布和沙漠开展了25亩沙漠地种植试验。从2017年开始，研究团队已开展4000亩的种植试验。采用该技术的“沙改土”成本在2000元/亩至5000元/亩之间，低于内地土壤复垦动辄数万元的成本。该科研成果已在中国科学院权威刊物《中国科学》和中国工程院院刊《工程》上发表。

（二）生物技术

这类技术包括生物菌技术、植物种植技术等。国家863项目子课题“生物有机肥料生产技术”显示：通过活性BPA-a微生物技术，筛选适于盐碱地改造的菌株，生产微生物有机肥，施用于盐碱地之后，多种活性产酸菌通过硝化和吸收土壤中的盐碱成分，有效降解土壤中的盐碱成分，促使土壤酸碱度、含盐量等降低到适宜种植的水平。

植物种植法，包括水汽种植法、螺旋钻种植法、水瓶植树法、节水容器种植法、迎风坡造林技术、网格治沙等，主要用于治沙，见效快、效果好。比如，内蒙古采用这些技术，推行甘草半野生化种植技术——人工培育一年生苗后，再进行野外种植或集约化种植，3～5年后收获，每亩收益400～450元。原竖着生长的甘草，一棵能覆盖地被0.1平方米，采用平移种植法，甘草可横着长，滋生根蘖，一棵甘草能覆盖地被1平方米，甘草根部的根瘤菌有固氮作用，能够增加土壤肥力，有改善土壤和防风治沙效果。

（三）物理措施

这方面的技术有很多，比如，原国土资源部土地整理中心承担的《盐碱地暗管改碱与生态恢复技术开发与示范》项目，利用专业大型成套机械设备（一套国产设备成本降低到200万元左右，比国外便宜一半），结合土壤盐分淋洗技术、土壤改良与快速熟化技术和农业耕作措施等，快速排出土壤中的盐分并改善土壤理化性质，增加土壤肥力。如山东省东营市12万亩盐碱荒地经由改造基本达到中产田产出水平，30万亩中低产田逐渐改造为中高产田。

按照自然资源部数据，我国有将近40亿亩的未利用土地，农村农田整治也可以节约出大量可利用土地。即使我们能改造38%，每亩地改造费用3

万元人民币，也将是一个约45万亿元的巨额投资市场；如果能增加15亿亩可利用土地，也将大大扩展未来的农产品生产、交通城市用地方面的空间，使我们吃饭和建设方面有较大的资源回旋余地。保证我们的粮食安全，降低转基因农业产品的风险，农业耕地的产出强度得到缓解，地力得到恢复；增加北方的森地、湿地和水资源平衡后的可利用草原面积，我国生态安全问题得到解决；保证未来约2亿亩的建设用地需求，降低地价，提高“中国制造”的竞争力。

三、新增模块的经济效益估算

如果通过多种综合的方式改变水资源的地区分布，并改造未利用土地，可以形成新的人口和要素模块，扩大发展可利用的国土空间。

这样跳出在目前城乡存量模块中找出路的思维定式，以扩大新可利用国土空间的途径解决动能不足问题，会带来这样的布局效果：（1）新增长动能区域。如果能够形成这样一个经济发展的新要素模块，我们可以使其吸纳现有农村和农业模块中多余而城市开始排斥的人口和普通劳动力要素，引进城镇和非农业模块中的因生产过剩无处投资的资金，并且引进技术要素，构造国民经济增长的新动能区域。（2）改善和增强现有农村和农业模块的增长动能。现在的农村和农业模块中，由于人口和劳动力向新模块的迁移和流动，劳均耕地等的面积增加，劳动生产率提高，再配合以农村土地体制改革，农业生产向规模化经营迈进；农业结构向高增加值调整，农村中因土地增多和产权改革，给城镇资金的进入提供了体制和收益水平条件，启动其吸纳城镇资金向农村和农业流动的功能。（3）改变现有城镇和非农业模块中制造业过剩、资金投资无门、工业品消费需求不足的局面，使其恢复增长的动能。新增人口及要素区域和模块，改善现有农村及农业模块人口要素结构，更多的是给中低收入人口带来迁移机会，给普通劳动力创造工作岗位，提高农村和农业的劳动生产率，是一场中低收入居民收入倍增行动。他们有支付能力消费需求的扩大，将大规模和长时间增加家私、装修、耐用消费品、汽车、农业机械装备，以及住宅建设的水泥、钢材、铝材、玻璃、塑料等工业品的需求，延长工业化时间。消费需求的扩大，平衡生产过剩，增加投资需求，恢复和拉动现在城镇经济增长的动能。（4）国民经济模块间流动和循环整体被疏通，活力和动力得到释放，形成较大区域的新经济带，整个水资源供给侧战略性调整和新经济带建设成为较长时期拉动国民经济增长的强劲动力。用新增人口和要素模块吸收现有城镇和农村资金、普通劳动力向其流动，配合农村土地产权改革，以缓解城市产能、资金过剩，合理有效向农业、农村领域流动，以增量吸收和启动存量城乡模块间人口和要素的流动和循环，疏通城乡存量模块间人口和要素的双向循环，使原人口及要素流动淤堵和梗阻的城乡二元模块变成人口和要素流动和循环顺畅的三元模块。

这种以扩大新的可利用空间新增增长模块、盘活存量模块的战略性布局，可以在8年到10年中带来年平均3个百分点的经济增长动能。

这样，加上减税费稳定增长，改革户籍、公共服务、住宅、社保等体制促进人口和劳动力双向流动，改革农村土地产权形成资金进入农村、农业形成的增长动能。并且通过存量和增量区域土地产权明确化和永佃化，吸收过多货币，稳定住向外流动的资金，在未来8年到10年中，保证国民经济有7%左右的增长速度，增加良性资产，稳固制造业基础，使人民币值保持稳定，就完全可以稳步地在2035年前进入高收入国家行列。

四、调水改土新增的生态效益

为中国经济增长寻找第三个模块，并不是新的土地大开发，不是破坏生态环境，是通过调水改土将“胡焕庸线”以上区域的生态环境从根本上予以改善，将沙漠变绿洲、将盐碱地变良田、将退化草地变成优质草地等。到

2030年，我国耕地保有量有望接近30亿亩（远远超过耕地红线的18亿亩）、森林覆盖率将达30%（超过预期性指标24%）、草原综合植被盖度超过65%（超过预期性指标60%）、湿地面积超过10亿亩（超过预期性指标8.3亿亩），从根本上改善我国华北和西北地区的生态环境。

（本章作者：刘正山）

第五章
各种调水方案综合比较

水资源跨区域调配，一方面关系着一个地区的民生经济，另一方面关系着整个中华民族的长远发展，在社会上早已引发了热烈的讨论，许多专家学者提出了自己的意见。但是，针对专家学者提出的几种主要调水方案（“红旗河”“藏疆隧道”“空中调水”“渤水西调”），尚没有很好的综合比较研究。因此，本章主要对专家学者提出的方案进行介绍和综合比较，明确不同方案的利弊，为我们的研究提供参考。当然，若要得出严谨的结论，需要进一步研究和论证。

第一节　各种调水方案介绍

改革开放以来，随着水资源供需矛盾日趋突出以及国家经济实力逐渐增强，国内产生了多种“南水北调”的跨流域调水设想和方案，其中绝大多数都集中在从西部调水。有资料显示，从雅鲁藏布江调水的方案就多达157个。多数设想都是由民间水利专家学者提出的，也有一些是由气象、隧道等领域专家学者提出的。其中，比较典型的设想或方案有以下几个。

一、南水北调西线工程

1958年至1961年，黄河水利委员会在中国科学院配合下，进行了西线调水查勘工作，范围涉及怒江、澜沧江、金沙江、雅砻江、大渡河等，面积近120万平方公里，曾提出上百条备选线路。时任黄河水利委员会主任王化云还提出了“开河十万里，调水五千亿”的目标，为的是从根本上解决西北和华北地区缺水问题。1959年甚至更晚还提出了数条具体线路，如怒洮线、沙布线、翁定线。该方案分三期推进，第一期自通天河、雅砻江、大渡河调水200亿立方米入黄河自流和抽水共进方案或从通天河到雅砻江、大渡河调水入黄河200亿立方米自流方案，被称为“小西线”方案；第二期从怒江、澜沧江、通天河自流调水200亿立方米与第一期衔接自流入黄河或抽水入雅砻江自流进黄河；第三期从雅鲁藏布江尼洋河建库抽水到易贡藏布再抽水进怒江，调水200亿立方米与第二期衔接。整个隧洞长达1008公里，引水600亿立方米，当时估算静态投资达7000亿～7500亿元。在供水范围上，第一期工程根据目前规划安排，供水黄河上中游的青海、甘肃、宁夏、内蒙古、陕西、山西等缺水地区，可以基本解决沿黄六省区工农业缺水和黄河断流问题。第二期工程从怒江、澜沧江二江再调水200亿立方米左右，补充黄河上中游及邻近地区工农业用水增长的需求，并向新疆提供部分水量，可解决西北和华北部分地区的缺水问题。第三期工程从雅鲁藏布江调水200亿立方米左右，这是一项更长远的工程，供水甘肃西部、新疆北部等边远地区，可基本解决我国北方缺水问题。

二、朔天运河工程

20世纪90年代，民间水利学者郭开等人在黄河水利委员会方案基础上提出了“朔天运河工程”（西藏朔玛滩至天津），旨在从更大范围上调水，解决中国水资源短缺和空间分布不均问题。其主要构思是在西藏东部和青海构筑水坝将一系列水系如雅鲁藏布江等通过流入青海湖引入黄河流域。其具体方案是：从雅鲁藏布江中游桑日县朔玛滩海拔3500米等高线筑坝截流，由加查峡到怒江夏里，转澜沧江昌都，过金沙江白玉，抵雅砻江甘孜，进大渡河阿坝，翻分水岭沿海拔3440米贾曲入黄河。调水2006亿立方米（雅鲁藏布江干流调水300亿立方米，支流调水600亿立方米、拉月河50亿立方米、尼羊曲150亿立方米、易贡藏布200亿立方米、帕隆藏布200亿立方米、藏南诸河约600亿立方米、怒江230亿立方米、澜沧江150亿立方米、金沙江100亿立方米、雅砻江50亿立方米、大渡河20亿立方米）。引水线全长1786公里，五条江河之间是平坦峡谷（或垭口），山体单薄，用现代抗震技术打双隧洞或定向爆破技术筑柔性水库，壅高水位自流引水沟通相邻水系。所调之水分四线进入缺水地区，其中500亿立方米顺黄河而下，600亿立方米进入洮河、渭河，剩余400亿立方米引入大柳树水库，沿河西走廊向西北进入准噶尔盆地。剩余500亿立方米从黄河河源经拉加峡、柴达木盆地、阿尔金山北坡汇于罗布泊。

20世纪八九十年代，该方案引起一些部队高级将领和人大代表、政协委员的关注。1989年时任水利部副部长的张季农领导成立了“朔天运河筹委会”组织推动机构。该方案曾经以内参方式报送国家领导人，并得到批示，但该方案最终无疾而终。

三、“红旗河”

2018年前后，由中国工程院院士王浩教授领衔的课题组提出了新时代大西线调水方案——“红旗河”。该方案设想从雅鲁藏布江、怒江、澜沧江、金沙江、雅砻江、大渡河调水600亿立方米至新疆等干旱区，发展2亿亩农田，建15万～20万平方公里绿带，以此彻底改善西北干旱区的生态与环境。该方案包括一条沿青藏高原边缘绕行的干线——“红旗河”，和三条支线——“红延河”“漠北河”“春风河”。“红旗河”干线线路总里程5710公里。高程从起点的2668米逐步降低至终点的1220米，落差1448米，平均坡降万分之二点五。其中，雅鲁藏布江至金沙江段663公里，坡降万分之四点二；金沙江至黄河段1702公里，平均坡降万分之三点一。三条支线的长度分别为：“红延河”511公里，“漠北河”1685公里，“春风河”804公里。①

“红旗河”通过上述河流的各调水点以上的年均径流量总和为1444亿立方米，占被调水河流总径流量的35%；“红旗河”计划年调水量约占可调水量的42%。“红旗河”从雅鲁藏布江“大拐弯”附近开始取水，沿途取易贡藏布和帕隆藏布之水，自流509公里后进入怒江；然后，于三江并流处穿越横断山脉：借用怒江河道60公里后经隧洞进入澜沧江，借用澜沧江河道43公里后经隧洞进入金沙江；借用金沙江河道97公里后，以隧洞、明渠和水

① 《“红旗河”西部调水仍处于研究阶段》，中国日报网2018年9月28日，qiye.chinadaily.com.cn/2018-09/28/content_36996903.htm.

库相结合的方式绕过沙鲁里山到达雅砻江，绕过大雪山到达大渡河，绕过邛崃山到达岷江，绕过岷山到达白龙江、渭河；从刘家峡水库经过黄河，以明渠为主绕乌鞘岭进入河西走廊，沿祁连山东侧平原经武威、金昌、张掖、酒泉、嘉峪关到达玉门，接着沿阿尔金山、昆仑山的山前平原，穿过库姆塔格沙漠和塔克拉玛干沙漠南缘到达和田、喀什。“红旗河”实施后，将形成约1万公里长、20公里宽的绿洲带。

四、“藏疆隧道”（藏水入疆）

“藏疆隧道”调水方案是由中国工程院院士、中国铁路工程集团有限公司副总工程师、著名隧道及地下工程专家王梦恕等[1]提出的从西藏调水最终通往新疆南部的方案，该方案可以看作郭开“大西线工程”的隧道方案。方案主导利用我国西部流域的水资源和天然地势，从雅鲁藏布江朔玛滩经雅鲁藏布江、怒江、澜沧江、金沙江、香日德河、格尔木河、那仁郭勒河、铁木里克河、米兰河入新疆，在3538～3551米高程上向东、向北自流引水。主干工程（不含天然河道利用）长1300～1500公里（其中人工水渠和引水隧道长度各接近650～750公里），蓄水于香日德河上游调节水库、格尔木河、那仁郭勒河、铁木里克河和米兰河上游调节水库，通过调蓄水库修建引水管网入柴达木盆地和塔里木盆地，为盆地生态再造与综合开发提供源源不断的可利用水源和充足的电能。总共调水100亿～150亿立方米，需要建设超长的调水隧道，采用自流隧道输水的方式调水。该方案充分借助中国西部水资源和国土资源的分布状况，以及青藏高原这一天然大水库，其保留的水资源总量约为680万亿立方米，径流量约9800亿立方米。

---

① 吕新文：《王梦恕代表：建议开展南水北调大西线调水工程论证并尽快实施》，澎湃新闻2017年3月13日。

五、“渤水西调”

“渤水西调”方案，又叫绿水西输工程，是由霍有光、陈昌礼、唐元、曾恒一等专家提出的从渤海抽取海水，并将海水最终引向新疆沙漠地区一系列调水方案的总称。“渤水西调”方案是从渤海取水，用管道输送到北方煤炭基地，作为发展煤电、煤化工冷却水并用余热淡化海水，海水淡化后补充能源开发用水，一举解决沿途数千公里由于缺水造成的“恶劣生态”和“发展瓶颈”。

以霍有光提出的方案（内线方案）①为例，从天津附近的渤海口取水，通过管道分级提升到海拔1280余米左右（1立方米水，每升高200米，需要1度电；升高1280米，耗电6.4度），进入黄旗海（海拔1264～1266米），登上我国第二个地理台阶，形成2000平方公里的湖泊。然后修建防渗渠道，采用若干小提扬（10～20米）工程+长距离自流的办法，由黄旗海—库布齐沙漠—乌兰布和沙漠—巴丹吉林沙漠，至玉门市北的疏勒河（海拔约1300米），主干调水线路全长约1900公里。之后，利用疏勒河“自东向西流”的天然河道（大约550公里），不用开挖、衬砌，自流进入塔里木盆地之东缘的罗布泊。罗布泊（海拔780米）至艾丁湖（海拔−155米）的直线距离仅180公里，可获得930余米的落差，用来发电，能够补偿渤水西调工程所耗费的部分电能。整个调水线路穿越的是比较平坦的沙漠地区或戈壁滩，并非内蒙古草原或传统农耕区。

渤海深深嵌入我国北方大陆540多公里，是大自然赐予中国的地利之源，有取之不尽的水资源。与国内其他跨流域调水方案不一样，西调渤海水不会改变我国陆地上任何一个地区原有水资源的数量，调水不会顾此失彼，反而可绿化西北沙漠、再造山川秀美的生态环境、遏制沙尘暴，为21世纪

① 霍有光：《西调渤海水改造我国北方沙漠生态环境的设想——刍议人造海可持续发展工程》，《科技导报》1997年第3期。

大力发展沙产业打下坚实的基础。

六、“天河工程”

不同于传统的地面调水思路，“天河工程”是一种空中调水思路，是由中国科学院院士、青海大学校长王光谦带领的主要由清华大学、青海大学两所大学部分研究人员构成的研究团队提出的构想。该课题组认为可在中国三江源的黄河流域和长江流域的分水岭实行空中调水，改变云水资源在两个流域间的转化，以增加黄河流域的降水量。

三江源是青藏高原上长江、黄河和澜沧江的源头汇水区域。科学研究发现，本来大多涌向东南的水汽在这里要经过黄河流域和一部分内流区（注：最终流入内陆湖泊或在内陆断流的河流叫内流河，而内流河所在的区域为内流区）。王光谦等研究人员构想，如果能在水汽涌向东南长江流域之前就“拦截”一部分，沿着黄河干支流送往北方，就可以在不修建地面渠道的情况下达到“南水北调”的效果。在大气边界层至对流层范围内，也就是大气层中10公里以下的中低层，存在稳定和有序的水汽输送通道，研究人员将其形象地称为“天河”。“天河工程”，实际上就是基于天基的一种跨流域调水新模式，通过空中搬运水汽到干旱地区降雨，供给缺水地区，满足人们的生活和生产需求。

王光谦研究团队认为，如果“天河工程”能够在人工干预天气的技术上，有效利用南边界甚至西、北边界的水汽输送，那么根据规划，“十三五”期间，“天河工程”有望每年在青藏高原的三江源、祁连山、柴达木地区分别增加降水25亿、2亿和1.2亿立方米，中远期有望实现每年跨流域调水50亿立方米，大约相当于350个西湖的蓄水量。

第二节　各种方案面临的主要问题

20世纪50年代的南水北调西线工程设想以及“朔天运河”方案成为此后各种西线调水方案的基础，“红旗河”工程等近年来提出的方案已经对其进行了改良，因此对早期的方案存在的问题、成本收益等进行综合比较，主要聚焦于近年来社会上多见的几种方案。

一、“红旗河”

如果不考虑国际河流、调水口以下的水电站及工程的正常运行等因素，单纯就水资源而论，“红旗河”600亿立方米总调水量是可行的，但这个方案也面临很多严峻挑战。

首先，600亿立方米的调水量可能无法达到建设2亿亩现代农田和15万平方公里生态绿带的供水量。根据新疆塔里木河流域农田灌溉的数据看，大致是：渠系水的有效利用系数在0.4左右，流域农田灌溉面积787万亩，年用水量132.05亿平方米，按此计算农田每亩用水定额，毛灌溉定额1670立方米/亩，净灌溉定额是670立方米/亩。又据新疆2012年的统计资料，全疆灌溉面积9266万亩，总用水560亿立方米，平均604立方米/亩。如果暂不考虑渠系的渗漏与蒸发，那么净灌溉定额为600立方米/亩左右。如果按照此定额计算，发展2亿亩农耕地需要1200亿立方米的灌溉水量。即使发展喷灌或滴灌，根据新疆现有滴灌或喷灌的用水定额（400立方米/亩左右），发展2亿亩这样的现代化农田每年的灌溉用水量至少也要800亿立方米。显然，即使完全忽略渠道（干渠及农田支渠）渗漏与水面蒸发，600亿立方米的水绝对无法满足2亿亩农田的需要。理论上仅可发展1.5亿亩现代农田。如果考虑水渠渗漏和水面蒸发等因素，充其量发展约1亿亩多。[①]可以发现，单纯现代农田的用水需求都无法满足，更不用说生态绿带了。

从自然地理、资源环境的角度看，“红旗河”也存在极大的不确定性。跨流域远距离调水是一项复杂的工程。在决策之前，第一，要对可用水资源地表水和地下水的水量和水质进行综合评价；第二，对各种不同目的的需水情况进行评价；第三，对现有水资源的使用效率做出评价；第四，对调水工程的工程效益、环境影响进行评价。从环境与生态角度看，调入区的调水规模必须适宜，在缺水区增加水量并非越多越好。生态平衡与水量平衡之间有密切关系。众所周知，对于一个地区，水量平衡要素（如降水、蒸发、地表水与地下水等）是重要的生态物理因子。跨流域调水工程会引起相关地区水量平衡要素及其对比关系发生变化，最终将导致生态系统的改变。一般来说，适宜生态平衡的调水，环境影响可望较小，但是调水工程还包含其他一系列环境影响的问题，必须作进一步的讨论。调水对环境影响的评价直接涉及工程的可行性，其影响有正有负，内容十分广泛。水是自然环境的重要组成物质，也是最活跃的环境因子，因此调水改变水平衡与水文循环会连带着环境的变化。调水对环境影响的过程，可以归纳为以下模式：调水→改变原来的水文过程→自然环境变化→社会经济变化。以上模式表示了影响由初阶到高阶的顺序。因此，跨流域调水工程不仅仅是一个复杂的水利工程，还是一个十分复杂的生态系统工程，更是一个重大的社会经济工程。环境问题涉及复杂的地球物理的、化学的和生物的过程，在现有认识水平下，仍需深入研究，谨慎而行。在内陆地区，土壤中的盐碱依靠季节性的洪水和灌溉水多次冲洗到终端盐湖。干旱地区降水稀少，但蒸腾蒸发能力特别强。世界上几

---

① 参见杨勤业、景可、徐建辉:《质疑:“红旗河”调水功能的可行性》,《自然资源学报》2018年第5期。

乎所有依靠灌溉维持的耕地，都深受盐渍化的困扰，我国西北地区也不例外。“红旗河”工程受水区亦存在这个问题，即使引水水质再好，若灌溉方式不当也必然会导致日益严重的土壤盐渍化。[①]为了保持土壤中的盐分平衡，而不致盐分越积越多，就需要大量的水用于灌水洗盐。如果做不到这一点，就只能把积盐淋洗到灌溉区周围的洼地，使那里变成盐碱滩，并越扩越大。对比国际上就有不少的干旱区引水失败的先例，如20世纪30年代美国对中部大草原的开发，50年代苏联在中亚的跨流域调水和开发，均因违反了自然规律而以失败告终。[②]

另一个风险则是国际纠纷风险。在1966年，国际法协会第52届大会通过了《国际河流利用的赫尔辛基规则》。在其第二章中就强调了“国际流域水资源的公平利用”，其第四条中这样描述：“每个流域国在其领土范围内都有权合理且公平地分摊国际流域水资源的利用效益。”在第五条中解释了“合理且公平地分摊”需要考虑的有关因素，接着又在第八条中补充：“如果需要增加具有竞争性的、与现有利用不相容的利用，则必须改变或终止现有利用。”[③]而“红旗河”工程从雅鲁藏布江调水，又经过怒江、澜沧江，这几条河流都是著名的国际河流；雅鲁藏布江出中国境内后又叫布拉马普特拉河，流经印度和孟加拉国；怒江进入缅甸后叫萨尔温江，流入印度洋；澜沧江则在进入东南亚后称为湄公河，先后流经老挝、缅甸、泰国、柬埔寨、越南。该调水方案涉及多个国家的水资源利益，极有可能引发国际纠纷。

① 单之蔷：《一条大河除了水还带来了什么？》，《中国国家地理》2018年第7期。

② 杨勤业、景可、徐建辉：《质疑：“红旗河”调水功能的可行性》，《自然资源学报》2018年第5期。

③ 国际法协会：《国际河流水利用的赫尔辛基规则》，1966年。

二、“藏疆隧道”（藏水入疆）

“藏疆隧道”方案在以下几个方面存在不确定性。

第一是超长隧洞问题。以青藏高原平均海拔4000～5000米，取水点3550米水位计，要自流输水，则隧洞长度超过1000公里，埋深500～1500米，全程难以进行支洞作业，通风、出渣都难以解决。此外，超长、深埋隧洞不可避免会存在地热、岩爆、瓦斯等问题，一旦遇到这些问题，隧洞建设有可能无法继续推进，极有可能被迫放弃。这种大胆、简单、“直接”的设计，不仅施工风险极高，而且运行风险极高。[①]目前这种隧道在世界上尚无前例。

第二是环境风险。因为该方案取水和输水的位置均位于青藏高原三江源区，这些地方生态脆弱且生态影响巨大，一着不慎将会破坏高原的生态平衡，造成不可挽回的严重后果，所以需要谨慎对待。取水方式、取水比例之类的问题都需要经过科学严谨的论证、实验，才能把风险控制在可以承受的范围之内。

第三是国际问题。因为涉及印度等国的水资源，藏水入疆工程还可能存在国际纠纷风险。国际河流在联合国公约规定享有的权利范围内，因水资源分配和利用需要部分改变现状，将涉及部分国家的水资源利益，引发一些同周边国家的国际纠纷。

三、“空中调水”

“空中调水”方案还处于研究阶段，其不确定性有以下几个方面。

第一，天空河流的分布及演化规律不明。天空河流的分布、变化与大尺

① 王梦恕向十二届全国人大五次会议提交的《关于深入开展大西线调水工程论证并尽快实施第一期工程的建议》。

度的大气环流有关，同时受到中小尺度天气过程的影响，表现出十分明显的瞬态性与随机性，其实质是水汽输运概率流及此概率流上物理量的统计系综平均以及相应的力学模型和数学描述。因此，天空河流研究中遇到的首要问题是建立天空河流的分布函数并寻找其演化规律，这是开展天空河流的动力学规律研究的基础。

第二，就长期统计而言，天空河流中水汽从哪里来、到哪里去、输运强度是多少还不确定。天气学关注的是大气环流背景下大中尺度天气过程，如气旋、锋面等天气过程中水汽的输运、转化，其时间尺度从数天至数周。与此不同的是，我们关心的陆表径流过程，其时间尺度从数小时到数百年，跨越多个数量级，如产汇流过程、洪水过程、洪水产生的泥沙输移、河床变形等河流过程，以及由上述过程导致的地貌过程和生态环境的变化等。从这个角度看，必须延伸天气学的时间尺度，使之能够反映天气过程的确定性、随机性等性质对多尺度的地表径流的影响。①

四、“渤水西调”

就“渤水西调”方案来说，其不确定性体现在以下几个方面。

一是环境是否会受到影响存在不确定性。该计划设想调运大量海水到新疆，假设调运1000亿吨海水，海水的含盐率为3%，就将产生30亿吨的盐，而如何处置这些盐会是一个大问题，因为现在西部很多土地盐碱化已经比较严重。如果我们大量抽取渤海水，那么渤海水将从黄海得到补充，而黄海海水盐分比渤海海水高，这样势必对渤海的海洋环境带来巨大影响。②

---

① 王光谦、钟德钰、李铁键等：《天空河流：发现、概念及其科学问题》，《中国科学·技术科学》2016年第6期。

② 郑明：《“东水西调”是科幻还是现实》，《环境保护与循环经济》2010年第12期。

二是可行性存在不确定性。东水方案管道提水有几条：其中第一条沿海河—永定河—洋河提水到坝上，第二条沿滦河上提海水入内蒙古东南部。在这一线国家已经着手海河整治，从永定河、潮白河等三河汇合口到渤海为整治重点，投资500亿元人民币，这段已不可能允许开挖埋管输送海水。[①]

三是沿线用水安全存在不确定性。永定河—洋河中间为官厅水库，官厅水库为北京重要水源地，国家将其重点治理后作为北京备用水源地，海水管道沿此水系，埋入官厅水库之下，对北京水资源安全问题将构成严重威胁。另外，滦河是唐山和天津水源地生命线，海水管道若沿此河上提也将严重影响两大城市水源地安全。

五、各方案比较

“红旗河”方案存在调水后用水目标可能无法达到、生态环境影响未知、国际纠纷风险等不确定性；“藏疆隧道”方案存在超长隧道无法完成、生态环境影响未知、国际纠纷风险等不确定性；“空中调水”方案存在“天河”演化规律不明、水汽运送规律不明等不确定性；“渤水西调”方案则存在渤海水受到污染、可执行性不明确、沿线用水安全受影响等不确定性。

从不确定性角度出发，“空中调水”方案更多的是技术上的不确定，“渤水西调”方案不涉及周边国家水资源而不存在国际纠纷风险，这两种方案可能优于“红旗河”方案与“藏疆隧道”方案。

---

① 陈昌礼：《海水西调是西北和华北北部可持续发展的需要》，《中国工程科学》2003年第1期。

第三节　施工条件比较

一、“红旗河”

“红旗河”方案施工量大，施工条件比较复杂。“红旗河”工程规划线路在我国地势的第一、二阶梯的台地边缘，这些地方地势条件复杂，处处高山深谷，河流、山脉纵横。“红旗河”工程需要跨越诸多大江大河，小河流不计其数，而跨越的大山脉则有横断山脉、秦岭等。

“红旗河”工程流经的雅鲁藏布江流域和龙门山地震带、横断山脉、四川盆地边缘直到六盘山以西地带，都是一个构造复杂、灾害比较多的地方，构造异常活动、强烈地震频频发生，灾害多发。地形条件决定了“红旗河”工程穿山、架桥、穿隧洞、穿河难以避免，一旦发生地震，或是泥石流、滑坡等灾害，将对“红旗河”工程产生重大影响。

二、“藏疆隧道”（藏水入疆）

“藏疆隧道”工程施工大部分在高海拔地区，施工条件比较艰苦。以青藏铁路为例，我们知道青藏铁路是世界海拔最高的高原铁路，穿越海拔4000米以上地段达960公里，最高点海拔5072米，以位于可可西里国家级自然保护区核心地带的清水河特大铁路桥为参考，平均海拔也在4600米以上。修建青藏铁路时，高原缺氧、冻土坚硬、生态稳定、地质复杂等问题都很突出，更不用说“藏疆隧道”方案需要在地下几公里的地方进行隧道工作，面临的施工条件将会更加严峻。

三、“空中调水”

“空中调水”方案重要措施是人工干预天气。一方面，这种方式不需要大量地面基础设施，施工方式比较灵活；另一方面，虽然目前我国人工增雨作业已经进行了几十年，但是依旧处在一个实验阶段，对人工增雨的具体运行机制我们还不是很清楚。大范围改变和控制云水资源的分布不可能，这需要改变地球上的热力场分布，不仅一个国家做不到，从目前来讲，就是全世界联合起来也做不到，当前针对空中的云水资源的开发还有很多问题不能解决。

四、“渤水西调”

纵观“渤水西调”方案内线调水所经过的地区，从东向西依次分布着七大沙漠，它们是：浑善达克沙地（降水量264.6～368.7毫米）、毛乌素沙地（降水量400～250毫米）、库布齐沙漠（降水量249毫米）、乌兰布和沙漠（降水量102.9毫米）、腾格里沙漠（降水量小于200毫米）、巴丹吉林沙漠（降水量50～120毫米）、塔克拉玛干沙漠（降水量11.05毫米），空间上它们是连续展布的（深入内陆，降水量呈递减趋势）。除塔克拉玛干沙漠外，其他沙漠均分布在我国第二个地理台阶（海拔1200～1300米）之上。[①]可以看出，“渤水西调”工程的施工环境多为沙漠地带，存在地质构造、光照强烈、气候炎热缺水等方面的问题。

五、各方案比较

“红旗河”方案施工条件比较严峻，工程规划路线在我国地势第一、二

---

① 霍有光：《西调渤海改造我国北方沙漠生态环境的设想》，《地质哲学与可持续发展》，中国文史出版社1998年版。

级阶梯台地边缘，经过地震带、山脉、盆地，地质条件复杂；“藏疆隧道”方案主要在高原施工，修建隧道面临着高原反应、冻土等问题；“空中调水”方案不需要在地面修建基础设施，通过人工干预天气的方法改变天空中云水资源的分布，施工方式较灵活；“渤水西调”方案大部分施工线路位于戈壁和沙漠，地下构造不明确、干燥炎热等问题都会对施工产生干扰。

从施工条件角度出发，“空中调水”方案不涉及地面施工，如果能够厘清云雨资源在空中转化机制，那么该方案当为最优；“红旗河”“藏疆隧道”方案工程所经路线地质条件复杂多变，地处西部交通不发达地区，施工条件应该最为严峻；“渤水西调”方案的施工条件较之前两者处于中间水平。

第四节　成本和收益比较

一、“红旗河”

从成本角度来看。一方面，“红旗河”方案计划建设期10年，按照“红旗河”年调水600亿立方米测算主体工程的工程量，在参考南水北调中线工程、引汉济渭工程、滇中引水工程、新疆北部供水二期输水工程等国内同等规模单项工程基础上，充分调研大直径、深埋、长引水隧洞和我国西南地区高坝工程建设投资情况，考虑部分不可预知费用，初步估算“红旗河”工程投资约为4万亿元，其中隧洞工程投资为2.4万亿元，明渠工程为1.0万亿元，水库等跨越河沟工程为0.6万亿元。但这仅仅是工程预算，如果加上搬迁人口、整顿环境等的费用，投资则远远不止4万亿元。另一方面，“红旗河”未来运行成本不应考虑工程折旧，不承担财务费用，不计提资本金利润，仅包括工程维护费和运行管理费。根据《水利建设项目经济评价规范》（SL 72-

2013），大型混凝土输水工程折旧期为50年，工程维护费和运行管理费分别为固定资产原值（不包括占地淹没补偿费用）的1.0%～1.5%和0.5%，考虑“红旗河”规模效应，其中工程维护费设定取值1.5%、1.0%和0.5%三种方案，则每立方米调水成本为0.7～1.3元。参考径惠渠灌区、青铜峡灌区、河套灌区等我国西北地区自流灌区运行成本，支渠以下每立方米灌溉成本均低于0.2元，若按每立方米0.2元取值，则“红旗河”供水到用户端的综合成本为每立方米0.9～1.5元（有关“红渠河”供水成本测算见表5-1）。

表5-1　“红旗河”供水成本测算表

序号	项目	考虑工程折旧，不考虑财务费用与净资产利润			不考虑工程折旧、财务费用与净资产利润		
	方案 / 工程维护费取费标准（%）	方案一	方案二	方案三	方案四	方案五	方案六
		1.5	1.0	0.05	1.5	1.0	0.05
1	制造费用（亿元）	1400	1200	1000	600	400	200
1.1	折旧费（亿元）	800	800	800	—	—	—
1.2	工程维护费（亿元）	600	400	200	600	400	200
2	运行管理费（亿元）	200	200	200	200	200	200
3	财务费用（亿元）	—	—	—	—	—	—
4	净资产利润率（亿元）	—	—	—	—	—	—
5	总成本费用（亿元）	1600	1400	1200	800	600	400
6	单方供水成本（元/方）	2.7	2.3	2.0	1.3	1.0	0.7

资料来源：王浩：《关于“红旗河”西部调水工程供水价格的分析与思考》，搜狐网2018年8月9日，www.sohu.com/a/246093315_162758.

从收益角度来说。“红旗河”方案以及未来绿洲建设将创造巨大的市场规模。如果考虑配套渠系工程、创造超过15万平方公里绿洲、2亿亩灌区和牧场，加之撬动的道路、工厂、城市等建设需求，将形成一个上百万亿元规模的巨大市场，将带动一系列上下游产业的发展，为众多勘探、设计、施工、服务企业以及技术创新带来巨大的市场机会和收益，在真正意义上创造性地落实了供给侧结构性改革的战略方针，为稳定经济增长、促进产业发展提供广阔的空间，并可为东部地区的创新、发展与繁荣提供新的动力。

二、“藏疆隧道”（藏水入疆）

从成本角度来说。“藏水入疆”方案中1300公里人工坝洞（真空流高速输水隧道）主干渠工程（含3.5个三峡水电站引水发电站群）投资按2012年不变价约为6000亿元（不含柴达木盆地和塔里木盆地管网和土地开发建设投资）；工程项目研发培育期：预计1～3年，需投入资金50亿～150亿元（预计支付勘察设计费40亿～50亿元，其中勘察费用24亿～30亿元，设计费20亿～26亿元，立项阶段投入约5亿元，可研阶段投入约15亿元，初设阶段投入15亿元，施工图阶段投入20亿元。另外，可能需要100亿元用于大断面超高速智能化无人驾驶掘进机研制和样机制造）。项目建设期：预计3～5年，需投入资金6000亿～8000亿元。①

从收益角度来说。一方面是能重建生态。水流出隧道后，先是格尔木沙漠盆地，再向下是塔里木盆地，这些地方已经是生态崩溃地带，有了水的滋养，可以重建生态环境。另一方面是能建立水汽良性循环。沙漠地带的干旱与缺水呈恶性循环。因为地面缺水、空气缺水汽，太阳的热能使地面温度显著升高，极大地促进地表水的蒸发，使空气显著膨胀，产生燥热的大风，进一步加速地表水的蒸发。大风把本来就很少的水汽带到远方，本地就变得更加干旱，更加缺水，形成恶性循环。反过来，地表有足够的水，吸收太阳热能，就会缓冲地表温度的升高，从而减少水蒸发。与此同时，表面上方空气的温度也会降低，从而降低空气膨胀，降低风速。由于地表有水，蒸发量增多，空气中的水汽增加，湿度加大，密度加大，风速就会下降。水汽在空中形成云层，遮挡太阳光，进一步降低地表温度、减少蒸发量。如此，便形成良性循环。由于风速低，蒸发的水汽会在不远处再变成雨，降到地面，减轻邻近地域的干旱，也形成良性循环。总之，通过这种水汽在地面和天空的良

① 参见何星霖：《新大西线（藏水入疆）工程方案》，新浪博客－星霖君的博客。

性互动和良性循环，整个大西北的干旱问题都可以逐年逐步好转，直至根本解决。①

三、“空中调水”

因为“空中调水”方案现在还处在论证和实验阶段，仅仅是提出一个设想，可查询的资料极少，所以这里只是大致对成本和收益做一个分析。

从成本角度来说。“空中调水”主要成本在于人工干预天气，也就是人工降雨。现在人工降雨都只是作用于小范围，在这样大的操作范围内，成本将会比较高。比如，一枚人工降雨火箭弹的价格大致在2000～4000元之间。如果是更大范围的跨区域调节，那么花费将会更大。但因为该方案不需要地面基础设施，所以可以推测相比其他方案，该方案的成本较小。

从收益角度来说。一方面，和其他方案一样，增加的水能够起到解决当地缺水问题、促进植被生长、支持工业发展等作用；另一方面，与在地面上开挖沟渠、穿山打洞相比，“空中调水”对生态环境更加友好，不会破坏当地生态，环境收益更加可观。

四、渤水西调

从成本角度来说。海水淡化目前在中国不存在技术“瓶颈”,“渤水西调”方案实施中可以用不被海水腐蚀的玻璃钢管，按照8米口径玻璃钢管计算，输入新疆每吨水的价格为8元左右。②

---

① 刘里远：《藏水入疆直通大隧道工程规划建议》，刘里远－搜狐博客。

② 《海水西调》，百度百科，https://baike.baidu.com/item/海水西调/1343851？fr=aladdin.

从收益角度来说。“渤水西调”方案有十大效益[1]，分别是：改变西北气候，缓解干旱化进程；增加降水量，实质上是太阳能海水淡化巨型工厂；治理沙漠和沙尘暴；绿化西北100万平方公里的沙漠地区；沿河湖系统冬季取冰制淡水；沿河湖建立若干海水养殖场；渤海海水大循环，从根本上治理渤海污染；建立辽西提水站150公里地段工业走廊；绿化100万平方公里，吸收大量CO_2温室气体；扩大西北绿化地区节水型特殊种植业，从而可以实施三大片生态移民：内蒙古内部生态移民、陕甘宁黄土水土流失地区生态移民和贵州等西南石漠化地区生态移民。具体来说，内蒙古锡林郭勒盟泓元海水淡化有限公司做了系列测算，试点项目一期总投资628亿元，其中建设费用567亿元。规划项目在完全实施的情况下，静态投资回收期（包括3年建设期）为税前6年左右，税后7年左右，内部收益率为20%左右。

五、各方案比较

“红旗河”方案工程成本预计为4万亿元人民币，供水到用户端的综合成本为每立方米0.9～1.5元。方案实施后，将创造超过15万平方公里绿洲、2亿亩灌区和牧场，加之撬动的道路、工厂、城市等建设需求，将形成一个上百万亿元规模的巨大市场；“藏疆隧道”方案预计投入资金6000亿～8000亿元人民币，实施后将改善整个西北地区干旱缺水状况；“空中调水”方案正处在研究阶段，尚无成本预计，但因其不需进行大规模的地面基础设施建设，所以可以推测所需成本是几种方案中较小的。方案实施后，将会缓解干旱地区的水资源短缺情况，增加生态效益；“渤水西调”方案输入新疆的水每吨水的成本在8元左右，建成后将有改善沙漠化、海

① 霍有光：《关于西调渤海水改造北方沙漠的设想》，《中国科技论坛》1997年第3期。

水综合利用等十大收益。

从成本角度来说，“红旗河”方案成本最高、“空中调水”方案成本最低；从收益角度来说，“红旗河”“渤水西调”方案覆盖范围广，应该具有更高的综合收益。

第五节　技术可行性比较

一、“红旗河”

确保所有单体工程建设难度均低于已有案例是“红旗河”方案设计的重要原则。而从保证“全程自流”且尽可能缩短隧洞长度的角度来看，只有绕行青藏高原边缘的线路才能实现，也正是利用了高原边缘山谷较多的特点。由此，形成了最大坝高不超过280米、最长隧洞55公里的绕行青藏高原线路。其中，除最长隧洞外，其他隧洞长度均不大于40公里，平均长度17.2公里。同时，青藏高原边缘的地形条件还给隧洞长度进一步缩减或者局部具体走线方案的调整提供了足够空间。

“红旗河”方案线路规划坚持测绘先行、地质紧随的基本思路，在对地形进行充分研究以后又进行了详细的地质分析。青藏高原东南边缘地质条件复杂，地震、地热、煤系、断裂、破碎、崩塌、滑坡等均有可能发生，其中有些会影响施工，有些则会影响稳定运行。基于对每一段具体情况的分析，对各种威胁进行分类分级，然后利用地形方面留有弹性空间，对线路进行了具体调整。同时，也对线路沿线的已建隧洞和水库应对地质灾害的能力进行了广泛调研和分析。总体而言，不可能完全避开地质问题，可以从工程设计和运行管理两方面进行应对。此外，虽然“红旗河”

工程系统巨大，但能化整为零，分解成一个个在现有技术能力下可以完成的单体工程。①

二、“藏疆隧道”（藏水入疆）

总体上看，“藏疆隧道”方案具有很大施工难度，长隧道、高海拔、多地质现象等因素制约着施工。但从理论上来说，塔克拉玛干沙漠和雅鲁藏布江处于两个地点，高点是藏北高原，中间有昆仑山脉和唐古拉山，也就是说，如果把水提升到藏北高原，剩下的通过自流就可以到达新疆南部。还可以采用南水北调东线逐级提水方式，提到藏北高原形成一个水库，然后利用高度差自流到新疆南部。在提水过程中，利用现有湖泊作为中转站，接力提水。如果有生态问题难以解决，可以建设空中通道，不占用土地，类似于输油管线，与青藏铁路平行，到达格尔木，再折向新疆南部。

三、“空中调水”

跨流域“空中调水”必须改变大气环流和气团。“空中调水”试图把A流域大气中的水汽或云系用人工的手段引入B流域，是一种改变水汽或云系空间位置的概念，涉及大气环流问题。而大气是一个全球范围的开放系统，由分布在大气中的无数个几百公里甚至几万公里不等尺度的气团或环流组成并围绕地球不停运动。一个控制某流域的稳定气团、气流或水汽通道涉及上千乃至上万公里尺度范围内的大气。大气中的水汽或云系依附于这些气团或气流流动、漂移。也就是说，大气气流或气团是水汽或云系的运输工具。水汽在何时、何处聚集、凝结，云在何处形成、移向何方，

① 《红旗河：十问“红旗河”西部调水工程》，中国水文化网2018年4月9日。

均由大气环流决定。要想改变气流和气团所处空间位置，必须有能对大气气团或大气环流产生影响的技术手段。打个比方，跨流域“空中调水”需要在大气中修建人工管道或渠道，从而把水汽从A处输送到预定的B空间里，同时还需建造储水的水库。“管道或渠道”和“水库”在大气中如何立足？适合修建水库的空间是否存在？而且，大气中布满了不同能量的气团，如何能够“挤”走原有的气团，并将其能量传递到第三者？以上问题十分复杂。①

一方面，目前世界上还没有一种能改变或控制大气环流的理论和技术方法。人工增雨所使用的催化剂不是能量，它没有能力搬运气团、转移水汽。大气气团或环流是由大范围强大的风场、温度场来控制的，而改变大气风场、温度场，需有巨大的能量。即使该理论成立，所需成本和技术水平等在可见的未来也难以达到。经典的高空气候学理论认为，一个地区稳定的环流或气团的形成，由该地区海陆分布、主体山脉、季节转换等决定。而改变海陆分布和山脉走势，不是人类能力所能企及的。大气过程十分复杂，如果创新思路，开辟一种全新的理论和技术体系，前期必须进行大量的基础研究和论证、试验，这个过程十分漫长而艰难。②在制约印度洋暖湿水汽通过雅鲁藏布大峡谷通道继续向北输送的因素中，地形阻碍固然重要，但与青藏高原地形有关的大尺度环流的辐合作用更为重要；而要改变大尺度环流则比改变局地地形更为困难。即是说，从气象学条件来看，即使改变了雅鲁藏布大峡谷及其以北地区的地形，也很难实现“空中调水”的目的。

另一方面，该研究正在进行中。据“天河”卫星总指挥刘伟亮介绍，中国航天科技集团八院计划在2020年完成“天河一号”卫星首批双星发射，进行“天河工程”的应用示范，最终于2022年完成六星组网建设。届

① 高登义、蹇咏啸：《“空中调水”设想的可行性研究》，《高原气象》2007年第6期。
② 《人类能否做到跨流域空中调水？》，新华网2016年12月27日。

时，三江源地区将实现每天24次的卫星监测重访能力，为构建“一带一路”水汽传输的“空中走廊”提供技术支撑。“天河工程”将通过“天河一号”组网卫星和地面实施系统，共同构建“天地一体”的空中水资源开发与应用总体作业格局。“天河一号”卫星将作为我国首个应用于空中水资源探测的专用卫星，为整体工程提供天基保障。据天河卫星总设计师朱维介绍，“天河一号”卫星为低轨低倾角卫星，采用八院SAST-ML1公用平台，配置微波温湿度计、降水测量雷达、云水探测仪等有效载荷，通过主动和被动多手段综合，实现高精度探测。其中，微波温湿度计可精准实现大气温度、湿度垂直分布的探测，捕获空中云水资源的分布情况；降水测量雷达可监测降水的三维分布；云水探测仪可获得三江源地区的大气云图和地表环境特征。

四、“渤水西调”

“渤水西调”工程几乎不存在技术瓶颈。国务院研究室工交贸易司司长唐元曾公开表示，他的团队经过调研发现，把东部的海水调到西部，项目在技术上已经可行。

“渤水西调”工程提水点处于渤海西北角，北纬40.5度附近，该段近岸海水有1～2个月结冰期。但是，提水工程是从水温大于0℃的冰下提取的。提水进入第一级水库，这时水库区水面虽然结冰，但是第二级依然从冰下提水，各级提水过程完全处于封闭状态下，持续运动着的高盐分海水是不会结冰的。跨过大兴安岭南端海拔1000米自流渠道冬季水面虽然结冰，但是冰下水照常流动。以黑龙江为例，黑龙江流经北纬50度高纬度，且为淡水，冬季河面虽然冰冻三尺，但冰下水照常流，鱼照常游。“渤水西调”工程引的是海水，流量又比黑龙江大多了，且处于北纬42度一线，所以不必担心冬季工程停止运行问题。

“渤水西调”进入西北经太阳能蒸发，西风带推动究竟有多少水资源降落在西北地区？是否超过可以进行工程的最大限额？一方面，据估计调水蒸发水汽大部分降落在包头—兰州一线300毫米等降水量线以西，即使东逸可以兼顾陕甘宁和河北、山西地区，理论分析表明“渤水西调”水汽损失率大体与西北湿地自然退缩率相当。另一方面，逃逸的水汽使中部受益。夏季受东部太平洋高压推阻，西北逃逸水汽大都在300毫米等降水线以西交锋降水。如此可增加黄土高原、陇东、宁夏、鄂尔多斯高原降水，如果再东逸至华北平原，只要没有入海就做到了“滴水不漏”，具备可行性。①

五、各方案比较

“红旗河”方案将大工程化整为零，分解成一个个可以完成的单体工程，坚持测绘先行、地质紧随的原则，理论上具备技术可行性，但还需要现实检验；“藏疆隧道”理论上可行，但现实中还没有在高原上建这么长隧道的先例；“空中调水”在理论上还存在一些挑战，现在正在进行研究；“渤水西调”用玻璃管输送渤海水，几乎不存在技术问题。

从技术可行性的角度来说，“渤水西调”方案技术最为成熟，“空中调水”方案还有待研究论证，“红旗河”“藏疆隧道”方案理论上可行，但现实中依然面临许多问题。

① 陈昌礼：《海水西调与我国沙漠和沙尘暴的根治》，《中国工程科学》2001年第10期。

第六节　能源、输水、产业联动效应比较

一、“红旗河”

“红旗河”方案打破西部发展的水资源瓶颈，将极大地释放“胡焕庸线”以西国土资源潜力，能够成为未来中国经济发展的引擎。随着超大规模绿洲的兴起、耕地的开发、工业的发展、内陆航运大通道的建设，并在现代科技和节水观念引领下，钢铁、能源、电力、煤炭化工、建材、旅游等现有产业基础作用将充分发挥，促进农业现代化和工业快速发展，还能够创造全新的经济增长点。武威、金昌、张掖、酒泉、嘉峪关、玉门、敦煌、哈密、吐鲁番、和田、喀什等沿线城市人口将大规模增加，崛起若干新的中心城市，进而推动西部地区跨越式发展，分担东部地区发展压力。在全球信息化和物流现代化的支撑下，向东可以覆盖国内市场，联系着亚太经济圈，向西可以开发中亚、西亚，以至欧洲和非洲市场，将成为“世界上最长、最有发展潜力的经济文化大走廊”，极大地提高西北地区的经济地位和对外开放水平，促进欧亚大陆东西联动，保障国家均衡、强劲、持续的发展。

二、“藏疆隧道”（藏水入疆）

“藏疆隧道”方案借助技术创新、模式创新、思维创新、战略创新以及最新的金融工程、互联网思维、市场和系统工程、系统打造和系统力量，采用“鱼菜共生”技术、气雾栽培等无土栽培技术、生态循环与超级节水技术以及我国最新研发的微灌技术建成巨型管网，生态化地开发数亿亩沙漠

土地，将大幅度提高沙漠国土单位面积产值，使其亩产值从0元/亩发展到上万元/亩，甚至亩产值高达10万～20万元，8亿亩或数亿亩沙漠土地的年产值，未来将有可能远远超过重庆市2013年的GDP，达到数万亿元以上，甚至远远超过我国2013年的GDP，最高可以达到80万亿元以上，这完全有可能比预计的时间提前若干年把我国的GDP上升到100万亿级别台阶以上。[①]“藏水入疆”所解决的主要为生产用水、生态用水，对发展当地经济、改善我国西北生态环境、加强民族团结、富国强边意义重大。而且，工程沿线还可进行水电梯级开发，利用工程开通的南北通道，为建设连接新疆到西藏的高速公路、高铁降低约50%的工程成本，同时调入新疆的400亿立方米水，经过蒸发，以水汽的形式在我国西北、华北广大地区上空流动，并形成降雨，相当于再向华北调水300亿立方米。因此，“藏水入疆”工程所产生的经济效益、生态效益、社会效益远大于南水北调中线工程的综合效益，必将对我国经济发展、民族团结、国防安全、生态建设产生深远的影响。

三、“空中调水”

如果“空中调水”方案能够实施，黄河上游乃至源头的生态环境将会发生质的改善，两年在此流域面积范围内共可增雨达30.7亿立方米，这增加的水量，除一小部分汇流至黄河河道，大量雨水洒落在这一广大山区和草原，使这些原来由于干旱少雨生态环境日益恶化的地区久旱逢雨，牧草、植被又获得生机，生态环境初步转入良性循环。从这个意义上讲，实施这一措施具有长远的战略意义。更进一步，如果西线南水北调工程与“空中调水”人工增雨技术结合起来实施，不仅能从根本上解决黄河流量不足的问题，同时又能改善和保护上游的生态环境。

---

① 何星霖：《新大西线（藏水入疆）工程方案》，新浪博客-星霖君的博客。

四、“渤水西调”

“渤水西调”方案不仅可改造距离北京较近的浑善达克、库布齐、毛乌素等沙漠的生态环境，促进沙产业与沙漠绿化，而且可明显改善京津唐地区的大气与生态环境质量。第三期及后续工程全部到位后，用100年左右的时间，可彻底改造北方七大沙漠。这一工程虽然耗能较大，但我国西南水电资源非常丰富，从西南向西北调电，比调“南水”既容易又经济。用西南丰富的电力资源，换取用之不竭的渤海水资源，将使无水改造的北方沙漠带从此有望变得“山川秀美”。本着“量力而行”原则，以50亿立方米为调水最低限额，多多益善，调水数量将与调水效益成正比。显然，渤海水在沙漠中还可以搞综合利用。例如，利用沙漠中丰富的太阳能资源，每3立方米渤海水可晒制69～93公斤盐（注：目前国内工业用盐每吨价格为217元人民币），同时蒸发出2.31～2.07吨优质水汽，其中有大约1立方米的水汽将直接变成雨水回落到地上，滋润植被。盐是重要的化工原料，可用以制碱、盐酸、氯气、金属钠等。碱（纯碱、烧碱、硫化碱）、盐酸广泛用于化工、纺织、造纸、肥皂、染料、冶金、陶瓷、玻璃、医药、日常生活等各方面；氯用以制漂白粉、氯苯、各种聚氯乙烯塑料以及结晶硅的提纯等；金属钠用作制取复杂有机化合物的催化剂，提取稀有金属的还原剂，制抗磨合金（钠钙铜锡合金）等。钾肥（氯化钾）为农业三大肥料之一，钾可用于焰火、炸药、玻璃、医药、陶瓷、电池，用于航空汽油、钢铁及铝合金的热处理，为工业发展提供原料。以当地丰富的煤炭资源作能源，建设大型火力发电厂；电厂的廉价电力用于“渤水西调”；同时，利用主机余热（廉价蒸汽）搞海水淡化；淡化水可电厂自用，或其他工业用或民用；而高度浓缩的海水，可就地建厂发展海洋化工，制盐、提钾、提溴、提碘等。这样的统筹设计，可使西调海水基本实现零排放。[①]所以，这是一个非常理想的区域循环经济体系，可以大大降低工程总投资，提高经济效益。

五、各方案比较

"红旗河""藏疆隧道"方案如果实施，将形成大片新的土地，将西部能源优势与水资源结合，发展新农业，吸引大量人口，制造全新的经济增长点。在全球信息化和物流现代化支撑下，向东可以覆盖国内市场，联系着亚太经济圈，向西可以开发中亚、西亚以至欧洲和非洲市场，将成为"世界上最长、最有发展潜力的经济文化大走廊"，极大地提高西北地区的经济地位和对外开放水平，促进欧亚大陆东西联动，保障国家均衡、强劲、持续的发展；"渤水西调"方案则能改善我国北部沿线的缺水情况，改善沙漠状况，增加新的土地，将渤海水与沿线的煤、石油等资源结合起来，发展化工等行业，形成一个新的循环经济系统、新的经济增长点；"空中调水"方案对改变云水资源在我国西部地区的分布、改善生态环境，具有战略意义。从这个方面来看，各方案都具有很强的联动效应。

第七节　可能涉及的国际政治问题

中国是世界上跨界河流最多的国家之一，和周边国家共享有40余条跨界河流，其中最主要的有16条。这16条主要跨界河流中，12条发源于中国境内，且多为世界级大河，其水量占到了中国所有河川水量的27%。中国

① 霍有光：《渤海水西调工程续论》，《科技导报》1997年第5期。

和周边国家的跨界河流，按区域划分，东北部主要有：黑龙江、鸭绿江、图们江、乌苏里江、绥芬河，这些河流的类型主要是边界河流；西北部主要有：额尔齐斯河、伊犁河、乌伦古河，这些河流的类型主要是跨境河流，包括出境和入境；西南部主要有：澜沧江－湄公河、雅鲁藏布江、元江、怒江、独龙江、印度河、北江、北仑河，这些河流的主要类型是跨境河流，通常为出境。

中国大部分跨界河流的水流量比较丰富，是周边地区农业灌溉、城市发展和居民生活用水的重要来源。因此，中国如何开发利用、管控这些跨国界河流，深受周边国家关注。中国与周边国家在跨界河流的水环境污染与保护、水资源分配与利用开发等方面面临着不少分歧，这些跨国界水问题的产生与发展将对中国同周边国家的关系良性发展构成消极影响，并为区域外国家插手中国周边事务制造借口。

近些年，中国与周边国家在跨界河流管控上发生争议，主要包括以下三个方面。

一、水质污染

中国目前正处于从高速度增长转向高质量发展的阶段，经济中还存在一定比例的高能耗、高污染产业，尤其是一些存在严重污染问题的化工厂设立在河岸边，一旦发生事故或者非法排污，很容易造成河流水质污染。对于一些跨界河流来说，境内河流如果遭到污染，与其相连的跨界河流也“在劫难逃”。其中，最典型的也是污染最严重的一次是在2005年11月13日，吉林石化公司厂房发生爆炸，大约100吨苯流入松花江。由于松花江是黑龙江最大的支流，此次污染不可避免地影响到黑龙江下游俄罗斯城镇的用水。松花江污染事件后的第12天，俄罗斯政府就宣布远东第二大城市哈巴罗夫斯克进入紧急状态，切断其水供应。俄罗斯政府声称，由于中国工厂生产的污染物质和中国污染监督机构的不作为，使得黑龙江的污染给俄罗斯境内带来了灾难性后果。此后，中俄成立了联合调查专门委员会，在污染治理和环境灾害应急方面开始加强监管，使中俄界河污染问题得到有效管控。

近几年，越南也多次对其与我国广西交界的跨界河流遭受污染表示关切和担忧。

二、水资源需求

水资源需求有两种情况，一种是位于上游的中国对境内河流取水量的增加，影响到下游国家的用水，从而引发争端，比较典型的是中国西北部的跨界河流，以额尔齐斯河和伊犁河为主；另一种是位于下游的河流，由于持续干旱，河水下降，影响到下游国家居民生活生产用水，紧急向位于上游的中国政府请求，希望“开闸放水”，渡过难关，这类主要是位于西南的澜沧江－湄公河。

2016年2月以来，湄公河流域发生持续干旱，两岸农业灌溉和居民饮水受到影响，沿岸国家向中国政府请求，加大上游澜沧江下泄流量，以解燃眉之急。中国政府紧急调度澜沧江上游小湾、糯扎渡、景洪三座水库，从2016年3月15日至5月31日，向下游紧急补水，共下泄126.5亿立方米，最大下泄流量2350立方米/秒，有效缓解了下游国家旱情。

三、水资源开发利用

随着中国经济快速发展，中国需要也有能力对某些跨界河流的境内部分进行适度开发，修建一定数量的水库，以满足当地经济社会发展需要。中国的这些开发行动引发了一些周边国家的担忧，最有代表性的是在雅鲁藏布江和澜沧江的开发上。

雅鲁藏布江发源于我国青藏高原，沿深山峡谷奔流1000多公里流入印度境内后称为布拉马普特拉河（长644公里），所经之处为印度的茶叶和黄麻产地，故而印度长期以来一直十分担忧中国在雅鲁藏布江上游修建水电站。

澜沧江出我国国境后称为湄公河，流经老挝、缅甸、泰国、柬埔寨，最后在越南胡志明市注入南海，澜沧江－湄公河的水资源为当地提供了城市供水、工业生产、农业灌溉、渔业、交通运输、旅游业等产业的重要水源。对此，一些湄公河流域国家担心中国在上游筑坝会减少下泄量、破坏河流生态平衡并造成水质污染，严重影响下游国家的用水安全。从2010年9月开始，湄公河下游发生了严重旱情，部分下游国家及一些非政府组织纷纷将矛头指向中国。部分域外国家如美国、日本等也借机插手，声称正是因为中国在上游修建水坝断流截水，才造成湄公河流域的河水短缺。

对此，中国政府继续坚持“新安全观”和“睦邻、善邻、富邻”的外交原则，从战略高度上将跨界河流作为推动周边区域合作、拓展周边外交的媒介，对内加强跨界河流的治理与管控，对外加强与周边国家合作，构建合作与协商机制，服务“一带一路”建设和周边外交需要。

第八节　综合与建议

“红旗河”调水方案设想宏大，是被人们所热议的一个调水方案。如果能够实施，将形成一个上百万亿元规模的巨大市场，带动一系列上下游产业的发展，为众多勘探、设计、施工、服务企业以及技术创新带来巨大的市场机会和收益，为稳定经济增长、促进产业发展提供广阔的空间，并可为东部地区的创新、发展与繁荣提供新的动力。但是，“红旗河”方案存在的问题同样也不容忽视。巨大的前期投资、工程中艰难的施工条件、复杂的地质背景、国际纠纷风险等，都是方案中有重大影响的因素。

“藏疆隧道”是另一种方式的调水方案，主要设计是通过隧道自流方式从雅鲁藏布江调水至新疆柴达木盆地等地区。如果成功实施，除了能进行水资源的合理分配、促进新疆发展之外，还能大大节约调水过程中的能源消耗，保护生态环境。但也因为该方案的设计是通过隧道自流引水，而在青藏高原的高海拔冻土层上往下钻井，再在地下建设一条输水隧道这样的工程难度非常大，在世界上还没有前例，需要突破一些技术瓶颈。除此之外，该方案涉及跨国水域，存在国际纠纷的风险。可以看出，该方案还有需要改进的地方。

“空中调水”和其他调水方案不同，主要采用人工干预天气的方法，在中国三江源的黄河流域和长江流域的分水岭实行空中调水，改变云水资源在两个流域间的转化，以增加黄河流域的降水量。该方案的益处是不需要在西藏、新疆地区进行大规模地面设施建设，不破坏当地植被和生态环境，但也存在每次调水成本过高等问题。根据高登义等人的研究成果，从气象学条件来看，即使改变了雅鲁藏布大峡谷及其以北地区的地形，也很难实现“空中调水”的目的。[①]所以，该方案还停留在研究阶段。

“渤水西调”方案主张从渤海湾调海水入新疆。一方面，该方案具有水源丰富、海水提盐综合利用、无国际纠纷等优点，目前的技术足以支持该方案的实施，一旦建成，能形成区域循环经济体系；另一方面，该方案也存在可能破坏渤海生态平衡、用水安全等问题。

对“红旗河”“藏疆隧道”“空中调水”“渤水西调”4个调水方案进行综合比较，发现每个方案实施后都会为国家带来经济、能源、民生、环境等方面巨大的收益，但也有各自的局限性。我认为，我们不应该局限于各方案

① 高登义、蹇咏啸：《“空中调水”设想的可行性研究》，《高原气象》2007年第6期。

之间的界限，把各个方案对立起来，非此即彼，而应该取长补短，对这些方案进行综合考虑。例如，把“渤水西调”和“藏疆隧道”结合起来，这样一方面在西部和北部都会形成前所未有的巨大能源、输水、产业联动效应，带动中国经济新发展；另一方面也可以在内陆调水和海洋调水之间灵活协调，从而平衡生态环境压力，协调国际河流纠纷。一言以蔽之，应该进一步论证，明确各个调水方案的利弊，并综合考量，从而形成风险可控、效益最大、利国利民的调水方案。

（本章作者：刘　东　贺舒显　冯立果）

第六章
调节水资源配置工程：国家提供公共产品

水资源供给侧战略性调整对改善和增加耕地具有重大意义。在目前阶段，中央财政负担率不高，开放金融体系相对完善，工程、技术、物质、施工条件相对成熟等，都为水利工程建设提供了物质支撑。倘若能够充分发挥工程建设成本与财政预算的科学化水平，配套相应基础设施和民生公共服务，应该会为新时代中国经济社会又好又快发展做出重大贡献。

第一节　水利工程的公共产品供给

水资源供给是典型的国家供给公共产品，建设完成后适当收取相关费用，既能起到节约用水的作用，又能为新时代现代化建设提供强劲动力，拉动和引领实体经济发展。水利工程建设可以充分发挥我国中央财政负债率不高、开放性金融体系相对完善的资金供给优势，短缺的部分还可发行国债筹资以解决大部分建设资金需求。

一、政府主导水资源供给调整

水资源分布不均是制约中国区域经济不平衡的重要因素，尤其西北地区国土面积广袤、地势平坦、光照充足，唯独缺水，未能充分发挥出光热水土资源优势，发展不平衡、不充分问题日益突出。习近平总书记在党的十九大报告中指出：我国社会主要矛盾已经转化为人民日益增长的美好生活需要和不平衡不充分的发展之间的矛盾。调节水资源供给，显然对解决东西部发展不平衡不充分具有重要意义。

立足我国西北地区干旱缺水，以水资源配置为先导，按照水文气象、地形地貌、自然梯度规律实施系统性水利工程对我国经济发展具有重大意义，不仅能够实现我国区域经济的协调均衡发展，而且能突破“胡焕庸线”对国家发展空间的束缚，对促进西北地区经济社会发展、生态文明建设、打赢脱贫攻坚战等都十分重要。

2014年11月27日，李克强总理参观国家博物馆时指出，我国94%的人口居住在东部43%的土地上，但中西部一样也需要城镇化。我国是多民族、广疆域的国家，我们要研究如何打破这个规律，统筹规划、协调发展，让中西部老百姓在家门口也能分享现代化。[①]通过水资源供给侧调整，大力发展高效绿洲生态经济，推动西北地区经济社会发展和人口适度集聚，提升城镇化发展水平，形成由“关中平原城市群—兰西城市群—河西走廊酒嘉玉城市群—天山北坡城市群”构成的串珠式城市群[②]，可以缩小东西部发展差距，为西北地区全面脱贫提供保障。

中国自古就形成了“有水就有地，有地就有人”的发展思路。国家实施系统性水利工程，引导人们按照宜林则林、宜草则草、宜牧则牧、宜农则农的原则从事生产建设，对乡村振兴战略的实施非常有利。

在水资源调节中，加强重点地区、重点流域、重点方向的环境保护，对生态文明建设和打赢环境污染攻坚战十分有利，也能为相关地区实践“绿水青山就是金山银山”理念提供物质支撑。

水资源供给侧调整对维护社会稳定和边疆长治久安也有利。中国的降水分布十分不均，新疆南部的和田、喀什更是稀少。因势利导调节各区域水资源供给，既能确保我国水资源的安全，也有助于维护各民族大团结，可以为国家长期稳定发展提供战略纵深。

水资源调整将惠及西北广阔地区，涉及青海、甘肃、陕西、山西、新疆、宁夏、内蒙古等省（自治区），约占全国国土面积的40%。该地区煤炭、石油、天然气、土地等战略资源储量在全国名列前茅，但是水资源贫乏，成了西北地区资源优势发挥和经济社会发展最为重要的约束条件。随着经济社会的发展，人口增加自然会带来以城市为中心的人口绿洲面积不断扩大，西北河水资源开发利用率日益提高，致使几乎所有的河流尾闾湖干涸、

① 《李克强之问：“胡焕庸线”怎么破？》，人民网2014年11月28日。

② 邓铭江：《中国西北“水三线”空间格局与水资源配置方略》，《地理学报》2018年第7期。

植被退化，荒漠化加剧，天然绿洲消亡，生态系统遭到毁灭性破坏。[1]开建大型水利工程，引水入西北，显然对于改善当地水资源供给结构、满足当地群众生产生活用水需求大有帮助。

从国际经验来看，受地理环境的影响，不少国家也普遍存在着水资源分配不均问题，如美国、埃及、澳大利亚、俄罗斯、以色列等国在第二次世界大战以后都是通过调节国内水资源由相对丰裕地区向相对稀缺地区调配，来有效协调本国经济社会发展。这些国家的经验充分表明：水资源作为一种典型的公共产品，供给上应该由政府主动，在战略和规划上与系统性水利工程结合起来，以大项目带动大工程发展，确保水资源供给安全。

二、中央财政负债率不高

财政健全对一国经济社会发展至关重要。[2]进入21世纪以来，我国中央财政负债率增速在波动中缓慢增加，大体可以划分为三个阶段：第一阶段是从2001年到2006年财政负债增速不断下降阶段；第二阶段是从2007年到2010年财政负债增速大幅波动，主要是全球金融危机期间中国政府为稳定国内经济发展实施了相对规模较大的经济刺激计划；第三阶段是从2011年之后中央财政负债总体不断扩大的过程，主要表现为后危机时期国家一系列经济基础政策出台后，中央政府负债率上升得很快（见图6-1）。

但是总体上中国中央政府负债率并不高，同国际上比较更是如此。2017年中国财政负债占GDP的比重仅为49.3%，同年日本为239.2%，美国为108.3%，法国为97.4%，英国为89%，巴西为81.2%，德国为64.7%。与世界上最为主要的美、日、欧发达国家和地区、新兴市场国家相比，显然中国

① 李国英：《西北地区水资源状况及南水北调西线工程》，《中国水利》2006年第11期。
② 陈汉鹏：《中国财政状况的评估与应对》，《银行家》2017年第12期。

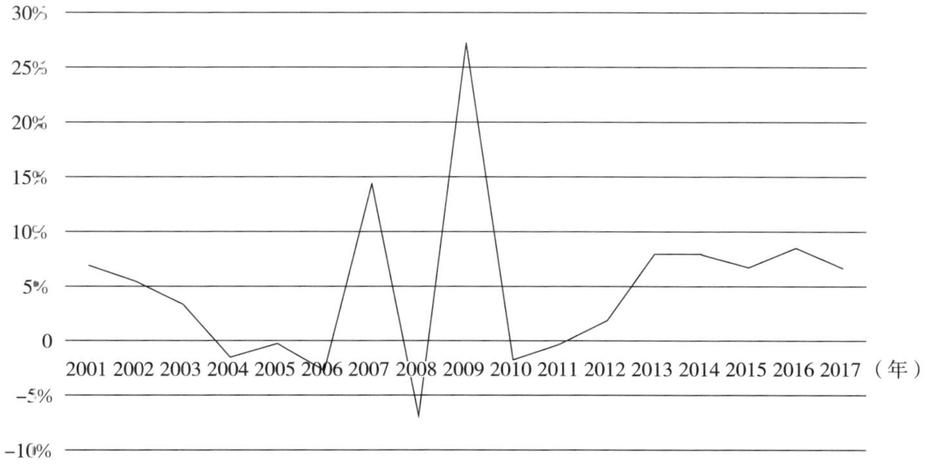

资料来源：国家统计局。

图6-1 中国财政负债率增速

中央政府的负债率相对较低，2017年中国财政负债率比美国2001年的水平还低，仅相当于英国2008年的水平，比德国、法国、巴西2000年的水平都低得多，比日本就更低了，因为日本的债务率早就超过139%（见表6-1）。

在未来政府负债率上，预测的数据显示中国在2020年才56.3%。这个负债率仅仅相当于美国2002年的水平，英国2009年的水平，更比日本、德国、法国、巴西2000年的水平还低，显然中国未来财政可持续状况肯定十分“健康”。如果我们用欧盟《稳定与增长公约》中所规定的赤字率不超过3%、负债率不超过60%的标准来判断中国中央政府的负债率，显然即便到2020年也没有超过这个标准。主要发达国家和新兴市场国家在其政府负债率早已超过60%的前提下，仍使用财政刺激政策、扩大基础设施建设以带动本国经济增长，中国相对较低的中央财政负债率自然有能力为关系国计民生的水资源供给侧结构性改革注入充足动力。

表6-1 世界主要国家中央政府负债率比较

国别 年份（年）	中国	日本	英国	德国	法国	巴西	美国
2000	22.8	139.0	37.3	58.9	58.6	65.6	—
2001	24.4	148.0	34.6	57.7	58.1	70.1	53.0
2002	25.7	157.8	34.7	59.4	60.0	78.8	55.4
2003	26.6	163.7	35.9	63.1	64.1	73.8	58.5
2004	26.2	173.8	38.8	64.8	65.7	70.1	65.8
2005	26.1	184.9	40.1	67.0	67.1	68.6	65.3
2006	25.4	184.3	41.0	66.5	64.4	65.8	64.2
2007	29.0	183.3	42.0	63.7	64.3	63.7	64.7
2008	27.0	191.3	50.2	65.1	68.0	61.9	73.6
2009	34.3	208.6	64.5	72.6	78.9	64.9	86.9
2010	33.7	215.9	76.0	81.0	81.6	63.0	95.7
2011	33.6	230.6	81.6	78.7	85.2	61.2	99.9
2012	34.3	236.6	85.1	79.9	89.5	62.2	103.4
2013	37.0	240.5	86.2	77.5	92.3	60.2	105.4
2014	39.9	242.1	88.1	74.9	95.2	62.3	105.2
2015	42.6	238.0	89.0	71.2	96.2	72.5	105.6
2016	46.2	239.2	89.2	67.6	96.6	78.3	107.4
2017	49.3	239.2	89.0	64.7	97.4	81.2	108.3
2018[e]	52.0	239.4	88.7	62.0	97.4	82.7	108.9
2019[e]	54.4	237.7	87.7	59.1	96.6	83.1	110.6
2020[e]	56.3	236.1	85.9	56.4	95.1	84.0	112.7

资料来源：国家统计局、国际货币基金组织、EPS全球数据库。

注："—"表示未统计数据，"e"表示预测值。

三、开发性金融体系相对完善

从世界范围看，政策性金融的产生、发展和演变已百年有余，随着时间的推移和社会经济金融发展的强烈需求，无论在美国、日本等发达资本主义国家，还是在韩国、泰国等新兴市场国家和地区，政策性金融都曾经发挥并继续发挥着积极而重要的作用，成为各国现代金融体系不可分割的组成部分。中国自1993年开始建设开发性金融体系后，又成立了国家开发银行（下称"国开行"）、中国农业发展银行（下称"农发行"）和中国进出口银行（下称“进出口银行”）、中国出口信用保险公司（下称“出口信保公司”）、中国投资有限责任公司（下称“中投公司”）。[①]政策性金融机构逐步完善，生产建设的大部分资金调配权已不再是由财政部分计划调配，而主要由规模庞大的银行体系和日益发展的资本市场所决定。[②]

这些政策性金融体系在促进经济社会发展，尤其是基础设施、基础产业建设、农业发展、对外贸易发展等方面，发挥了不可替代的重要作用。在2013—2015年国开行提供融资支持的17个国内外项目中，总投资157.27亿美元、42.26亿元人民币和6000万欧元，其中国内5个项目累计投资26.89亿美元，国际12个项目累计投资130.38亿美元（见表6-2）。

表6-2　近年来国家开发银行支持的国内外部分项目

	年份（年）	项目	投资
国内	2013	京东方合肥第8.5代薄膜晶体显示器件项目	18.5亿美元
		海正药业（杭州）有限公司新建生物工程项目	9亿元，1000万美元
	2014	紫光集团有限公司收购展讯通信有限公司项目	8.29亿美元，20亿元
	2015	河南仕佳光子光电集成芯片生产项目	1.3亿元
		宁夏红寺堡光伏发电项目	11.96亿元
国际	2013	万宝粮油赴非莫桑比克投资建厂项目	1.98亿美元
		西非开放银行综合授信项目	6000万欧元
		越南永岸电厂一期项目	8.44亿美元
		沃尔沃集团90系列汽车升级换代项目	8亿美元
	2014	五矿联合体收购秘鲁拉斯邦巴斯铜矿项目	70.05亿美元
		印尼巴厘岛一期3×142MV燃煤电厂项目	4.73亿美元
		赞比亚曼萨—卢温古205公里道路升级项目	2.06亿美元
		一汽南非汽车组装厂项目	4500万美元
	2015	斯里兰卡科伦坡集装箱码头南港项目	3.3亿美元
		非洲棉花种植加工及采购项目	2.06亿美元
		南非TRNASNET国营有限公司铁路机车采购项目	25亿美元
		中亚能源公司吉尔吉斯年产80万吨炼油厂项目	4.31亿美元

资料来源：杨浩坤：《中国政策性金融发展问题研究——基于政策性银行的分析》，中共中央党校博士论文，2017年，第74、85页。

① 张令骞：《中国政策性金融体制异化与回归研究》，辽宁大学博士学位论文，2009年，第1页。

② 杨浩坤：《中国政策性金融发展问题研究——基于政策性银行的分析》，中共中央党校博士论文，2017年，第1页。

政策性银行本身是由国家创新，以贯彻国家产业发展政策为目的，特别是对国民经济和社会发展具有重大意义且投资规模大、周期长、经济收益率慢、资金回笼时间长的项目进行资金支持。目前，国家开发性金融体系相对完善，既有国开行主要从事国家基础设施项目、产业和支柱产业提供长期融资服务，也有进出口银行发挥国家出口信用机构职能作用以支持开放经济发展，还有农业发展银行专门支持农业产业化发展。此外，还有出口信保公司和中投公司的政策性支持作用。将这些开发性政策金融体系“合力”发挥出来，对国家重点建设项目具有重大作用。水资源供给侧结构性改革在国际经济发展中属于基础设施和基础产业的重大项目，具有较为明显的公共产品性质，投资规模大、建设周期长、风险高的特点决定了商业银行难以扮演主要融资角色，需要利用开发性政策银行的补充效应，提供资金支持国家重点项目的建设和重点领域发展。

四、资金短缺可发行国债

债券市场是金融市场的基础。若在中央财政资金、开发性金融体系帮助下，水资源调整仍存在资金缺口，发行国债也是一个备选方案。从债券品种和类型看，中国债券市场主要由国债、地方政府债、金融债券、企业（公司）债、可转换债、短融债、央行票据等组成。[①] 我国债券市场在规模增长和品种结构方面具有以下特点：一是从整体上看，国债发行相对平稳，到2017年国债余额达到13.27万亿元，占比18.50%；二是金融债规模快速扩大，2017年金融债余额已达到181731亿元，是我国债券市场中规模最大的债券类型，占比25.34%；三是地方政府债发展迅猛，2017年地

① 吴晓求、陶晓红、张焞：《发展中国债券市场需要重点思考的几个问题》，《财贸经济》2018年第3期。

方政府债余额已超过国债，达到147136亿元，占比20.52％，居所有债券类型余额的第二位；四是企业债和公司债及可转债余额快速增长，2017年三者合计81631亿元，占比11.38％，排名第四。从总体上看，中国国债规模虽然较大，相对而言在国内所占比重不大，仍有扩大国债规模的空间。

就国债负担来说，中国经济对国债债务具有相对较强的承载力。通常用国债负担率衡量政府的债务负担。用国债余额占GDP比重作为国债负担的计算方法，中国债务负担率在2006—2015年呈现出波动中平稳增长的趋势，10年间基本处在15％上下。即便是2007年国债负担率最高的时期，也仅为19.53％，远低于国际通用警戒线的45％标准。从偿债率上看，进入新常态后虽然政府财政增速在不断下降，但风险总体可控，偿债率在5％～8％之间。只是地方政府债务规模巨大，蕴含了较大的债务风险，如2013年地方政府负有偿还责任的债务余额占GDP比重为18.28％，是地方政府财政收入的1.58倍[①]，风险相对较大。

在国际比较上，长期以来中国国债负担率也很低。1987—2016年我国国债负担率在3.21％～21.6％之间呈不规则浮动。但与其他国家进行横向比较，我们还是可以发现：中国国债负担率的确处于低位水平。比如，美国在20世纪70年代的国债负担率在33％左右，到了90年代上升到66％；日本在70年代国债负担率为5％，到90年代超过100％；德国在70年代也是5％，到90年代飙升到60％以上。[②]与这些国家相比，中国国债负担比较轻。未来在加快水资源供给侧结构性改革中，把握好国债发行规模，设计合理的国债期限结构，也会起到融资的作用。

---

① 孙亮：《财政可持续性与减税政策选择研究》,《中国物价》2018年第2期。

② 罗爽：《中国财政可持续性研究——基于1987—2016年经验分析》，重庆工商大学硕士学位论文，2018年，第26—27页。

第二节　技术保障

除了资金供给基本能得到保障外，现有技术也为水资源供给侧结构性改革创造了良好条件，包括南水北调东线与中线工程建成后，中国拥有相对丰富的技术、装备施工团队，也包括“渤水西调”“藏水隧道”“红旗河”“天河”等储备的大量技术源。

一、南水北调东中线建设储备大量技术源

南水北调工程不是简单地修一条渠把南方的水调到北方就行了。事实上，这么大一个工程，百亿立方米水穿山越岭千里大挪移，绝非易事。全世界调水工程，如美国田纳西调水工程、澳大利亚雪山调水工程，它们同中国的南水北调工程相比，不管是路径，还是水量、规模都小得多，而且其功能也远没有南水北调工程复杂。比如澳大利亚雪山调水工程，路径不过几百公里，目的就是引水发电。而南水北调工程是综合性工程，不仅仅是为调水而调水的单一工程建设，还涉及污染治理、移民搬迁、地下水控采、文物保护等诸多方面。南水北调工程战线很长，在中国腹地开了一条长长的渠道，就好比在人体腹部开了一刀，伤筋动骨。再加上东中线工程主要经过的中东部地区，是中国经济相对比较发达的地区，交通、通信、能源网络密布，有四大水系纵贯，在施工过程中一方面要对原有设施进行保护，另一方面还要保证工程建成后继续保持和发挥原有设施的功能，这就涉及临时更替和长期复建问题。形象地说，就是“开肠破肚”以后，每个血管都要对起来，每个神经都要接起来，每个骨骼都得完善起来，而且缝合以后还能长得跟原来一样。这给工

程规划、设计、建设、运行四个方面带来的巨大挑战可想而知。①

水是生命之源、生产之要、生态之本。兴水利，除水害，是事关人类生存、经济发展、社会进步、治国安邦的大事。由于我国水资源存在较大地区性差异，长江水资源占全国水资源总量的80%，但耕地面积占全国耕地总面积的36%，而华北地区要用6.5%的水资源灌溉全国40%的耕地。为此，从传统水利向现代水利和持续发展转变，科学治理我国水利建设中洪涝灾害、资源短缺和生态恶化三大难题，优化水资源治理与配置，已成为21世纪我国发展的头等重要任务。经过近三年的认真准备和反复论证，南水北调工程于2002年终获批准，进入实施阶段。水利部根据当时的情况，指定淮河委、长江委、黄河委三个水利委员会分别负责南水北调东中西三条线路工程建设的规划与实施，从而构成我国中部地区水资源“四横三纵、南北调配、东西互济”的总体格局。方案建议水利部根据工程建设需要，开展跨行业、跨部门的产、学、研相结合的协同攻关，通过引进技术，自主攻关，取得了丰硕成果。

比如，大型低扬程水泵及装置研制（ZZ02-03-01）是“十五”国家重大技术装备研制项目“南水北调工程成套设备研制”的课题之一。它以南水北调东线工程为依托，研制开发适用于南水北调东线工程泵站特征的贯流泵、混流泵、立式轴流泵，以满足南水北调东线工程泵站建设的需求。大型渠道混凝土衬砌成套技术与装备（ZZ02-03-02-02）是依托国家南水北调工程建设而纳入国家“十五”重大技术装备发展规划的项目。按混凝土成型方式的不同，可分为碾压成型和灌模成型。设备的移动方式，又分为履带式和导轨式。这类设备及施工工艺的研制成功不仅填补了国内多项空白，而且对南水北调东中线建设工程技术的提高、施工标准的编制、实现我国此类设备国产化、产业化、市场化，具有重要意义。大型渡槽现浇施工成套设备

① 张基尧、李树泉、文世芳：《南水北调工程的技术挑战》，《百年潮》2014年第4期。

研制（ZZ02-03-02-02）是水利部“948”计划，成功研制出900吨运梁车、900吨提梁机和900吨架桥机等重大施工成套设备，获得发明专利1项，实用新型专利20项；累计生产100多台（套），并出口到韩国、保加利亚等国。该项成果分别在南水北调项目中线工程沙河渡槽、双洎河渡槽和湍河渡槽三大控制性工程项目中得到成功应用，确保了工程质量和进度，实现了1.3亿元人民币的经济收入。①这些重大研发成果不仅成功帮助南水北调东中线工程顺利施工，也为未来西线工程的建设储备了大量技术源，起到工程力量的保障作用。

二、“藏水隧道”中开凿长隧洞技术可行

由地势低地区向地势高地区调水，涉及两项核心技术：筑坝和开凿长隧洞，而这两项核心技术是可行的。从筑坝技术上看，中国对各种坝型的建筑技术已经成熟，尤其是混凝土面板堆石坝。这种采用当地石料，分层振动碾压堆石的施工方法，使坝体密实，面板较少出现裂缝，防渗效果也好，具有断面小、安全性好、施工简便、造价低的特点。当前，大型、多功能、高效施工机械的应用大大提高了施工质量，加快了施工进度，降低了工程造价。我国在广西与贵州交界处的南盘江上于1999年建成天生桥混凝土面板堆石坝坝高179米，在海拔2900米处建成的青海黑泉面板堆石坝坝高123.5米，湖北清江水布垭混凝土面板堆石坝坝高233米。②这说明，在筑坝技术方面，虽有海拔3500米地区的气候寒冷问题，但从当今施工技术看，完全有解决措施。

---

① 董必钦：《科技治水、利国利民、初心不改、进无止境——我国南水北调工程建设中重大技术装备自主化回顾》，《电器工业》2017年第7期。

② 谈英武、刘新、崔荃：《中国南水北调西线工程》，黄河水利出版社2004年版，第217—220页。

藏水隧道也储备了大量技术源。开凿长隧洞技术在20世纪80年代以后发展迅速。开凿短隧洞，一般采用打眼、装炸药爆破，即常规的钻爆法。随着开凿长隧洞技术的发展，已采用适用于硬岩的开敞式掘进机施工法，以及适用于软岩、土砂层隧洞施工的盾构式掘进机施工法。掘进机技术的特点是：高度机械化、专业化施工，掘进、出渣、衬砌、灌浆等工序一次完成，进度快、质量好。近年来掘进机广泛采用电子、信息技术，对全部作业进行指导和监控，运用计算机分析掘进机的运转效果，指出机械和电器存在的问题，从而明确机械维修保养的目标，使掘进机的时间利用率提高到90%，整个系统的时间利用率达60%。若使掘进机在掘进过程中始终处于最佳状态，其掘进速度一般为钻爆法的8～10倍，甚至更高，最佳日进尺可达150米以上。

对深埋长隧洞，如何开展勘查工作是个新课题。南水北调一期工程输水线路全长260公里，其中输水隧洞长244公里，洞线埋深一般300～600米。用什么方法勘查效果最好，没有现成的经验。根据当今科学技术水平的发展，结合高原特点，勘查方法要有转变，一方面要按照常规方法打一些钻孔，另一方面要应用遥感技术，对输水线路进行解译，并做实地验证。然后应用物探技术，进行综合分析。在了解地质情况，特别是关键地质问题之后，需要更准确地了解输水洞线的地质条件，可在掘进机开挖时，采用边掘进边超前预报的方法，而且超前预报的手段先进，有物探方法和直接打水平钻孔，精度较高。

这些技术说明，无论是通过山体或水下的长隧洞，加强地质勘查，还是对硬岩或软岩，运用针对围岩特点专制的掘进机开凿，认真做好超前预报，技术上都是可行的。虽然西线工程气候寒冷缺氧，地质条件复杂，需要认真研究开凿隧洞可能出现的问题和需要采取的措施，但是类比国内外已建工程，应该不会有不可逾越的障碍。

三、其他调水方案的技术与储备

“渤水西调”的海水淡化技术，渤海湾的天津滨海、沧州黄骅港、唐山曹妃甸等区域布局了日产可达千万吨的工业化大型海水淡化造水配套工程，沿海发电厂积极实施水电热联产工艺，大幅度降低了淡化水的造水成本。目前三个大基地所产淡化水作为非常规水资源已经进入城市管网。国家能源投资集团黄骅电厂日产20万吨淡化水基地开发出的国产化万吨级低温多效蒸发海水淡化装置工艺达世界先进水平，并向海外出口装备和技术。

表6-3　部分南水北调重大技术攻关研究项目

课题名称及编号：ZZ02-03-01大型低扬程水泵及装置研制		
1	ZZ02-03-01-01	贯流泵及装置研制
2	ZZ02-03-01-02	混流泵及装置研制
3	ZZ02-03-01-03	立式轴流泵及装置研制（600、900）
4	ZZ02-03-01-04	立式轴流泵及装置研制（850）
5	ZZ02-03-01-05	大型泵站综合自动化控制系统及装置研制
课题名称及编号：ZZ02-03-02大型渠道施工成套装备研制		
6	ZZ02-03-02-01-01	大型渠道衬砌成套设备研制
7	ZZ02-03-02-01-02	大型渠道混凝土机械化衬砌成型设备研制
8	ZZ02-03-02-02	大型渡槽现浇成套设备研制
课题名称及编号：ZZ02-03-03全断面岩石掘进机（TBM）技术研究与开发		
9	ZZ02-03-03-01	TBM总体设计技术及产品研究与开发
10	ZZ02-03-03-02	超前地质探测和处理技术及设备研究
11	ZZ02-03-03-03	TBM后配套系统的研究与开发
课题名称及编号：ZZ02-03-04大型水利工程施工装备研制		
12	ZZ02-03-04-01	连续混凝土快速布料装备研制
13	ZZ02-03-04-02	三级配混凝土输送泵研制
14	ZZ02-03-04-03	HL420-2S6000L超大型预冷强制式混凝土搅拌楼研制
15	ZZ02-03-04-04	缆索式起重机研制
16	ZZ02-03-04-05	深层搅拌地下连续墙施工装备研制
17	ZZ02-03-04-06	单吊点双驱动高扬程固定卷扬启闭机研制
课题名称及编号：ZZ02-03-05水资源实时监控与调度综合自动管理系统研制		
18	ZZ02-03-05-01-01	水资源优化配置模型及专家决策支持系统研制
19	ZZ02-03-05-01-02	水资源优化配置模型及专家决策支持系统研制
20	ZZ02-03-05-02	水量自动检测及测量系统研制
21	ZZ02-03-05-03-01	水质在线连续自动监测仪器及系统研制
22	ZZ02-03-05-03-02	中小城镇污水集中处理监控及区域性水质监测系统

资料来源：董必钦：《科技治水、利国利民、初心不改、进无止境——我国南水北调工程建设中重大技术装备自主化回顾》,《电器工业》2017年第7期。

经过多年研究，“红旗河”方案技术也相对成熟，可以将系统性巨大工程化整为零分解成一个个在现有技术能力下可以完成的单体工程，理论上可以实现一条沿青藏高原边缘全程自流进入新疆的调水环线，改变中国生态格局。

“天河工程”的空中调水已经开展了云监测卫星及星座初步论证、地面实施系统初步构想，针对云水资源监测需求，完成了有效载荷需求分析及卫星初步方案等研究。该团队通过详细分析大气层立体科学数据，认为如果“天河工程”能够在人工干预天气的技术上，有效利用南边界甚至西、北边界的水汽输送，可以实现一种基于天基的跨流域调水新模式，通过空中搬运水汽到干旱地区降雨，供给缺水地区，满足人们的生活和生产需求。

第三节　建设成本与相关材料供给

调整西北地区水资源供给侧结构还有水利工程本身建设低成本或无成本优势，可避免大规模拆迁带来的额外成本负担。在相关材料供给上，国内有相对丰裕的水泥、钢铁行业产能，还有丝网、塑料管等新材料的技术进步。在基础设施和能源供给上，西南部、河西走廊、新疆、华北北部沿线地区具备了工程交通和电力供给基础。

一、建设用土地低成本或无成本

历史上，我国早在1952年就开始了水资源调配研究计划，有从长江上游的通天河、雅砻江、大渡河引水入黄河上游，以解决黄河上、中游的青海、甘肃、宁夏等省（自治区）的用水问题的提议；也有专家提议从西藏的雅鲁藏布江调水，顺着青藏铁路到青海省格尔木，再到河西走廊，最终到达新疆。同时实现引雅鲁藏布江水穿怒江、澜沧江、金沙江、雅砻江、大渡河，过阿坝分水岭入黄河。

西北地区自然地理条件决定了建设水利工程，实现水资源的跨地区调配有独特的优势。西北地区深居内陆，地跨干旱、半干旱和半湿润区，贺兰山以西的内陆干旱区，地貌上分为准噶尔盆地、塔里木盆地、吐哈盆地、柴达木盆地、青海湖盆地和河西走廊、阿拉善高原等独立单元，大部分盆地中心都分布着广大的沙漠戈壁，建设所需用地基本没有成本。再加上西北的新疆、青海、甘肃、宁夏、内蒙古、陕西、山西等省（自治区），经济发展相对东线省（直辖市）有差距，开建西线工程所需的拆迁、人员安置成本也相对较低，处于低成本状态。建设用地的低成本或无成本也是南水北调西线水资源供给侧结构性调整的优势之一。

二、相关材料供给有保障

2008年全球经济危机之后，面对世界经济低迷和国内经济发展的“三期叠加”，产能过剩问题前所未有地突出，多个工业行业被爆出产能利用率低、亏损严重等诸多问题。数据显示，我国36个两位数工业行业产能利用率下滑超过21%，整体产能利用率降低至0.6左右。[①]为此，国务院相关部门多次连续发布治理产能过剩重要文件，以空前的决心和强度治理产能过剩问题。

从水泥行业来看，目前去产能工作尚未得到实质性进展，产能过剩问题也未实质性解决。中国现有新型干法水泥生产线1763条，实际年熟料产能富余40%以上，行业产能利用率仅为60%，其中内蒙古、新疆、东北三省

① 何蕾：《中国工业行业产能利用率测度研究——基于面板协整的方法》，《产业经济研究》2015年第2期。

等北方地区产能利用率不足50%。[①]这种情况下，一方面需要下定决心，通过提高产能淘汰标准，对于相对落后的富余产能坚决淘汰；另一方面也需要通过政策调整创造出新的需求，增加市场对水泥产品的新需求，确保行业优质产能能得到充分释放。

钢铁行业也是如此。中国钢铁产业产能过剩，不仅有因供求关系失调的总量过剩，还有结构性因素，存在结构性产能过剩。这种结构性过剩，包括区域和产品两种情况。区域型产能过剩是指生产基地与主要消费市场的不匹配；产品型产能过剩是指供给和需求品种的不匹配。北方具有资源优势，钢铁行业生产基地较多。南方经济发展较北方快，成为钢材的主要消费区。东北和华北地区的会员钢铁企业，2015年的钢材产量占全国近50%，其消费量仅占全国消费总量的26.4%，华东和中南等地区的钢材产能却处于短缺状态。另据统计，2014年，在全国8.23亿吨钢产量中，技术含量及实物质量不高的中低端产品约1.5亿吨，由175家生产设备相对落后的小型生产企业提供，占总产量的18%。其中，建筑钢结构中小于406兆帕的低强度钢占95%，说明低档次产品同质化严重。[②]

装备制造上，产能利用率的变化趋势呈现出与经济周期波动的一致性。21世纪初，我国经济发展迅猛，2003年后开始进入上升周期，发展态势良好，而进入2008年后，由于世界范围内金融危机的影响和冲击，我国工业经济的发展也受到阻碍，生产经营出现困难。[③]2014年中国装备制造业总体的产能利用率为80%。如果沿用欧美国家认为产能利用率在79%～83%之间属于产能利用正常值，超过90%为产能不足，低于79%为产能过剩进行

---

① 崔星太：《水泥产能置换应慎之又慎》，《中国建材》2018年第7期。

② 赵文报、李英：《“走出去”化解钢铁行业产能过剩问题研究》，《河北经贸大学学报》2018年第2期。

③ 沈蕾、李沐阳：《中国装备制造业产能利用率测度及影响因素分析》，《统计与决策》2018年第6期。

判断，中国装备制造业总体上产能利用率相对合理。但是很多分行业都属于产业相对过剩，比如2014年金属制造业、专用设备制造业、交通运输设备制造业、电器机械及器材制造业的产能利用率仅分别为59.94%、78.83%、78.11%、75.89%，都大幅低于79%的标准（见表6-4）。

表6-4　装备制造业产能利用率

（单位：%）

年份（年）＼类别	金属制造业	通用设备制造业	专用设备制造业	交通运输设备制造业	电器机械及器材制造业	通信设备、计算机及其他电子设备制造业	仪器仪表及文化、办公用机械制造业	装备制造业总体
2001	77.28	67.9	61.93	59.95	83.07	83.35	51.95	73.07
2002	86.42	78.06	81.8	80.8	89.45	91.72	54.16	84.87
2003	86.25	88.3	76.8	94.57	91.63	90.2	69.64	89.18
2004	84.77	93.96	72.6	84.52	93.88	109.31	88.83	95.58
2005	90.89	88.28	80.37	82.67	90.61	87.13	85.29	86.7
2006	91.29	90.06	87.68	86.14	91.74	84.03	89.37	87.39
2007	100	97.66	100	100	100	78.35	92.1	92.74
2008	88.26	82.76	91.87	89.45	89.68	77.18	89.73	84.91
2009	88.4	83.16	94.32	90.34	88.58	77.9	83.27	85.34
2010	82.54	79.47	86.68	81.04	80.44	63.6	72.7	75.93
2011	89.2	76.76	91.69	78.03	77.4	80.7	87.9	80.84
2012	72.54	100	91.88	79.69	74.05	79.14	99.39	82.69
2013	67.26	98.04	85.39	75.66	73.21	78.17	95.21	80.02
2014	59.94	96.72	78.83	78.11	75.89	80.38	100	80.47

资料来源：沈蕾、李沐阳：《中国装备制造业产能利用率测度及影响因素分析》，《统计与决策》2018年第6期。

建筑业上产能过剩也开始显现，表现在建筑企业的传统建筑建造上施工能力过剩，建筑产品上三四线城市商品房过剩，资金上企业投资下降而应收款居高不下，建筑队伍上劳务低水平总承包公司过多而造成建筑市场劳务过度竞争。[①]为缓解建筑施工能力的产能过剩，国家一方面要改造建筑业传统

① 谢军：《建筑业产能过剩亟待供给侧结构性改革》，《建筑时报》2017年8月31日。

生产方式，构建策划、设计、投资、施工、运营和维护一体化的管理体制；另一方面要发挥市场作为资源配置的“看不见手”的作用，创造出一个新的市场来满足混凝土施工、建筑安装工程施工能力。

也就是说，中国现有的水泥、装备、钢铁、建筑安装和施工能力一定程度上都呈现过剩，这就需要增加需求进行平衡。这些过剩的行业生产能力和施工能力恰好能够满足南水北调西线工程的相关投入需求。不仅如此，建设西线工程还能充分消化部分现在来自内蒙古、东北、西北等地区的相关产业过剩，有利于促进区域经济协调发展，对国家实施西部大开发战略、东北老工业基地振兴战略也大为有利。

此外，中国在丝网、水泥、塑料管等新材料上也取得了技术进步，使建设西线工程的材料选择可以多样化。

三、其他建设条件有保障

西南部、河西走廊、新疆塔里木盆地、华北北部沿线，已经具备工程交通和电力供给基础，这也构成建设西北水利工程的基础设施保障。

G7京新高速是连接北京和乌鲁木齐的高速公路，国家西部大开发的重要交通要道，全长2540公里，2012年9月动工，2017年7月全线贯通。京新高速公路是亚洲投资最大的单体公路建设项目，也是当今世界上最长的沙漠高速公路。“渤水西调”建设相关工程所需物资可以通过这条高速公路得到保障。

近些年，南水北调西线工程、“藏水隧道”、“红旗河”、“天河”等建设项目所经过地区的基础设施建设取得了重大进展，铁路、公路、水路、航空运输能力得到了大幅增长，可以保障相关建设物资的进出。电力生产方面，新疆、西藏、河西走廊、华北、东北等地区电力相对充足，筑坝、挖掘隧道、平整河道等所需能源没有太多障碍。

第四节　未来配套重点

要顺利推进工程建设，未来还需要充分发挥工程成本控制中积累的经验，发挥预算科学化和监督体系相对成熟优势，也需要政府增加在新区域内的交通等设施建设，为迁移入新区域的人口提供教育、医疗、住宅等公共和准公共产品与服务。也只有这样，才能发挥水利工程对促进国民经济发展的重要意义。

一、成本与预算要配套

水资源供给调整不是小项目，牵扯面广、所需建设资金规模大，必须让成本与预算相配套。以南水北调工程为例，现有研究成果显示，西线一期工程投入产出中，可能出现投资被低估、效益被高估的情况。这是因为《南水北调西线工程规划纲要及第一期工程规划》以2000年一季度价格（下同）计算为469亿元，其中5座引水枢纽投资68亿元，输水隧洞投资401亿元，再加上配套工程投资426亿元，共计895亿元。收益上，该规划对一期工程的投资效益评估为：2020年水库调水40亿立方米，生态（林牧业）供水17亿立方米，产生效益17亿元；工业、城镇生活供水23亿立方米，经济效益200亿元；水力发电经济效益31亿元，合计248亿元。扣除可量化的长江上游发电损失8亿元外，净效益为240亿元，折合每立方米水经济效益约6元。只是如果供水量达不到40亿立方米，效益就可能被高估。比如，调水量为33.4亿立方米，合计社会经济效益就只有171.1亿元，如果再扣除调水地区可量化的发电年损失36.6亿元，年净效益135.1亿元，折合每立方米水经济效益大约4.04元，比理想中低。[①]

将静态投资动态化，南水北调西线一期工程静态投资895亿元（2000年一季度价），折算成资金使用当年（2010—2020）价（包括投资价格上涨及水产业资金利润率），动态投资应为2070亿元。每年可调水33.4亿立方米，实际可供水28亿立方米，产生生态、生活供水、工业、发电等社会经济效益共计171.7亿元，扣除长江上游发电损失36.6亿元，年净效益为135.5亿元（年维修及营运费用未扣除）。如以2010年为工程初始期，2020年竣工后即投产，正常运行50年，按投入资金1503亿元（2010年价），竣工后每年产生净效益135.1亿元（2020年价）计算，国民经济主要评价指标为：经济净现值−113亿元（小于0），经济效益费用比0.9（小于1），经济内部收益率6.5%（低于具有公益性的低社会折现率7%）。[②]

尽管预测的结果不能作为最终结论来判断，毕竟现实世界比理论假定要复杂得多，但经济净现值为负、经济效益费用比小于1、内部收益低于具有公益性的低社会折现率7%，在一定成本上说明经济可行性仍有待进一步研究，尤其是要搞好西线工程建设的成本和预算，让其配套才能发挥出更好的作用。

所幸的是，我国水利工程建设中成本与预算的配套经验相对丰富，可以为包括南水北调西线工程、“藏水隧道”、“渤水西调”、“红旗河”、“天河”等各种调水工程提供借鉴。北京市南水北调重大工程的滚动预算有三大特点：对战略规划的依附性较强，预算投资工程周期长，预算金额易受自然环境影响。北京市南水北调办公室每2～3年进行战略规划调整，以适应人口、工业、农业以及自然环境的变化对用水需求产生的变化，而对战略规划的高

---

① 鲁家果：《南水北调西线一期工程投入产出分析及国民经济评价》，《社会科学研究》2005年第4期。

② 鲁家果：《南水北调西线一期工程投入产出分析及国民经济评价》，《社会科学研究》2005年第4期。

依附性，要求预算主体严格按照战略规划进行资金分配，并通过预算绩效反馈规划结果，从而不断进行调整，两者要保持高度一致与联结，进而保证财政资金的最大使用效率。南水北调工程输水、调水、蓄水等工程多为重大长期工程，通常无法在一个自然年度内完成，这就需要预算方法能够保持高连续性与实时动态管理，从而保证预算的完整性与连续性。南水北调工程是一项涉及民生又受制于自然环境的工程，其投资预算、运行预算等均受到需水总量影响，而年度需水量往往会因自然降水量产生波动，尤其受极端天气影响，波动巨大，因此需要增强预算弹性，应对突发状况，保证预算平稳。①

此外，还有其他一些地方和企业的强化成本管理、控制成本的好做法，包括对施工生产需要消耗的劳动力、物资材料、机械设备、现场施工管理和总部管理等的费用开支，进行计划、指导和控制，发现实际成本与计划成本即将发生或已经发生的偏差，提前纠正，把各项成本费用控制在计划成本的范围之内，以保证目标成本的顺利实现。②这些方法和措施都可以为西北水利设施建设提供经验支持。

二、基础设施和公共服务要跟上

跨流域调水是解决水资源短缺、用水危机的重要举措。跨流域调水工程是一个复杂的系统工程，该系统一般由水源工程、输水工程和供水工程三部分所组成。

无论是水源工程、输水工程，还是供水工程，大都是公益类产品，通常都由政府提供资金建设，属于水利基础设施建设。世界上不少国家已建、在

① 李俊英：《基于滚动预算的项目库构建研究——以北京市南水北调重大工程为例》，首都经济贸易大学专业硕士学位论文，2017年，第22页。

② 申天印：《南水北调中线工程项目施工成本控制》，《河南水利与南水北调》2011年第18期。

建或拟建的大型跨流域调水工程大都如此。新中国成立后，已建或在建的跨流域调水工程有引滦入津工程、引黄济青工程、引大入秦工程、引碧入连工程、江水北调工程、淠史杭工程、东深工程等，都是政府投资占主导。①因此，在未来水资源供给侧结构性改革中，中央和地方政府需要保证相关基础设施建设跟上，以满足跨流域调水的建设需要。

跨流域调水的另一项重大任务可能是移民，以满足调出水区域建设所需土地的需要，也要满足调入水区域内土地开发建设的需要。这些移民大多是非自愿性移民，让移民搬得出、稳得住、逐步能致富、生活有保障、经济有发展，也是一项重要工作。同时，外迁和内迁移民都面临着生产、生活、心理、社会融入等各方面的问题。这决定了在西线工程建设中需要考虑这些因素，为迁移人口提供安置基础设施、教育、医疗、住宅等公共和准公共服务与产品。

如果未来开建西北地区大型水利工程，至少需要做好四个方面工作：第一，加强移民地区基础设施建设，改善移民生活条件；第二，健全移民社会保障体系建设，解决移民后顾之忧；第三，营造和谐共生文化氛围，提升移民的归属感和认同感；第四，理顺各部门的职能关系，公平有效地配置移民资源。②人们生存有依靠、生产有门路、生活有着落、土地有保障，是调水迁入或迁出地区居民“稳得住”的基本保障，尤其是移民子女入学入托问题。

三、积极引导社会资本参与

政府和社会资本合作模式（PPP）在水行业中的作用不言而喻。通过

① 才惠莲：《我国跨流域调水水权管理准市场模式研究》，中国地质大学博士学位论文，2012年，第1页。

② 孙浩：《南水北调外迁移民幸福感研究——以湖北省YC市移民安置点为例》，湖北工业大学硕士学位论文，2014年，第54—56页。

开展公私合作，中国水行业已成为世界上最重要、最活跃的水市场之一。自1990年以来，中国在全球水行业PPP项目总数中所占比例很大。1990年至2017年，中国启动了约511个水行业PPP项目，多涉及废水处理和城市供水。

政府目前已经确定了水行业公私合作的投资优先领域，包括大坝建设、城市供水和水污染控制等。若干重要条例的颁布，包括国务院2014年发布的一系列指导意见，以及财政部和中国人民银行发布的指导性文件，成为公私合作的基本框架。财政部还建立了国家PPP项目中心，以提供政策研究、建议、培训支持及机构间的协调。这样的监管框架表明，PPP模式不仅有助于建立一个更强大、更多样化的融资基础，还能改善公共、私营部门和民间团体之间的协作，以促进政策目标的实现。

要充分发挥这些潜力，依然需要系统梳理和进一步加强有关公私合作的现有规定。系统梳理现有监管框架并形成合理体系，向私营部门从业者发出明确信号，使其充分意识到水资源行业PPP项目的机遇，改善私营部门参与水资源行业的制度环境。

水资源调整是一项重大工程，其对促进经济发展、解决发展瓶颈的重大意义不言而喻。历史经验告诉我们，实施重大工程项目已经成为助力实体经济发展的“火车头”，是稳定中国经济的“平衡器”。未来发展，还应继续围绕国家重大战略需求和重大工程及早部署，抢占事关长远和全局的战略制高点，为新时代现代化建设提供强劲动力。

建设重大水利工程，支撑经济发展，是党和国家始终关注的大事。2014年11月24日，李克强总理到水利部考察时指出，水利建设一头连着基本民生，一头连着未来发展。努力让所有农村居民喝上干净水，为群众创造最基本的生存条件，是政府应尽职责。剩下的都是“硬骨头”，但再硬的骨头也要啃下来，这关系政府的公信力，必须打赢这场攻坚战。有关部门和地方要加大资金投入和政策支持，按照统一的工程标准，加快建设进度，提高完工率。针对农村特别是中西部自然条件差、人口居住分散的情况，要注意摸清底数，对遗漏的，也要科学提出目标，如期完成。在此基础上，结合“十三五”规划，统筹谋划，逐步提高饮水安全标准，切实把农村饮水安全成果巩固住、不反复。①

中国水利建设的实践更证明了水资源调整对国计民生的重大意义。比如，南水北调东中线一期工程，截至2017年6月已累计输水达到100亿立方米，相当于搬运了700个西湖，工程运行平稳，水质稳定达标。东线达到地表水三类以上，中线达到地表水二类以上。东线一期工程2013年实现通水，从江苏扬州江都站抽长江水，北上送到山东东平湖，以解决胶东和山东山地区域供水。中线一期2014年实现通水，从丹江口水库流经河南、河北、北京、天津，受益人口超过1亿人。北京人均水资源量由过去的100立方米增至150立方米，城市供水当中有70%均用来自南水北调的水。随着该工程配套项目的完善与发展，南水北调东中线工程可望达到接纳水量180亿立方米，堪称世界第一。②南水北调东中线建设给东中部经济发展带来的客观经济社会效应有目共睹，在条件许可前提下加速西线工程建设应该是情理之中的事情。

（本章作者：项松林）

① 李克强：《解决农村饮水安全，惠及亿万群众》，新华网2014年11月25日。

② 董必钦：《科技治水、利国利民、初心不改、进无止境——我国南水北调工程建设中重大技术装备自主化回顾》，《电器工业》2017年第7期。

第七章
调水改土：社会投入和市场化运作

有水就有地，有地就有人！国土综合整治，需要社会化投入和市场化运作。新开发土地国有化中，可适当硬化使用财产权，吸引投资者开发改造新的土地资源，分配上则应该将人口迁移与劳动力流入结合起来，强化市场化运作和政府监管的平衡。

第一节　土地产权与水权

启动国民经济新一轮中高速增长，最为重要的是通过城乡土地使用财产权的深入改革，获得和释放国家未来发展特别稀缺的最强劲新动能。

一、土地产权改革牵动

土地属于“实物性财产”，土地产权制度属于物权制度体系。[①]现有研究一般认为城乡居民住宅用地应当同土地市场脱钩，农用地宜设定永久使用权，采矿用地宜从一般工商业用地中分出（见表7-1）。

产权是市场经济运行的基础，而归属清晰、权责明确的产权安排则是土地资源按照市场经济运行规律进行配置的关键。但是，目前我国城乡土地和住宅，不论是农村和城郊的集体土地，还是城镇的国有土地，都存在着严重的产权模糊问题，主要表现在农村和城郊集体土地产权虚化、城镇国有住宅产权年期也有混乱等方面。[②]

农村和城市中土地产权改革的内容是：（1）走中国特色社会主义道路，坚持土地资产公有制，坚持城市土地属于国家所有，坚持农村和城市郊区的土地，除由法律规定属于国家所有以外，属于集体所有；（2）设置土地使用财产权，为自然人和法人拥有，确权并颁发使用财产权证；（3）土地使用财产权可以转让、抵押、出租、入股和继承；（4）除非极特殊情况时国家行使

① 张文驹：《土地性质、用途同产权制度选择的关系》，《中国国土资源经济》2007年第9期。
② 周天勇：《中国土地和住宅体制改革研究》，《经济研究参考》2014年第14期。

最终所有权外，土地使用财产权拥有为无期限制；（5）土地不论国有或集体最终所有，其使用财产权，不论为公有法人或私有法人所有，一律平等进入竞争性市场，公平交易，政府制定规则，收取有关交易环节的税收；（6）土地用途管制和规划，是政府管理的一种体现。

表7-1　不同用地的制度设计思路

<table>
<tr><th>土地用途</th><th>经济属性</th><th colspan="2">使用权取得方式</th><th>使用权期限</th><th>租金支付方式</th></tr>
<tr><td>农用地</td><td>生产要素</td><td colspan="2">承包经营</td><td>永久</td><td>年租制</td></tr>
<tr><td rowspan="2">采矿用地</td><td rowspan="2">生产要素</td><td>短期</td><td>集体土地租赁</td><td>短期</td><td>年租制</td></tr>
<tr><td>长期</td><td>国有土地出让</td><td>长期</td><td>年租制、批租制</td></tr>
<tr><td>其他经营用地</td><td>生产要素</td><td colspan="2">国有土地出让</td><td>长期</td><td>批租制</td></tr>
<tr><td rowspan="2">住宅用地</td><td rowspan="2">居民生存空间</td><td>农村</td><td>宅基地分配</td><td>永久</td><td>免租</td></tr>
<tr><td>城市</td><td>国有土地出让</td><td>永久</td><td>年租制</td></tr>
</table>

资料来源：张文驹：《土地性质、用途同产权制度选择的关系》，《中国国土资源经济》2007年第9期。

需要具体改革的是：（1）停止对村民无偿供给宅基地，目前承包和使用的耕地、林地、宅地等基本不变，新生和婚姻进入人口不增，去世和出村人口不减，耕地、林地、宅地可以继承。（2）将农村土地所有制结构简单化，耕地承包剩余时间自动转变为无期限制，对承包地“三权分置”改革设想进行再调整，只有土地使用财产权才能抵押、出让、入股和出租，鼓励农民以土地使用财产权交易、单独入股、组成土地股份合作社入股等方式，实现土地流转集中和规模化经营。（3）废止集体所有土地只有通过政府征用为国有才能进入用地市场的规定，集体所有性质的土地可以同价同权公平进入土地交易市场。（4）改革目前垄断市场体制，形成城乡统一的各层次土地交易市场，符合规划的土地供需信息自由拍挂，由供需双方自动撮合定价交易，也可由土地财产使用权拥有者，双方谈判协议定价交易，或者通过入股和出租方式，实现土地资源的优化配置。（5）城市中出让土地，一级出让也应当产权永续化，自然人和法人的土地使用财产权可以交易、出租、抵押、入股和继承。（6）开征房地产税，扭转城市化和工业化时期地方财政相当比例收入来自土地，而城市化和工业化后土地财政枯竭的局面；开征的原则是政府要提供居民居住服务，而服务也需要税收。

二、改革的收入和增长效应

有恒产则有恒心，有明确使用财产权和无使用期限的城乡土地，加上对使用财产权的严格保护，改革使土地资源形成吸收资金等要素的海绵，将对社会和民间投资形成巨大的吸收空间。可以吸收相当部分无处投资的民间资金，从战略上疏解由于人民币汇率下行造成的资金外流压力，改变投资者在投资判断上的误判，使人民币坚挺有个中国经济向好的基础。

首先，吸引、稳定和扩大民间投资，扩张发展空间和领域，推动经济增长。土地产权改革，盘活和扩大可利用土地资源，增加和扩大投资领域，增加国民经济产出，同时也增加农民财产性和产出性收入，以扩大投资需求和农民需求，填补人口相对收缩、传统制造业过剩和城市化滞后造成的需求不足。而且，允许农村土地平等和公平地进入市场，取消使用年期限制，增加土地供应、农地入股方式供地等，可以大大降低制造业的土地成本，避免因土地到期财产产权需要重置造成的巨额成本风险。

其次，城乡土地冻结休眠资产，交易盘活升值带来新的GDP。如果深入思考，我们发现过去的城乡土地体制，在城市土地出让与大量投入的货币相结合、在推高房地价暴涨的同时，也创造了巨额的城市GDP。现在，继续维持这种机制，会更加挤压实体经济。而农村包括城市中的一些房地产，因市场行政管制的原因，却成了没有价值的“僵尸”资产，资金无法投入，资源无法盘活。随着党政体制的改革、事业的社会化、协会民间化，国有企业等单位的兼并重组和结构调整，城市中也有许多党政事业社团企业等单位多余用地和闲置地。占地单位不愿意将这些土地无偿或者低价交由垄断市场拍卖和出让，因为他们没有利益，或者补偿很低。如果能明确使用财产权，永久使用，放开准入，使用永久使用财产权抵押，则城乡闲置资产皆可盘活，引导资金流入，并且使央行投放的促进增长货币流出去，通过资产可交易、可优化配置而形成另一波新的GDP，成为国民经济增长的新动力。

再次，土地使用财产权改革，可以与国有企业改革、行政事业单位改革等配套进行，盘活总体改革一盘棋。（1）去产能、提效率的国有企业改革，变政府财政出钱安置为产权改革创业实现转岗，提供资金保障。硬化国有企业法人土地使用财产权，取消年期限制，企业拥有的土地使用财产权可在竞争性的土地市场上挂牌交易转让，可以股份化转让给战略投资者，转让给企业经营层和员工，也可以通过职工持股改革而股份化。通过此项改革，将许多去产能改革的煤炭、林业、农场、盐厂和其他矿业等，为安置离岗职工，以让出废弃工矿地、林地、农地、盐碱地的方式，给职工转让一定的土地使用财产权，鼓励他们自己创业，或者以土地使用财产权合作创业，在创造财富、发展经济中实现转岗。（2）通过土地财产使用权改革，推进行政机构及行政性事业、行政性群团协会、国有企业副业的机构精简、人员分流和副业剥离，以及提高行政事业和国企效率的改革。其实，城市中政府行政机关、事业单位、群团协会、国有企业中，有许多办公楼、培训中心、招待所、疗养院、车队停车场、后勤基地、会议楼、体育场馆、展览馆、老干部活动中心等利用率低，甚至成为闲置的“僵尸”资产。国有企业在运转、维护等方面有巨额支出。这些机构从行政机构分设年检、评估、验审等事项，向企业和居民收费，降低行政效率、增加办事成本、增加企业和居民负担。国有企业的副业导致一些主业利润很薄、亏损很大、负债率很高，许多主业被副业拖垮。因此，可以将这些机构和副业的土地等资产股权转让一部分，甚至全部转让给员工，鼓励一部分行政人员转岗，以资产进行创业；尽可能地鼓励事业单位企业化改革，变以财政赎买转岗为以资产转岗职工；群团和社会组织以资产为基础，尽量压缩规模，与财政拨款脱钩，变成服务社会、经费自理的组织；针对从事国有企业副业的员工，尽可能地变政府出钱为转资产，以鼓励创业转岗，提供就业保障。

最后，使城市化潜力人口能够通过土地交易转让或者持有资产产权方式，退出农村和农业具体的生产经营，并有土地财产性收益，有创业和购租居住的经济能力进入城市，配合对农村进城人员放开户籍管制、提供公共服务、逐步供应廉租房、完善多元的社会保障等改革，再次推动市民化、城市化。有关研究发现，中国过去到目前的城市化，实际上发生了农村人口退不出农村农业和没能市民化地进入城市的问题。[①]因此，要尽快推动农村土地产权体制改革，要尽快放开户籍管制制度，中央政府与地方政府要合力尽快对进城的农民工家庭提供教育等公平的公共服务，要在目前社保体系基础上健全和完善进城农民工家庭的社会保障，要严格保护进城农民在故乡的土地产权，从生产资料性的土地保障变成经营资产性的土地保障。通过这些体制改革的配套推进，启动能够市民化的新型城市化，成为国民经济增长的重要来源。据估计，农村资产通过产权改革盘活，城市民间资金进入农村和农业，扩大投资和增加产出，降低实业土地价格和租金等成本，农村人口市民化的城市化启动，综合劳动生产率提高，每年会增加约2个百分点的GDP增长。

三、水权配套改革

水权与土地使用权密不可分，经济建设领域中工农业发展需要水，生态文明建设中也需要对部分径流量小的江河湖泊补水。我国水资源短缺问题突出，国家已经开始在部分地区实施水管制度改革，浙江、甘肃、宁夏、内蒙

① 周天勇、王元地：《繁荣的轮回：人口变动与经济增长的一个逻辑解释》，中国财富出版社2017年版，第198—245页。

古、新疆、河北、山西、山东等地开始了大量实验，也存在一些困难和问题。表现在：水权体系尚不完善，使用权主体难以明确规定；配置不够合理，多为工矿企业间交易，农户间交易很少；计量、监管不到位，日常监管费用高，地方积极性不高；公众确权认识不足，参与度也不高。

水资源作为公共产品或准公共产品，外部性很容易出现水权失灵现象，政府负有不可替代的作用，需要在水权市场制度供给、初始权力分配、水利基础设施建设、市场监管、舆论环境营造上做足文章，加强顶层设计。打牢水权基础，一方面要加速涉水法律法规的修订，另一方面要建立水资源配置一级市场，完善取水制度，让拥有水权使用量而实际并未完全使用的富余部分进入市场内交易，为西北地区水资源供给侧结构性改革后国土综合整治带来的大量用水需求和分配创造条件。

具体推进策略：一是在条件允许且水交易需求量大的地区扩大试点，明确农业灌溉用水、工业用水、居民生活用水、生态补偿用水等总量分配，调节市场，鼓励各市场主体积极参与。考虑到未来工业和建设用水是大头，应鼓励开发和使用节水技术的相关企业，自由进入水权市场交易，调配用水权利的供求。二是水权交易有需求但总量控制指标尚未完成分配的地区，应该先制定和规范取水、取水许可制度，抓紧水权确权、登记工作，为以后条件成熟开展水权交易做好铺垫。三是水权确权和交易条件不充足的地区，应该加大政策宣传力度，发挥舆论引导人们重视水权。至于水资源总量分配，要提前准备好宏观分配的各种方案，摸清各用水主体大致所需实际用水量，为进一步推进水权市场改革做好前期工作。

在水权交易背景下，可以在取水量上限（由耗水量上限确定）方面给予更大灵活性。也就是说，地方层面的目标可以作为既定目标的上限，并允许水权持有人与其他主体进行交易。通过此类交易，可以将实现国家总体目标的合规成本降到最低水平。这种做法还有助于更好地利用中国现有试点成果，并逐步在全国范围内建立起水权交易体系。

第二节　土地整治社会投入与分配

土地整治成本高，完全由国家财力负担有难度。技术进步带来的土地改造收益也颇丰，可以引导社会力量增加投资，一些省（自治区）已经开始了部分未利用土地改造的实验试点，取得了很多宝贵经验。新增土地产权体制改革和分配应该与人口迁移和劳动力流入结合起来，政府可允许以无偿或低价等方式分配需要整治的沙地、盐碱地等未使用土地，以吸引更多资源进入。

一、土地整治要引入社会资本

中国有40多亿亩盐碱、滩涂、废弃土地、四荒土地、沙漠等未利用土地，其中8亿到10亿亩，用现在的生物、物理、化学等技术，滴管、引水、保水等方式，经济成本也不高，完全可以改造成为可利用的耕地、林地、湿地和其他建设用地。过去和目前，在改造盐碱地等方面财政支出也不少，但是，许多是找关系接项目，工程又转包，最后钱被花光了，许多土地没有改造好。如果换一种方式，出台标准、政府监管，谁投资按标准改造，验收后土地使用财产权归谁，确权发证，再配一定比例的建设用地指标，并可以建设农用设施、加工厂和住宅等，那么仅改造未利用土地的市场，就有40万亿元到50万亿元的规模。这将会调动大量民间资金进入，将一部分在境外投资建农场的资金吸引回国，既形成投资需求，增加粮食、蔬菜瓜果、林下特产、养殖畜禽、旅游休闲等物质和服务产品，又形成供给，还能给复转军人、转岗职工、大中专学生创造大量就业机会，降低失业率。

农村宅地和耕地撂荒，荒野未利用土地没有资金进入改造，林地和湿地不能得到有效保护、开发和利用，无法交易，没有价值。农村宅地、耕地、林地确认使用财产权，以市场经济方式优化配置，土地价值的提高，将使撂荒的耕地、闲置的宅地、经营保护不力的林地、水土流失的荒山秃岭、垃圾覆盖的四荒土地、闲散的其他建设用地等资源，吸引城市民间资金下乡。农村资产可抵押融资，通过资金撬动、加大投入，耕地林地逐步流转集中、规模优化经营，发展乡村旅游、乡村生态健康养老，深化农产品加工，从事林下经济，发展生态养殖，使农村综合生产力得到整合和释放，补齐农村经济增长动能较弱的短板。

可以看出，通过上述改革，只要资金有新的投入领域，就会扭转投资增长速度低的局面，并可以增加新的物质和服务供给，我们可以在扩大需求与增加产出的平衡过程中，良性地推动国民经济强劲和可持续增长。

二、整治成本高但收益大

我国幅员辽阔，不同地区的土地状况不尽相同，改造成本不容小视。现有研究表明，仅盐碱地绿化实验成本就很高，浅潜暗管每亩成本173420元、带状换土每亩140070元、挑沟做台每亩113390元。[①]如果是改造沙地，按照现有研究成果，不添加土壤改良剂，每亩费用142元，添加土壤改良剂，每亩费用合计为1100元。[②]如果按照农田改造，灌溉改良型需要亩均投资0.78万元，渍涝排水型亩均投资2.00万元，瘠薄培肥型亩均投资3.10万元。[③]

① 潘冬梅、杜金城、郭淑英、郑艳美：《唐海县滨海盐碱地绿化技术及低成本试验》，《唐山职业技术学院学报》2009年第4期。

② 潘照东：《以先进技术改造沙地，提高生产能力的重大创新——内蒙古三岩公司研发土壤改良剂获重大成果》，《北方经济》2013年第5期。

③ 张鄢：《长沙市望城区可剥离耕作层土壤用于中低产田提质改造潜力研究》，湖南师范大学硕士学位论文，2017年，第53页。

假定有9亿亩需要整治的土地，一般来说，这些土地既不可能全是盐碱地，也不可能全是沙地，更不会全是田地。我们将投资类型简单分为三类：高配投资指盐碱地亩均投资173420元、沙地亩均投资1100元、田地亩均投资3.1万元；中配投资指盐碱地亩均投资140070元、沙地亩均投资978元、田地亩均投资2万元；低配投资指盐碱地亩均投资113390元、沙地亩均投资978元、田地亩均投资7800元，然后按照9亿亩改造土地盐碱地、沙地和田地比重分别为2∶6∶2进行简单匡算，结果发现高配总投资所需37.4万亿元，中配总投资所需29.3万亿元，低配总投资所需26万亿元，每年所需投资分别为3.7万亿元、2.9万亿元和2.6万亿元。如果按照比重为1∶7∶2，则高中低配各自总投资分别为21.9万亿元、16.8万亿元和16.5万亿元，每年投资分别为2.2万亿元、1.7万亿元与1.7万亿元（见表7-2）。其他各种类型结果都可以进行简单配比。应该说这些投资不小，毕竟国家每年财政支出总额都在20万亿元左右，即便是最低的每年1.7万亿元，所占比重也高达8.5%。从这个角度来看，完全由政府投资或许并不可行。

然而，土地整治属于一次投资终身受益，边际成本不仅递减，而且几乎为零，未来生产或服务的提供几乎可以不需要成本[①]，投资完成后等待的将基本都是收益。比如，沙地改造后玉米每亩产量是382公斤，不改造就是颗粒无收，倘若再加入新技术，比原沙地每年可增加收入798.50元，1.35年可收回改造投入。[②]当然，如果种植经济作物，收益应该更大。内蒙古某地区“光伏+扶贫+治沙”互补发展案例中，进行林下经济作物油用牡丹实验后，经济价值高，每亩纯收益可达4000元以上，贫困户人均每年可从项目中获得1.2万元以上的稳定收益，对全面脱贫十分有利。另外，油用牡丹还可促进生态旅游

---

① 张军：《走进边际成本为零的社会》，《文汇报》2015年8月14日。

② 潘照东：《以先进技术改造沙地，提高生产能力的重大创新——内蒙古三岩公司研发土壤改良剂获重大成果》，《北方经济》2013年第5期。

业发展，带动当地餐饮和住宿等旅游服务创收[①]，有助于实施乡村振兴战略。

表7-2　基本组合土地改造所需成本

		盐碱地面积及成本	沙地面积及成本	田地面积及成本	10年合计改造面积及成本	每年改造面积及成本
组合1（2：6：2）（单位：亿亩）		1.8	5.4	1.8	9.0	0.9
改造成本（单位：万亿元）	高配	31.2	0.6	5.6	37.4	3.7
	中配	25.2	0.5	3.6	29.3	2.9
	低配	20.4	4.2	1.4	26.0	2.6

		盐碱地面积及成本	沙地面积及成本	田地面积及成本	10年合计改造面积及成本	每年改造面积及成本
组合2（1：7：2）（单位：亿亩）		0.9	6.3	1.8	9.0	0.9
改造成本（单位：万亿元）	高配	15.6	0.7	5.6	21.9	2.2
	中配	12.6	0.6	3.6	16.8	1.7
	低配	10.2	4.9	1.4	16.5	1.7

注：根据相关资料测算。

三、部分地区未利用土地改造实验取得了一些经验

正因为有如此潜力，我国不少地方都在探索开发一些未利用的土地，大体上可以分为9个类型：（1）宁夏回族自治区的政府主导、统一运作、开发土地用于建设模式；（2）贵州省赫章县的政府主导、市场运作、开发土地用于建设模式；（3）黑龙江省的市场主导、政策优惠、开发土地用于建设模式；（4）山东省东营市的政府主导、公司化经营、开发土地置换建设用地指标并在省内配置模式；（5）吉林省的政府主导、公司化集约化管理、用于生态模式；（6）陕西省定边县的政府主导、统一运作、开发土地用于生态和农业模式；（7）浙江省的政府主导、多元化市场主体、综合开发利用模式；（8）陕西省的国企主导、市场化运

① 王敏：《“光伏+扶贫+治沙”互补发展初探》，《华北电力大学学报》（社会科学版）2018年第3期。

作、产业化经营模式；（9）黑龙江省大庆市的私企主导、用于农业模式。

现有各种开发未利用土地已经形成了一些经验：（1）为合理利用未利用土地，一些省（自治区、直辖市）专门出台专门办法，统一规范未利用土地的使用和管理，对未利用土地开发利用的总体思路和计划目标、未利用土地开发利用基本原则、规划管理、项目管理、奖励机制等各方面作出详细规定；（2）合理确定新增建设占用未利用土地规模，各地开展了未利用土地利用评价与规划的探索工作，实施计划管理；（3）制定优惠政策，鼓励未利用土地开发为建设用地，包括减免土地出让金和土地补偿费、给予未利用土地开发企业一定比例的建设用地和农用地指标、税费优惠、奖励、建立土地开发基金等；（4）注重引入市场机制开发未利用土地，按照“谁投资、谁受益”的原则，鼓励多元化市场主体投资综合开发利用低丘缓坡；（5）开展未利用土地开发管理体制改革试点，简化未利用土地转为建设用地的审批手续，在省政府下达的计划指标内利用未利用土地进行建设的，实行“先行使用，年底核销”；（6）做好未利用土地开发验收工作，建立由发展改革部门牵头，国土资源、财政、监察、审计等部门参与的项目监管机制，在招投标、工程建设、资金使用等环节进行监督检查，对项目实施进行全程监督，确保工程建设质量和资金安全；（7）强化生态环境保护工作，坚持生态优先、保护和开发并重，保护好耕地和生态环境。

只是在现有开发模式的试点中，依靠财政资金投入是大多数地方的重要特征，如宁夏回族自治区低丘缓坡荒滩、吉林省盐碱地、陕西省定边县盐碱地等未利用土地开发利用基本都是财政投入。贵州省低丘缓坡、山东省东营市等未利用土地开发虽引入社会资金，但政府投入仍占主导，如东营市出资16亿元成立了东营黄河三角洲综合开发有限公司，成为该市未利用土地开发实施的主体。目前，市场化开发进行试点的主要是黑龙江省和浙江省，但浙江省只是引入市场机制，鼓励多元化市场主体投资综合开发利用低丘缓坡，一定程度上也有政府主导的影子。

四、无偿或低价吸引人口迁移

在土地综合整治过程中，要以当地的自然、文化资源为核心，以未利用土地的改造与利用为平台，吸引外来资金、技术、人才的融入。社会资本的进入一方面可以为当地产业发展注入新的活力，另一方面利益的推动也为未利用土地的改造和利用提供了源源不断的发展动力。[①]所以说，促进优势资源与社会资本融合，使之形成新的产业形态与新的经济增长点，是推动未利用土地改造产业化与优化发展的重要措施。社会资本进入未利用土地改造重大工程中，自然要求用市场化运作方式提高土地利用效率。

国土综合整治可以出台相关优惠政策，引导社会力量参与。一是调动社会积极性。盐碱地、滩涂、沙漠地改造实现的增量土地，使用者的使用年限可以从目前的50年延长到100年（如果可能，可以延长更长时间），对用于农场、林地的土地，可以实行“谁投资、谁整治、谁使用、谁收益”；社会力量整理出来的土地，用于占补平衡置换的土地指标，其出让成本和收益，在社会土地整治开发者与政府之间进行合理的分配；鼓励一些土地盐碱较重的地方以绿化工程等采购形式，支持社会力量整治盐碱地。二是调动地方政府积极性。对整治的土地，可50%用作耕地，15%用于生态，35%用于建设，进行占补平衡和增减挂钩，并且可以省内异地平衡和挂钩。但需谨防以土地综合整治为由，大规模圈占农村集体土地，从事商业性房地产开发经营。

为拉动国民经济健康发展和控制可能因土地改造带来新的收入差距，分配制度上还应该向全社会开放，无偿或低价吸引人口迁移到新区域，让为国家做出重要贡献的相关人群可以免费获得一定面积的土地。也就是说，新增土地可以分不同人群、类别、区位等情况，按照土地无偿、低价和优惠向社

---

①　徐继红：《新型城镇化背景下废弃土地改造与利用对策研究》，《西部资源》2018年第1期。

会分配和开放，目的是形成竞争性的土地资源市场配置方式。明晰土地产权，是建立开放、竞争、统一而有序的新增土地市场，发挥市场优化土地资源配置的必要前提，关键是让市场发挥决定性作用。只有这样配置土地资源，维护土地使用财产权益，才能使新增土地、新建区域发挥出更大价值。

城市化的另一个可取方面是在未利用土地开发基础上形成新城市，让一部分农民变为新城市的新市民，实现城市化。对于仍不能完全融入城市的低技能劳动者，可以让他们迁入新建区域继续从事农业生产。对于迁入新建区域的农民、农民工、城镇下岗职工、复转军人等，无偿提供一定面积的可耕种和可居住土地，并规定一些包括提供服务、基本投资资金需求等转让条件和期限，也可以发展土地托管公司，让有使用财产权的农民、复转军人等将土地产权入股，形成土地股份合作的农场和其他生产、服务经济组织，尽量缩小可能存在的贫富差距，共建和谐社会。

新建区域要放宽设施建设限制。新增土地可以放宽自建农业、非农业和居住等建筑物审批条件，可鼓励自建、合作建设、集资建设、股份建设居住、生产和服务等设施，居住可根据人口密度建设单门独院等方式。按照“重点突破、逐步推广”的原则，稳步推进盐碱地、滩涂、沙漠地整治。建议选择江苏、山东、河北、辽宁、黑龙江、山西、新疆、天津等省（自治区、直辖市）进行试点，尝试推进资金、产权等制度性改革与体制性创新，不断总结经验，进而在全国范围内深入开展。

第三节　土地利用的市场化运作与政府监管平衡

土地综合整治后的新增土地要坚持市场化运作，也要加强政府的监管，力求在市场化运作与监管上实现平衡。实践中，同样要求禁止被供应的土地不开发、不利用，搞“囤地炒地”的不良行为，也要求尽量减少低效率且具有垄断性质的国有企业“过度介入”，避免其高负债发展模式可能带来国民经济新的不良资产和浪费。开发模式上，要合理平衡“规范”和“搞活”的辩证关系，放宽建设限制中切实加强政府监管，限制和严厉打击破坏生态的开发性行为。

一、市场化运作

虽然我国生产要素已初步形成城乡统一的市场，但是土地市场依然呈现城乡分割的局面。由于农村土地产权还不彻底明晰，社会资金和信贷资金要素不愿流向农村。因此，资金本就短缺的农村，资金向城市外流，农村发展资金日益枯竭。于是，由于土地产权的差异性安排，土地要素和资金要素在城乡间造成了一个被阻隔的市场。①

盘活农村已有存量土地改革是一方面，另一方面是通过水资源供给侧结构性改革后增加向西北、华北地区的淡水供应量，国土综合整治可以改造出大量可利用的现有干旱土壤地、沙漠退化地、盐碱地、工矿废弃地和其他荒地，有效增加农业、工业、建设、交通、城镇化和其他用地供给量，其关键是市场化运作。因为只有市场化运作才能形成“在迁移地投资—良性资产—获取投资回报”的良性循环，才能让土地具有营利性，成为能够保值增值的资产，显现出其价值。同时，通过确定和硬化新开发土地的产权，吸引社会资本进入，让过去没有价值隐匿或价值无法表达的休眠或“僵尸”资产，变为有价值的良性资产，让其发挥出应有作用，创造出新的财富和产生GDP效应。

① 刘正山：《农村土地产权改革，要赋予农民完整的土地物权》，澎湃新闻2018年10月19日。

新增土地的市场化运作对扩大全社会固定资产投资、留住国内资本防止外流、改善国内外资金进出、维护国际收支平衡、企稳人民币币值、维护金融体系大有好处。防范系统性风险是当前重要任务之一，尤其是在政府特别是地方政府、企业、居民的杠杆率普遍较高的情况下，扩张性政策必须有吸收货币的领域，调水工程、国土综合整治都是投放货币的公共产品或准公共产品领域，钢铁、水泥、工程装备等产能过剩行业企业进入该领域，不仅能消化其过剩产能，还能把原本视为不良资产的储备变为良性资产，承担贷款方的银行系统良性资产也会增多。

新增土地的市场化运作也要求放开户籍，用大力度增量土地产权创新，吸引社会资金进入增加淡水、改造土地的领域。放开户籍，利用新型人才发展当地新经济，建设新城镇和新农村。一方面，可以把原本人口密度高或不适宜生活发展地区的农业和农村人口向新发展空间转移，开拓新的农林牧、旅游等产业；另一方面，可以把一些未来可能难以融入城市或城市化发展仍不能满足的人口转移到新发展空间，特别是为吸收农村富余劳动力拓展空间。如果不开拓新发展空间，这部分人总体趋势是失业率会提高，整体范围内的收入分配差距还要扩大，消费能力不充分也会带来新的产能过剩。新增土地的市场化运作可以为这些人口提供新的就业机会，留存在农业领域的劳动力也会因拥有部分新增土地资源，或因为在新建区域内从事建房修路、创新创业发展新产业、形成规模化经营而增加收入。

新增土地的市场化运作能够带来新的要素组合，促进国民经济发展。目前，在城乡各领域生产要素的组合中，农业领域存量劳动要素还是太多，土地和资金还是太少，现有劳动力要素不能与已存在的资本要素匹配。在存量劳动力和农业中，资本要素相对不足就要增加资金投入，首要条件是让土地成为资产，使其能够吸引社会资金，使劳动、资本、土地资金配合起来，增加发展新动力。方法则是在增加淡水供给后，整合、改造现有土地资源，发挥新的增长潜力，让目前还不能被使用的所谓“不毛之地”变成优质资产。

二、政府在监管市场中的作用

如果土地资源完全由市场配置，也会出现市场失效问题。其原因在于，土地与其他物品有所区别，它具有不可移动性。从土地肥力上看，有条件差的土地，有条件好的土地；从位置上看，有市中心交通方便的土地，有交通不便的土地；在城市中，有交通便利的中心区块，也有交通不太便利的边缘和郊区区块，由此形成不同的土地价值。如果任由市场调节，土地所有者或者永续使用者会将土地价值最大化，即向土地利用收益最高的金融、住宅、商业等领域配置，这样就会发生调节失效。因此，这就需要政府在尊重市场决定作用的同时，对土地资源进行配置，弥补市场失效的部分。

由于国土综合治理、土地改造对象是不可再生的土地资源，且开发投资大、要求高，周期比较长，为了避免“圈地”“倒地”等问题的产生，对从事改造开发的企业应有一定的资质要求，并应和政府签订开发协议。经开发企业改造后的未利用土地进入土地交易中心，如果需要用地，一律由用地方到交易中心购买。但是，要禁止被供应的土地不开发、不利用，搞“囤地炒地”不良行为。

政府要严格守住未利用土地改造质量关口。相关部门出台专门的未利用土地改造验收标准，并严格把守未利用土地改造的验收关口。建议通过产权证来管理：（1）准产权证。用于未利用土地改造过程中的权益界定，可以用于工程抵押，工程项目可以转让，但土地不可以交易，只拥有土地的占有、使用和部分收益权。（2）正式产权证。它是工程完成之后，经过严格的验收之后颁发的产权证书，此时的土地产权属于完整产权，拥有占有、使用、收益和处分权。

但是，政府要在“规划”与“放活”之间搞好平衡，不能用计划经济的思维惯性，也不能管理僵化，要防止越位和与民争利。建议新建区域内废除土地行政指标分配，在宏观层面加强对土地的总量控制和规划引导，在微观层面让市场在资源配置中发挥决定性作用，吸引更多社会资本进入。

三、新增土地开发禁止低效率且具有垄断性质的国企进入，避免新的浪费

土地使用权的“国有民用”是很多国家的通用做法，如英国、以色列、新加坡等。这种“国有民用”的做法能够满足各方的利益诉求，有利于使虚化的集体产权明晰起来，依法规范政府与农民之间的产权关系，产权边界就会清晰，权责也会明确；有利于发挥市场在资源配置中的决定性作用，符合社会主义市场经济发展大方向。从维护农民权益来看，集体土地“国有民用”，有利于切实防止集体组织或以集体组织名义对农民权益的侵害，有利于农民共享发展成果，使农民在工业化、城镇化中富裕起来。对国家来说，把农村集体土地收归国家所有，既有利于增强国家对土地资源的控制力和影响力，更好发挥政府作用，也有利于农村土地制度与城市发展接轨，促进城乡发展一体化。

在新增土地的开发和利用上，也要坚持“国有民用”，只是我们担心的是具有垄断性质的国有企业进入后，可能会产生新的风险。这是因为新建区域所在地方政府有可能将可以进入建设用地的土地，由国有企业集中起来，仍然是行政垄断招拍挂出让。所以，不仅要建立新区域、统一城乡土地市场，更要改革目前行政性的土地市场。也就是说，新建区域内所有的土地，不论是农村土地，还是城镇土地，不论是自然人使用的土地，还是法人使用的土地，不论是土地永续使用权的交易，还是阶段性使用权的出租，这些土地的供给都应当平等进入土地市场交易中心，进行登记挂牌；而各类土地需求方也可以将需求登记信息在土地交易中心挂牌。供给方与需求方都在土地交易中心登记撮合，确定价格并完成交易。如此，形成一个供需自由进入市场，两侧有许多个供给方与许多个需求方，都处于竞争状态。否则，单独由地方政府和国有企业主导新建区域开发，高负债发展模式极有可能成为国民经济体系中新的不良资产。

四、特别要注重生态保护

如果拓宽思路，可开发的未利用土地不仅可以开发为耕地，而且还可以开发为建设用地和生态用地，人类社会也需要有农业、林业、生态、住宅、工业、教育、行政、服务业等不同类型用途的土地。但是如果不进行协调，很可能出现土地空间和功能区划混乱，以至于大量生态用地和耕地被侵占，反而会造成土地利用的无序和极大浪费。这就要求统筹协调未利用土地转为农业用地、建设用地和生态用地的比例，合理确定未利用土地开发规模、步骤和区划。只要符合规划要求，不占用耕地，不影响生态，不影响绿化，政府应允许私人建房。有条件的个人可以在市场上购买土地，办理相关手续，自行设计、建设住宅。

但是，新土地开发中的一些地区生态环境脆弱，未利用土地开发面临生态和地质等风险，必须严把生态和环评关口。因此，未利用土地开发政策要科学完善，坚持生态环境优先。特别是低丘缓坡之类的未利用土地，大多自然条件较差，生态脆弱，开发难度较大，同时对环境、生态的影响也较大，对此在制定政策时一定要优先考虑对生态环境的保护，严防对生态的破坏和环境的污染，对开发主体的资格要有一定的要求，制定一些较高的生态和环境评估标准，严格开发条件和准入条件。为确保准入条件的实施，可构建激励机制：对未利用土地开发者的优惠和补贴等，须待环保、国土、林业等相关部门验收后再兑现。

（本章作者：项松林）

第八章

调水改土的水权分配与交易

水资源是经济社会发展的基础和保障，2014年3月14日，习近平总书记在中央财经领导小组第五次会议上明确提出“节水优先、空间均衡、系统治理、两手发力”的治水方针，是新时代水利工作的根本遵循。“两手发力”就是既要发挥市场机制在水资源治理中的作用，也要更好发挥政府的作用。水资源治理的重点是通过改革创新建立健全水权制度，不断提升水资源配置和利用效率。初始水权分配和水权交易是水资源治理领域改革创新的重要内容，是提升水资源配置和利用效率的重要途径，是我国水权制度建设的重点。

第一节　初始水权分配与水权交易的内涵和理论基础

一、初始水权分配与水权交易的内涵

（一）初始水权分配的内涵

《中华人民共和国宪法》和《中华人民共和国水法》都规定水资源所有权归国家，即全民所有。水权分配主要指水资源使用权分配。初始水权分配是指通过水量分配方案和取水许可制度，将水资源以水权形式分配给流域内区域和区域用水户。初始水权分配是水权制度建设的重要环节，也是进行水权交易的基础。初始水权分配通常包含两个层次：一是流域初始水权在区域（通常指省市县三级区域）间分配，二是区域水权在区域内部各用水主体之间进行分配。初始水权分配是落实“总量控制和定额管理相结合”的水资源管理制度的重要内容和体现。水资源总量控制和定额管理要求确立总量和定额两套指标，一套是总量指标，要求把用水总量逐级分解到流域、地区和用水单位，层层有控制指标；另一套是定额指标，要求结合总量指标，核定人口、灌溉和单位工业产品用水定额。初始水权分配后，用水单元节约的用水指标可以进行交易，有助于为节水行为提供内在激励。

根据国内外学者的相关研究成果，初始水权分配一般要遵循优先原则、公平性原则、效率性原则、尊重现状原则、可持续利用原则等；初始水权分配的影响因素主要有人口因素、面积因素、现状用水因素、优先保障因素、产业结构因素、功能区划因素和政策倾斜因素等；初始水权分配方法主要分为基于准则类的初始水权分配方法、基于决策类的初始水权分配方法和基于优化方法类的初始水权分配方法等。

初始水权分配除了对水权数量进行明确界定外，还要界定水权的期限和其时空特点。水权数量一般以取水量、用水量和耗水量界定，国家“87分水方案”就是对沿黄省份的耗水量进行分配。水权期限指水权的有效期，水权的时间特点表现为存在长期水权和临时水权，水权的空间性主要表现为存在流域水权、区域水权和取用水户水权。在初始水权分配中，需要保证不同层次间水量的一致性，要强化不同层次权利的衔接。

（二）水权交易的内涵

2016年水利部印发的《水权交易管理暂行办法》第一章第二条将水权交易界定为：“在合理界定和分配水资源使用权基础上，通过市场机制实现水资源使用权在地区间、流域间、流域上下游、行业间、用水户间流转的行为。”并将水权交易分为区域水权交易、取水权交易和灌区用水户水权交易三种类型。我国《水权交易管理暂行办法》规定：“开展水权交易，用以交易的水权应当已经通过水量分配方案、取水许可、县级以上地方人民政府或者其授权的水行政主管部门确认，并具备相应的工程条件和计量监测能力。”由此可见，初始水权分配是开展水权交易的前提，水权交易是水权明晰后水权制度建设的必然阶段和最终目标。[①]在初始水权分配后，水权交易是新增用水得以满足的重要途径。

---

① 沈大军、余旭东、张萌、李盼文、时间、刘佳：《水权交易条件研究》，《水利水电技术》2016年第9期。

二、初始水权分配与水权交易的理论基础

（一）中国特色社会主义市场经济体制的发展和完善为初始水权分配与水权交易提供了理论支撑

社会主义市场经济体制的建立和完善是中国共产党的理论创新，是马克思主义中国化的光辉典范，是探索中国特色社会主义道路的伟大创举。① 1978年，以党的十一届三中全会的召开为标志，中国走上了改革开放的道路。改革开放以来，中国共产党逐步提出、丰富和发展了社会主义市场经济理论。1982年党的十二大正式提出要以“计划经济为主、市场经济为辅”；1984年党的十二届三中全会提出要发展“有计划的商品经济”；1992年党的十四大提出我国经济体制改革的目标是建立社会主义市场经济体制，确立了社会主义市场经济理论在中国特色社会主义理论中的地位和作用；2003年10月党的十六届三中全会提出充分发挥市场在资源配置中的基础性作用；2013年11月9日党的十八届三中全会提出要处理好政府与市场的关系，使市场在资源配置中起决定性作用和更好地发挥政府的作用。

40多年来我国经济体制改革成绩斐然，中国特色社会主义市场经济体制基本建立并得到广泛认同。我国在培育市场化制度体系方面不断进行理论创新和实践，逐步探索建立自然资源有偿使用制度，健全市场交易制度，加快建立排污权交易、碳排放权交易、水权交易、用能权交易等制度。但必须清楚认识到，在通过水权交易促进水资源使用效率提升的同时，需要更好发挥政府的作用，以保障初始水权的公平配置、满足用水人基本需求、制定水权交易规则和防止水权交易负外部性等。

---

① 曹新：《中国特色社会主义经济建设的理论与实践》，《行政管理改革》2018年第9期。

（二）自然资源资产产权理论为初始水权分配与水权交易提供了理论支撑

自然资源资产产权制度是促进自然资源节约、集约、利用和有效保护的基础性制度，加快构建系统完备、科学规范、运行高效的中国特色自然资源资产产权制度体系，对于完善社会主义市场经济体制、维护社会公平正义、建设美丽中国具有重要作用。党的十九大要求建立包括水流在内的自然资源资产管理体制，强调国有自然资源资产实现有偿使用，以完善产权制度和要素市场化配置为重点，实现产权有效激励，要素自由流动。[①] 2019年，中共中央办公厅、国务院办公厅印发的《关于统筹推进自然资源资产产权制度改革的指导意见》要求，既要发挥自然资源资产产权制度在严格保护资源、提升生态功能中的基础作用，又要发挥在优化资源配置、提高资源开发利用效率中的作用；要以扩权赋能、激发活力为重心，健全自然资源资产产权制度，探索自然资源资产所有者权益的多种有效实现形式，发挥市场配置资源的决定性作用，努力提升自然资源要素市场化配置水平。

水权是一种重要的自然资源产权，是产权理论在水资源领域的应用和延伸。产权是一种社会工具，它能够帮助个人形成他与其他人进行交易时的合理预期。这些预期通过社会的法律、习俗道德得以表达。产权所有者拥有其他人同意他以特定方式行使的权利。[②] 产权实际上是以有形物质或者服务为载体的权利束，这些权利束包含了让一个人或者其他人获益或者受损的界定，因而具有一定价值。产权具有排他性，排他性权利确立了其他人进入和使用财产所需要付出的成本，从而使资源和财产实现有序使用。产权具有可转让性，通过产权转让使产权可以从低效率的部门转向高效率的部门。因

---

① 石玉波、张彬：《我国水权交易的探索与实践》，《中国水利》2018年第19期。

② ［美］R.科斯、A.阿尔钦、D.诺斯 等：《财产权利与制度变迁：产权学派与新制度学派译文集》，上海三联书店、上海人民出版社1994年版，第97页。

此，产权界定一方面可以解决资源配置的效率问题，另一方面也可以通过市场和转让缓解资源稀缺问题。在水资源管理中引入产权，其目的在于通过初始水权分配和水权交易实现水资源的高效、合理配置，缓解水资源短缺问题，同时解决水资源开发和利用中的集体行动问题。

第二节　世界水权制度的主要模式和国外水权交易的实践

一、国外水权制度的主要模式

随着社会经济的发展，用水量不断增加，水资源短缺问题日益凸显，世界各国不同程度地在立法与司法实践中确立了有关水资源权益归属的水权制度。从水资源所有权和使用权角度进行分析，世界上主要的水权制度为：河岸权制度、优先占用权制度和公共水权制度。

（一）河岸权制度

河岸权制度，又称沿岸权制度，是自然河道沿岸的土地所有人享有取水权的水权制度，即某条天然河道位于某人所拥有的土地之上、之旁或穿过该土地，则该土地所有人拥有获取和使用流经该土地水资源的合法权利。河岸权是与土地所有权联系在一起的，是一种用益物权，并不对水资源享有物权。[①]河岸权不能脱离土地而单独进行转让交易，但土地所有者在转让土地

① ［澳］科林·查特斯、［印度］萨姆尤卡·瓦玛著，伊恩、章宏亮译：《水危机：解读全球水资源、水博弈、水交易和水管理》，机械工业出版社2012年版，第143页。

所有权时，有权不对水权同步转让而继续保留。[①]河岸权制度被认为是世界水权制度的起源，各国的河岸权制度在现实中会由于实际情况的不同而有所差别，但是一般都要遵循两条原则：[②] 一是持续水流原则。土地所有人在拥有河岸权后，其对水量使用不受限制的前提条件是该河岸权拥有者对水资源的使用不会影响到下游的持续水流。二是合理用水原则。任何人对水资源的使用都不能对其他水权所有者用水的权利造成损害。

实践经验证明，河岸权制度由于其整体上随土地所有权的排他性而具有整体排他性，但是对于沿岸土地所有者而言，河岸权在一定范围内具有非排他性特征，尽管河岸权强调水资源的合理使用原则，也会造成水资源的浪费。因此，很多学者认为河岸权制度仅仅适用于水资源丰富的国家或地区。河岸权制度在美国东部水资源丰富的一些地区继续实施，同时该制度也是英国和澳大利亚水权制度的渊源和基础。

（二）优先占用权制度

优先占用权制度是随着19世纪80年代美国对其水资源相对匮乏的西部地区的开发而产生的一种水权制度，目前在美国西部的很多州采用这一制度。优先占用权制度是为了高效利用水资源而确立的一种排他性水权制度。[③]

美国西部水资源匮乏，在其开发初期，大部分沿河流的土地归联邦政府，只有少数人拥有沿河流经过的土地，河岸权制度难以适用。为了使生产顺利进行，不拥有与河流相邻的土地所有者不得不在联邦政府所有的土地上开渠引水，久而久之就形成了“时间优先，权利优先”原则，即谁先开渠引

① 农业农村部软科学课题组：《美澳日水权制度与水权交易的经验启示》，《农村工作通讯》2018年第7期。

② 许长新：《区域水权论》，中国水利水电出版社2011年版，第33页。

③ 黄锡生：《水权制度研究》，科学出版社2005年版，第22页。

水谁就拥有水权。优先占用权制度除了要满足“时间优先，权利优先”原则外，还必须符合“有益使用”原则，即在没有足够的水资源为所有水权持有者提供供水时，级别最低的水权持有者必须停止取水以满足优先占用者的使用权。当然，如果权利的行使不以有益方式进行或不行使权利达到一定年限，则会丧失权利。

与河岸权制度相比，优先占用权制度有其优点，该制度不以拥有相邻土地所有权为前提，在一定条件下可以转移和调整，在一定程度上克服了河岸权制度的局限，提高了水资源使用效率。但是该制度本身也具有弊端：其一，水权的转让和交易受到了限制。尽管在理论上优先占用权制度下水权可以交易，但是很多实行优先占用权制度的国家和地区，优先占用权是不可以进行转让和交易的。其二，与河岸权制度相比，水资源的使用效率尽管有所提升，但其总体效率由于受“时间优先，权利优先”原则（即在水资源短缺时，排在后面的用水主体的用水需求取决于满足优先权后是否还有足够的水量）和水权不易分割转让的限制，难以引导和激励经济主体把水资源投向更有效率的用途。

（三）公共水权制度

公共水权制度及其相关法律一般包含以下原则：其一，水资源的开发和利用要从整体上满足和服从于国家经济计划和发展规划的需要；其二，水资源所有权和使用权分离原则，即个人和单位对水资源可以拥有水资源使用权，但从法律层面讲水资源所有权归国家；其三，水资源配置和水量分配的基本手段是行政手段；其四，公共水权理论和基本原则大都体现在国家颁布的成文水法中。公共水权制度源于苏联的水资源管理经验，美国针对水资源在一些领域的公共性与公益性特征，也设立了满足公共用水需求的地表水使用权及保护动植物和生态环境等方面的水权。该水权制度有利于水资源的集中管控，但存在对微观用水主体水权界定不清晰的问题，容易出现水事纠纷，单一的行政配置水资源手段也会引发水资源管理中的寻租腐败问题。

上述三种水权制度在一些国家可能同时存在。就上述制度而言，河岸权制度对水资源的产权界定比较清晰，但是非沿岸土地的用水需求在河岸权制度下受到了限制，影响了整体用水效率和经济发展进程，而且不利于社会公平目标的实现；优先占用权制度实行“时间优先，权利优先”原则和“有益使用”原则，强调水资源的有益使用，在一定程度上可以提高水资源的微观使用效率，但受“时间优先，权利优先”和水权不易分割转让的限制，该制度缺乏有效引导水资源使用效率提高的机制，同时其公平目标实现机制较弱；公共水权制度强调水资源所有权和使用权分离基础上，水资源的开发和利用要从整体上服从于国家经济计划和发展规划的需要原则，以及以行政手段进行水资源配置和水量分配原则，强调水资源开发利用中的计划性，忽略了市场机制对水资源优化配置的作用，容易导致水资源浪费和“公地悲剧”。

二、部分国家水权交易的实践及经验

（一）美国的水权交易实践及经验

水权交易在美国西部地区比较普遍。美国东部多数实行河岸权制度，水资源的再分配主要依靠法院或者水资源行政机构完成。美国西部水资源短缺且实行优先占用权制度，水资源再分配主要依靠市场机制实施，即通过水权交易完成，所以在美国西部地区水权交易相对发达。美国的水权交易方式主要包括水权转换、水银行、干旱年份特权与优先权放弃协议、用水置换、临时性再分配和退水买卖等。

美国加利福尼亚州水权交易相对发达且具有代表性。加利福尼亚州政府于1980 年开始培育水权交易市场，但在20世纪80年代其水权交易量很小，约占全州用水量的0.5%；1991年加利福尼亚州水银行成立，水银行通过事先确定买方顺序和价格管制有效调剂用水余缺，促进了水权交易的快速发展。水资源实物交易是加利福尼亚州水银行成立之初进行的主要交易形式，1995年加利福尼亚州水银行在水资源实物交易的基础上开始实施“水资源买进选择权交易”，到2014年，加利福尼亚州水市场的成交量占全州用水总量的3%。[①] 为了缓解水资源分布与人口及经济发展不协调的局面，加利福尼亚州兴建了诸多水道，包括洛杉矶水道、莫凯勒米水道、科罗拉多河水道、中央河谷工程和加利福尼亚州水道等多项调水工程，加利福尼亚州通过完整的水资源调配体系，实现了长距离调水，有效提高了已有径流的利用程度，合理配置了水资源。为降低水权交易成本，加利福尼亚州出现了电子水权交易市场，电子水权交易市场可以进行各种类型的水权交易，且通过网络在线杠杆调剂水权交易的速度和效率，可以有效节约水权交易成本。

美国犹他州水权交易较为活跃，也具有一定代表性。犹他州水资源稀少，该州以水文单元为单位对水资源实行分区管理，各个水权管理区域的水权数量不同，其水权数量的多少主要取决于本区域水资源政策和水资源数量。[②] 犹他州允许水权在各集团或者个人之间进行交易，但没有统一的水权交易场所，可以通过私立机构（如私人开办的水权交易所）进行交易。美国犹他州水权变更和水权交易活跃的主要原因在于：（1）制定了较为完善的关于水权变更和交易的相关法律条例；（2）可供申请的新水权越来越少，新增用户用水只能通过水权交易或者变更申请获得水权；（3）水权分割制度体现了水权交易和水权变更的灵活性；（4）水权交易程序简单。犹他州重视水权回收制度建设，规定水权申请获得批准之后须提供合理利用水资源的凭证或者延期申请，否则会面临水权失效且被收回。犹他州同时注重通过法律形式

① 农业农村部软科学课题组：《美澳日水权制度与水权交易的经验启示》，《农村工作通讯》2018年第7期。

② 曹月、贾绍凤：《美国犹他州水权制度实施效果述评》，《水利经济》2012年第3期。

对水权制度的实施情况进行监督和检查。

美国注重对水权交易的政府规定，规定了如下水权交易原则：（1）水权交易不损害他人的原则，即在交易过程中不得对其他水权人利益造成损害；（2）水权交易生态环境影响的控制原则，允许水权交易的各州要求水行政部门对水权交易的潜在生态影响进行重点评估和审查；（3）对跨流域和跨州界水权交易的限制原则，各州基于自身利益的考虑，一般都采取措施限制跨州或跨流域的水权交易，如加利福尼亚州的一些地方规章中对跨行政区域的水权交易规定严格的限制性条款；[①]（4）紧急状态下的干预原则，当出现水资源危机时，政府机构有权采取紧急措施对水权内容进行修改，紧急状态下政府也可以直接作为市场主体参与水权交易。

（二）澳大利亚水权交易实践

澳大利亚是全球最干旱的地区之一，降水量分布不均衡，水资源局部短缺问题严重。随着人口增长和经济发展，澳大利亚对水的需求不断增加，单纯依靠行政性水权难以满足其日益增长的用水需求，迫切需要水权制度的相关改革。澳大利亚水权改革的重要内容就是建立水资源财产权，促进水权交易。经过多年政策探索和实践，澳大利亚已经形成独具特色的水权交易市场和政策体系。[②]

澳大利亚水权交易实践开始于20世纪80年代的维多利亚州，20世纪90年代逐步向全国推广，进入21世纪，在持续干旱的影响下，澳大利亚水权交易快速发展。澳大利亚的水权交易可以分为短期水权交易和长期水权交易，规则性水权交易和不规则水权交易，区域水权交易和跨区域水权交易。

---

① Ellen Hanak，Caitlin Dyckman. *Counties wresting control*：*Local Responses to California's Statewide Water Market* . *University of Denver Water Law Review*，2003（6）：490−523.

② 王世群：《澳大利亚水资源市场化改革及其启示》，《世界农业》2017年第9期。

墨累－达令河流域（包括新南威尔士州、昆士兰州、维多利亚州、南澳大利亚州和澳大利亚首都特区）是澳大利亚水权交易的主要集中地。根据澳大利亚《2010—2011年度水市场报告》，墨累－达令河流域的水权交易份额占整个澳大利亚长期水权交易的85%和临时水权交易的95%。[①]2014—2015年，南部墨累－达令河流域短期水权交易情况为：规则地表水交易次数25503件、交易水量4950.3吉升（吉升为水的计量单位，1吉升=10亿升）、成交额3.3亿澳元，地下水交易次数299次、交易水量112.2吉升；2014—2015年度，南部墨累－达令河流域长期水权交易情况为：规则地表水交易次数4686件、交易水量542.5吉升、成交额6.4亿澳元，不规则地表水交易278次、交易水量148.3吉升，地下水交易次数347件、交易水量104.6吉升；2014—2015年，北部墨累－达令河流域短期水权交易情况为：规则地表水交易次数1130件、交易水量313.9吉升，地下水交易次数378次、交易水量84.0吉升，不规则地表水交易28件、交易水量106.9吉升；2014—2015年度，北部墨累－达令河流域长期水权交易情况为：规则地表水交易次数271件、交易水量446.9吉升，不规则地表水交易331次、交易水量161.2吉升，地下水交易次数322件、交易水量55吉升。[②]农业水权交易是澳大利亚水权交易的主体，多数水权交易发生在农业生产者之间，约80%的短期水权和64%的长期水权由农业灌溉者购买。[③]政府环境水项目是影响澳大利亚水权市场发展的重要变量，为缓解干旱和水权交易对墨累－达令河流域生态环境的影响，澳大利亚2007年《联邦水法》允许澳大利亚联邦政府和地方政府以环境水持有人身份参与水权市场，通过政府购买环境水增加生态水流量。

为保障水权交易的顺利进行，降低水权交易的不确定性，澳大利亚对水

① 金海、姜斌、夏朋：《澳大利亚水权市场改革及启示》，《水利发展研究》2014年第3期。
② 王世群：《澳大利亚水资源市场化改革及其启示》，《世界农业》2017年第9期。
③ 王世群：《澳大利亚水资源市场化改革及其启示》，《世界农业》2017年第9期。

权交易程序作出严格规定。主要包括：（1）对水权出售方的水资源所有权、水资源可利用权、涉及第三方利益和输水能力进行核查；（2）对水权购买方的输水能力、相关环境标准、管理规划的符合情况、场地使用等进行核查；（3）买方保证按时支付，卖方保证及时送水；（4）买卖双方提供责任最低标准的文件；（5）水权交易前向水权交易买卖双方说明水权交易相关义务及程序；（6）对获批交易买卖双方的用水进行测量和记录；（7）强制水权交易价格公开并在相关网站可以查询。

第三节 我国初始水权分配实践和水权交易发展状况

一、我国初始水权分配和水权确权的实践

初始水权分配是开展水权交易的前提和基础。近年来我国多次对水权初始水权分配作出安排，2015年中央1号文件要求开展水权确权登记试点。2015年，中共中央、国务院印发《生态文明体制改革总体方案》，要求加快制订主要江河流域水量分配方案。2016年，《水利改革发展“十三五”规划》要求加快建立用水权初始分配制度。

目前，我国在水权分配方面取得了显著进展，国务院已将2020年和2030年全国用水量指标分解到了各省（自治区、直辖市），各省（自治区、直辖市）又将2020年的用水量指标分解到各市县，有些省份还将2030年的用水量指标进行了分解。我国跨省江河水量分配加速推进，近年来，国务院授权水利部批复了黄河、黑河、永定河、滦河和漳河等跨省江河水量分配方案；2016年水利部批复了东辽河等19条跨省江河水量分配方案；2017年批复了淮河流域水量分配方案；2018年批复了牛栏江、乌江、洪汝

河、沙颍河、涡河、史灌河、柳江、拉林河、辽河干流、柳河、新安江等11条跨省江河流域水量分配方案。[①] 截至2019年10月，全国已批复了41条跨省江河流域水量分配方案，绝大部分省、自治区都启动并加快了省内跨行政区域的江河水量分配工作，下一步水利部还将新启动一批跨省江河流域水量分配。[②] 经过多年发展，我国取水许可管理已经基本实现了全覆盖，为取水权确权奠定了基础。除此之外，我国积极探索将农业水权确权分配到农业用水者协会和农户，目前在甘肃、河北、陕西、黑龙江、新疆、湖北和江西等已经开始实践并取得了明显进步。如新疆昌吉回族自治州从2015年开始对农业用水初始水权进行分配登记，全州发放初始水权证14.31万本，发放率100%，核定总水量16.18亿立方米。[③] 为推进初始水权分配和水权确权登记的顺利进行，一些省份相继出台了水权确权登记方面的文件，如2017年3月，黑龙江水利厅出台《黑龙江水利厅关于开展水权确权试点工作的指导意见（试行）》等。

二、我国水权交易发展状况

进入21世纪，我国水权交易实践不断推进，到目前为止，我国已形成多模式水权交易格局，为我国水权交易制度的完善提供了丰富经验。自2000年东阳－义乌水权交易案例以来，浙江余姚和慈溪探索类似的水权交易。此后漳河有偿调水案、甘肃张掖地区的农户水票交易、内蒙古和宁夏的水权置换等相继出现。2008年起，甘肃武威、福建泉州、山西清徐、新疆呼图壁等地

① 陈金木、董延军、李兴拼：《水权确权怎么看怎么办》，《水利发展研究》2018年第5期。
② 朱敏：《水利部批复41条跨省江河流域水量分配方案》，央广网 2019年10月11日，https://www.toutiao.com/a6746528214312550925/.
③ 刘东莱：《从“有价值”到“有市场价值”——新疆水权水价改革开辟水资源利用新模式》，《新疆日报》2019年9月11日。

出现水权交易案例。2014年水利部选取7个省（自治区）开展水权交易试点，当前内蒙古跨盟市水权交易、新疆昌吉回族自治州用水户水权交易、河南南水北调水量交易和广东东江流域水权交易等水权交易不断推进。

随着我国水权交易的不断发展，我国的水权交易平台建设也取得了进展，组建了中国水权交易所和内蒙古自治区水权收储转让中心、河南省水权收储转让中心、广东省环境权益交易所、山东省水权交易平台、宁夏回族自治区水权交易平台等国家级和省级水权交易平台。我国省级以下的一些地方性水权交易平台也逐渐出现，如甘肃石羊河流域水权交易中心、新疆昌吉回族自治州呼图壁县水权交易中心、宁夏红寺堡区水量交易中心、河北成安县水权交易平台等。各层级水权交易平台的组建，为水权交易提供了便利，促进了我国水权交易市场的发育和完善。2016年以来我国水权交易所促成水权交易92单，交易水量27.74亿立方米（截至2019年3月28日），促进了水资源高效、规范流转。①

为规范和推动水权交易，国家出台了一系列水权交易方面的政策和制度，如2002年修订的《中华人民共和国水法》明确了取水许可制度和水资源有偿使用制度；2005年水利部出台了《水权制度建设框架》《关于水权转让的若干意见》等文件，规范指导我国水权交易工作；2006年颁布的《取水许可和水资源费征收管理条例》，明确了我国取水权转让的条件及相关程序；2011年中央1号文件和2012年国务院3号文件进一步提出鼓励开展水权交易和运用市场机制优化水资源配置；党的十八届三中全会提出中国将大力发展环保市场，逐步推行节能量、碳排放权、排污权和水权交易制度；2014年水利部印发《水利部关于开展水权试点工作的通知》；2015年出台的《生态文明体制改革总体方案》提出开展水流、湿地确权试点，推行水权交易制

① 魏山忠：《把握新形势 落实总基调 奋力开创水资源管理工作新局面》，《中国水利》2019年第17期。

度；2016年水利部颁布《水权交易管理暂行办法》，指导全国水权交易实践；2018年水利部会同国家发改委和财政部出台《关于水资源有偿使用制度改革的意见》，明确探索开展水权确权工作，鼓励引导开展水权交易。各省（自治区）也相继出台本省（自治区）的水权交易办法，如2016年12月，广东省人民政府出台《广东省水权交易管理施行办法》；2017年2月，内蒙古自治区人民政府办公厅出台《内蒙古自治区水权及交易管理办法》；2017年3月，新疆维吾尔自治区出台《新疆维吾尔自治区水权改革和水市场建设指导意见（试行）》等。水权交易相关政策和制度的制定，为水权交易提供了保障，也为水权和水权交易制度的创新提供了政策遵循。

第四节　我国水权分配和交易中存在的主要问题

经过十几年的发展，我国初始水权分配框架初步形成，水权市场的实践探索逐步推进，为水权制度建设创造了必要条件，但我国水权制度建设之路依然任重而道远，水权分配和水权交易依然存在一些问题，水权市场建设仍将经历长期的研究和探索。①

一、水权的法律地位需进一步明晰完善

《中华人民共和国宪法》《中华人民共和国物权法》和《中华人民共和国水法》等法律规定了我国水资源所有权的权属关系，奠定了我国水权管理的

① 王亚华、舒全峰、吴佳喆：《水权市场研究述评与中国特色水权市场研究展望》，《中国人口·资源与环境》2017年第6期。

基础。2005年，水利部出台《水权制度建设框架》和《关于水权转让的若干意见》两个文件，用以规范和指导我国水权制度建设。2006年国务院颁布《取水许可和水资源费征收管理条例》，对取水权的配置和管理作出具体规定。2016年出台了《水权交易管理暂行办法》，用以规范水权交易实践。总体而言，我国水权法律体系建设取得了显著成效。

但从整体而言，我国的水权法律地位仍需进一步明确，初始水权分配、水权交易方面的法律制度仍需完善。[①] 如《中华人民共和国水法》明确了水资源所有权概念，但没有明确提出水权概念；国务院《取水许可和水资源费征收管理条例》规定了取水权人的义务，但对取水权人能否对取水权进行抵押、入股缺乏清晰的规定；我国取水权的无偿取得，决定了取用水户不能从中获利，限制了取用水户行使完整权利的可能；无论是《中华人民共和国水法》，还是国务院《取水许可和水资源费征收管理条例》，对使用公共供水的用水权和农村集体水权确权都没有明确规定。我国开展的多种形式的水权交易同样面临法律依据不足的问题，国务院《取水许可和水资源费征收管理条例》只规定了通过节水措施节约的水资源取水权转让，其他形式的水权交易缺乏法律依据；灌区用水户之间的水权交易在法律上尚属空白；区域间水量交易在南水北调受水区有法律依据，但无通用的法律规定；2016年水利部印发《水权交易暂行办法》，对三种水权交易（区域间水权交易、取水权交易、灌溉用水户水权交易）作出了规定，但《水权交易暂行办法》属水利部政策文件，效力有限，水权交易依然没有解决法律授权问题。[②]

① 李维明、谷树忠：《我国水权交易基础条件及其建设》，《中国发展观察》2019年第Z1期。
② 汪贻飞、王俊杰、陈金木：《深化水权改革亟待加强法规建设》，《中国水利》2018年第19期。

二、初始水权分配依然滞后

初始水权分配是开展水权交易的前提和基础，水量分配则是水权分配的前提。初始水权分配是在水量分配成果基础上通过水资源分配的深化和确权来完成的。没有初始水权分配，会导致水权交易客体不清，交易主体的权利和义务不明，水权交易难以合法有序进行。目前，我国初始水权分配和水权确权方面存在的问题主要有：只有水量分配方案，缺乏水权分配方案和水权确权登记制度，水量分配方案不能代替水权分配方案，在水权制度中需要明确与水量相关的权利、义务；水资源配置尚不完善，江河水量分配和区域用水指标分解尚未完成，行业用水配置不够明确等；依然存在用水户在未获得取水证的情况下使用水资源的现象；公众对水权确权认识度和参与度不高；2012 年以前批复的江河水量分配指标与区域用水总量控制指标之间尚需做好有效衔接。

三、水权交易活跃度有待提升

我国的水权交易依然不活跃，水权交易仍然局限于个别地区的探索，交易数量较少。我国市场主体的交易意愿不强，不少地方水权惜售和水权购买意愿不强现象并存，水权交易市场不活跃。从卖方方面看，一些有富余水权取用水户和地区，担心水权交易过程中的各种风险，加之水权交易收益利益分享机制不健全，导致水权交易激励机制不足，交易意愿不强；从买方方面看，受无偿划拨水资源的传统和水资源缺乏刚性约束不强的影响，“等、靠、要”观念在一些缺水地区和企业仍然存在，导致其购买水权的意愿不强。[①]

① 王晓娟、郑国楠、陈金木：《我国水权交易两级市场的培育与构建》，《中国水利》2018年第19期。

在开展水权交易探索的地区，其水权交易多数由政府主导，高效的水权交易价格形成机制尚未建立，制约了水权交易的开展。我国水权交易方式相对单一，协议转让方式所占比重较大，从我国水权交易所完成的水权交易来看，主要有协议转让和公开交易两种方式，其中以协议方式进行的交易占绝大多数。

四、水权交易价格形成机制不健全

水权交易价格要素包括：工程建设和运行维护费用、经济利益补偿费用、生态补偿费用、交易收益、交易佣金和依照国家规定的其他费用等；现阶段的水权交易定价方式主要有政府指导价、协商自主定价、委托第三方机构进行评估定价和公开竞价等模式；影响水权交易价格的因素主要包括工程因素、供求因素、经济因素、生态因素和政策因素等。通过对我国水权交易案例的分析，我国水权交易价格形成机制不足主要体现在：[①]（1）水权定价以行政手段为主，没有充分发挥市场机制的作用。国家和地方出台的政策虽然规定水权交易双方可以通过协商和竞价等方式确定水权交易价格，但在实践操作中，特别是在区域水权交易和取水权交易中，市场机制的作用没有得到充分发挥。（2）水权交易价格过分强调成本导向，没有充分考虑水资源价值及水权交易第三方影响，也没有充分考虑水权持有人的财产性收益，导致水权交易价格测算较低。从经济学层面分析，资源及其权属价格的内涵应包括资源产权、稀缺性和合理收益。当前，我国水权交易价格核算过程中，以工程成本核算为主，对影响水权交易价格的其他影响因素考虑不全面，如对水资源的真实价值、水权交易第三方损失和市场因素等考虑不充分。

① 王俊杰、郑国楠、马超、田贵良：《水权交易价格形成机制现状、不足及对策》，《水利发展研究》2019年第3期。

五、水权交易影响评估机制不完善

从法律属性界定，水权交易属民事合同行为，根据民法基本理论，民事合同行为主体包括合同双方当事人及第三人。水权交易不仅涉及受让方和转让方，并对交易受让方和转让方产生影响，且涉及第三方并对第三方利益造成影响。水资源外部性决定了水权交易会对交易受让方和转让方之外的第三方利益产生影响。水权交易的影响既包括有利的正面影响，也包括不利的负面影响。水权交易的第三方效应包括经济效应、社会效应和环境效应。在我国已开展的水权交易实践中，由水权交易导致的第三方利益受损的案例已经有所体现。有些地区在水权交易巨大经济利益刺激下，出现了水资源“农转非”问题。为促进更加公平合理的水权交易，应该对水权交易的经济影响和生态环境影响进行评估，但从我国水权交易实践来看，我国水权交易第三方影响评价机制尚未完全建立，水权交易的风险补偿机制尚未有效构建。

六、水权交易硬件保障条件亟须改善

水权交易需要一定的硬件条件做支撑，水利基础设施建设特别是输水管道、计量监测设施、水系联网、智慧水利系统等在内的一系列基础设施建设是保障水权交易顺利开展的重要条件。在我国宁夏和内蒙古开展的水权交易中，灌区灌溉节水工程建设是开展水权交易的前提，工业企业投资农业灌溉节水工程建设并将农业节余水量进行有效置换，是宁夏和内蒙古水权交易的主要形式。水权交易需要依托计量和监测设施，对于现代水权制度，建立和完善用水计量设施，准确全面掌握用户用水信息，是实施水权管理的重要硬件基础。我国水利基础设施建设取得了巨大进步，但我国水利设施能力仍存在明显短板，区域水利发展不平衡问题十分突出。农村水利仍然是水利的薄弱环节，水利行业监管能力不足和水利信息化水平落后的问题突出。[①]水资源计量管理中缺乏先进的计量设备，取用水自动计量普及率低，供、用、耗、排水量监控手段落后。一些单位的用水计量只有总表，二级表和三级表安装不到位，不利于计划用水工作的开展。农业领域用水计量观念不普及，计量手段落后，绝大多数农业取水还未进行监测计量。这些问题都客观制约了我国水权交易发展。

七、水权交易没有和土地改造有机结合

农业用水在我国各类用水中占比最大，长期以来，我国农业用水效率较低，节水潜力巨大。我国开展的水权交易中有相当一部分水权交易依托农业节水实施，如内蒙古和宁夏的水权交易是工业企业投资农业节水项目置换农业水权。农业农村部门是我国水权交易的主要转让部门，但我国水权交易没有和土地改造有机结合，水权交易中侧重节水工程建设和节水技术推广，土地整理和改造开展得较少，水权交易收益划拨用于土地改造以提升土地生产率的资金也比较少。

第五节　我国水权分配确权和水权交易的政策思考

一、完善水权法律制度建设

适应水权改革的现实需要，适时修改不能满足水权和水权交易发展的制度。完善《中华人民共和国水法》，确立具有中国特色的水权权利体系，补

① 王冠军、庞靖鹏、高龙：《以补短板为重点 加快完善水利基础设施网络》，新华网2019年1月21日。

充和完善水权确权及水权交易等相关制度，为水权水市场建设提供法律依据；在《中华人民共和国水法》和《取水许可和水资源费征收管理条例》中明确水权含义，包括明确水权的物权属性、期限和权利义务，明确水权确权主体、确权对象和确权程序等；完善取水许可制度，按照“有偿取得+有偿使用”的思路，健全取水权权能，落实所有权人权益，明确可交易水权内容，逐步扩大可交易水权范围，充分体现市场机制配置水资源的作用；建立统一的水权交易市场运行的系列法律法规，为水权分配、水价形成、水权交易类型、交易方式、第三方效应纠正以及水权交易监管、水权交易补偿和水权交易公众参与等问题提供法律依据。

二、完善初始水权分配和水权确权登记

加快推进跨省江河水量分配工作，对已批复的分配方案，要落实监管措施，加强省界断面水文监测，有序推进水量调度工作；抓好跨地市县河流的水量分配工作，明晰流域区域用水权益。进一步完善区域水资源分配，结合落实最严格水资源管理制度，细化区域用水总量控制指标到河段、湖泊、水库和地下水等各种水源；将各水源的水量明确细化到农业、工业、生活和生态等各用水行业。在明确区域取用水权益的基础上，规范取水许可管理，依照《取水许可和水资源费征收管理条例》，科学核定许可水量，给企业用水户颁发取水许可证；对于灌区内农业用水户，将水量分配到各斗口用水者协会，根据限定的定额标准体系，核定农户用水权限，开展灌区内用水户水权证发放。通过政策宣传，引导公众认识到水权确权的重要性与必要性，为水权确权及交易奠定群众基础。在初始水权分配和水权确权中应该保障生态环境用水需求，在生态用水得到满足后再确定可供消费的水量并进行分配确权。水权确权登记应明确水权确权范围、水权确权主体、水权登记机关以及登记程序等，水权确权应严格按照制度实施，避免确权主体和确权内容不清

晰等现象的出现。[①]

三、积极培育和构建水权交易两级市场

水权交易一级市场是国家将水资源通过其指定部门有偿出让给取用水户的市场，水权交易二级市场是将已经确权的水权转让或者再转让形成的市场。水权交易的发展和创新需要不断推进水权交易两级市场的建设和完善。要加快培育水权交易二级市场，逐步建立一级市场，使两级市场相互促进、共同发展，最终促成符合我国国情水情的水权交易市场体系的确立。2016年颁布的《水权交易管理暂行办法》将我国的水权交易分为区域水权交易、取水权交易和灌区用水户水权交易。针对我国水权交易主要类型，根据王晓娟等（2018）[②]的研究成果，培育和发展水权交易两级市场的重点在于：（1）注重南北方水资源差异，明确不同的市场培育重点，南方丰水区要把区域水权交易作为水权交易市场培育的重点，因地制宜开展基于跨流域或跨区域引调水等方式的区域水权交易。北方缺水区要加快流域水量分配和水权确权，把工农业水权交易作为重点，积极探索开展区域间及取用水户间的水权交易。（2）强化用水总量控制指标的刚性约束机制和水权交易激励机制。（3）跨区域水资源调配由行政调配为主逐渐向行政调配和市场交易相结合转变。（4）规范取水许可管理，完善取水许可制度，积极开展取水权确权，培育水权交易合法转让方。（5）建立节约水量评估认定机制，明确可交易的取水权，扩大可交易水权数量。（6）在政府财力允许的地区推广政府回购节余水权。（7）探索开展政府有偿出让水权，逐步扩大可出让的水权来源。

---

① 田贵良、丁月梅：《水资源权属管理改革形势下水权确权登记制度研究》，《中国人口·资源与环境》2016年第11期。

② 王晓娟、郑国楠、陈金木：《我国水权交易两级市场的培育与构建》，《中国水利》2018年第19期。

四、完善水权交易价格形成机制

现阶段，完善水权交易价格形成机制，应从以下几个方面入手：（1）科学界定水权价格的构成。在核定水权交易价格时，要科学界定水权交易价格的构成要素，水权交易价格不仅要体现水资源的真实价值和工程成本因素，还要考虑对水权交易风险和相关利益受损情况进行补偿，防止水权交易价格的扭曲。（2）水权交易价格形成要进一步引入市场机制，逐步加大竞标、拍卖等水权交易价格定价方式的使用，确保定价的公平合理。（3）树立水权价格为财产性收益的意识。水权价格是激励水权持有者节约水资源的重要经济杠杆，水权收益是出让方参与水权交易的最重要动力。我国水权交易价格形成中的突出问题就是水权交易价格测算以成本为导向，价格水平较低，导致水权交易收益总体水平较低。因此，水权交易价格的形成机制要强调保障水权持有者的财产性收益，通过具有竞争力的水权价格，激励水权持有者节约水资源，提升水资源使用效率，优化水资源配置。（4）构建水权交易价格形成的部门合作。水权交易价格形成涉及水利、发改委和财政等部门，各部门要加强合作，对水权交易价格形成进行深入调研，构建健全完善的水权交易价格监管和动态调整机制。

五、构建和完善水权交易影响评估机制

水权交易除了涉及水权出让方、受让方利益外，还会涉及第三方利益。为全面客观评价水权交易的影响，保障水权交易顺利进行，需要建立水权交易影响评估制度，并根据评估结果采取相应保护和补偿措施。根据水权交易影响的方面和涉及的第三方类型，可以将该地区水权交易影响评估分为生态环境影响评估和经济社会影响评估两大类。

生态环境影响评估是指对将要进行的水权交易对生态环境的预期影响进

行评估，并根据评估结果提出预防其生态环境负效应的对策措施。评估内容主要包括退水水质、生态水量和生态补偿等方面的内容。水权交易生态环境影响评估范围一般包括水权出让方所在地、水权受让方所在地、水资源流经地区等。水权交易经济社会影响评估是指对水权交易中因水量或水质变化受到影响的第三方经济主体评价其可能受到的影响，并提出相应对策措施。经济社会影响的评估内容相对宽泛，主要包括：对农业影响的分析、对水资源利用相关产业的影响、对居民用水的影响、对就业和社会福利的影响等。

六、改善水权交易硬件保障条件

重视水权交易配套基础设施建设，主要包括输水管道、计量监测设施、水系联网、智慧水利系统等在内的一系列基础设施建设。政府在维护和改造现有管网设施、确保日常水资源输送效率的同时，应重点完善水权交易监测站网的布设，加大配套监测调度系统开发力度，运用智能水表、电磁流量计、超声波流量计等智能计量仪表，结合计算机、网络通信和传感器等技术，实现取水、用水、排水的自动化监测和管理，为水权交易提供有力的技术支持和基础数据。

（本章作者：张建斌）

第九章

通过调节水资源分配建设北部经济带

以水资源供给侧结构性改革为突破口，调动我国北部地区生态环境恢复和工农业生产发展新动能的积极性，以此改善区域经济发展不协调、产业结构不合理、区位优势不明显等问题。在新常态下稳步推进淘汰落后产能和产业转型升级，在新时代打造以铁路交通线为主轴的“Y”字形北部经济带，完成今后北部地区经济保持绿色平稳发展和生态环境得到切实改善的重要历史任务。

第一节　北部经济带：构想、理论与构成

一、提出“北部经济带”的原因

北方各省（自治区、直辖市）主要处于黄淮海流域，是我国重要的农牧业生产基地，拥有丰富的能源资源和深厚文化底蕴，饮水同源、文化相通。但生态环境脆弱，各省（自治区、直辖市）之间生态、经济、社会、资源等禀赋差异也较大。上游生态好、水源足，但经济社会发展相对较慢；中游生态脆弱，但能源丰富；下游土地富饶、农业发达，经济社会发展较快，但资源缺乏，特别是水资源严重缺乏。

中国经济在历经改革开放几十年高速增长之后，正处于适应新常态的阶段：一是面临经济下行压力，增长速度放缓；二是面临资源环境压力，应尽快实施经济结构调整；三是面临城乡差距、东西部差距呈逐渐扩大趋势，需构建新的助推经济增长的战略性区域。同时，随着我国经济转型升级压力逐步加大，“稳增长、调结构”的要求与北部地区经济长期粗放型发展的实际出现了较大的冲突，而且对生态环境的影响也显著加剧。京津地区作为北部经济龙头，对周边地区辐射带动效力较差，北部二线城市尚未形成较突出的经济增长带动点，地区与地区之间的经济融合和文化交流仍然处于较低水平。

如何充分发挥铁路干线运输纽带作用，形成长久的经济发展动力；如何打破行政区划桎梏，促进城市群之间的切实协作，进而缩小区域发展差距，消除行政区划接壤地区的经济低谷；如何建立有效的协作发展机制，建立全产业链内各具特色、错位发展的产业体系；针对日益凸显的资源环境压力，

如何通过国土空间的优化布局，建立高效运行的城市群及其系统，促进经济社会要素集聚与快速、健康发展；如何解决农业地区、生态地区贫困问题，促进全社会公平发展等问题均待解决。

怎样更好地发挥京津地区对于北部整体发展的龙头带动作用，通过现有交通干线为轴连接各主要二线城市，在该地区实践“点－轴系统”理论的经济带宏观规划模式，需要我们对北部经济带构想进行细致的考察研究。

二、北部经济带战略的理论基础

建设经济带的空间布局理念和模式完全符合中国国土开发和经济布局合理化的要求。这种空间布局的理论基础是空间结构理论范畴的“点－轴系统”理论。“点－轴系统”理论是在分析中国自然基础，特别是中国经济布局特点和综合国力的基础上提出的。以经济带的模式进行国土开发和发展区域经济，是“点－轴系统”理论的应用核心。①

按照“点－轴系统”模式进行区域开发与经济和社会布局，可以使经济和社会要素（客体）与区域性基础设施之间实现有机结合，即经济和社会设施的布局在宏观、中观、微观都与交通、水、土资源等实现最佳的空间结合。这样就会产生空间集聚效果，可以充分发挥各级中心城市的作用，有利于城市之间、区域之间、城乡之间便捷地联系。客观上有利于实现地区间、城市间的专业化协作，形成有机的地域经济网络；可以使全国战略和地区战略较好地结合起来，使各地区、各部门有明确统一的地域开发方向，有利于提高建设投资效果和管理水平。随着国家和区域经济网络的逐步形成，可以

① 陆大道：《建设经济带是经济发展布局的最佳选择——长江经济带经济发展的巨大潜力》，《地理科学》2014年第7期。

实现从区域间的不平衡到较为平衡的发展。[①]

李克强总理在2014年《政府工作报告》中指出："要谋划区域发展新棋局，由东向西、由沿海向内地，沿大江大河和陆路交通干线，推进梯度发展。"我国区域开放开发战略布局正在由沿海先行进入沿海、沿江和内陆并重的时代。目前，我国北部地区（黄淮海流域）作为我国煤炭、石油、粮棉等战略资源的重要产地，在全国占有领先地位。但在社会经济发展速度、质量和创新与开放水平上都落后于"长江经济带"以及东部沿海地区，而无论从历史还是现实及未来的哪个角度与标准来衡量，从国家与民族及中华文明发展的全局以及相应的战略高度来定位和规划整个北部地区（黄淮海流域），都是势在必行的重大考量和举措。

三、北部经济带的战略愿景

资源和要素地区分布结构扭曲，导致了我国与印度、日本、韩国、美国、英国和德国等国相比，有效利用空间和地域相对不足和狭小。调水改土、扩大发展空间战略，不是以往因华北地下水超采和北京等城市极度缺水所做的被动和单纯的调水行动，而是为了改变人口、劳动力、水资源与土地、阳光、能源在区域上的错配，使其相互在区域分布上均衡，大致在"胡焕庸线"以西，北纬35度到45度之间，形成一个以水资源为基础的新的经济社会发展区域。

一些学者认为，要敬畏自然，发达国家现在开始拆除水利大坝，我们不能大规模建设水利工程；过去围湖造田、退牧砍林造地，不能大规模开发土地。这是一种片面的看法。实际上，美国虽然对一些大坝进行了拆除，但是

① 陆大道：《建设经济带是经济发展布局的最佳选择——长江经济带经济发展的巨大潜力》，《地理科学》2014年第7期。

迄今规模化的工程调水量达300亿立方米，这些运转良好、发挥着巨大作用的工程设施，他们并没有拆除，而是倍加保护。仅从落基山脉水系向西雅图、旧金山和洛杉矶区域工程调水量就高达200亿立方米。未来开发的模式不是围湖造田和砍林开垦，而是改造干旱土壤地、沙漠、戈壁、干旱草原；不是过度利用本来就是干旱地区的水资源，而是向干旱的沙漠、戈壁、无水土壤地、干旱草原地等增加水资源；不是破坏脆弱的干旱生态，一些区域因没有水而根本就没有绿色生态，调水改土是调补水资源，在此基础上形成、增强和扩大这些不毛之地的绿色生态。

规划和实施调水改土、扩大发展空间战略，不单纯是从丰水地域向缺水地域调水，而是以调来的水资源为基础，开发未利用土地，以吸引人口、劳动力和资金在新开发地区聚集，淡水、土地、人口、劳动力、资金等要素相互匹配，形成新的生产能力和消费需求组合，即中国北部新经济带。

一个地区，形成人们能够生存和发展的区域，从生产力方面讲，需要有淡水、可利用土地、能源，以及可使粮食和生态所需植物生长的光热资源。中国北部新经济带，特别是这一经济带的中西部，太阳光能和风能资源非常丰富。就光热资源看，北部新经济带中部的内蒙古、甘肃中西部、宁夏、青海北部等，处于这一太阳光热资源丰富的范围。水资源、土地和光照结合，给农业产品、林木、牧草和生态植被的生长提供了得天独厚的条件。而从风能资源看，处于北部新经济带区域的新疆、甘肃、宁夏、内蒙古、东北西部近200公里宽的地带，是风能丰富带。这些地区纬度较高，处于西风带控制，同时冬季又受到北方高压冷气团影响，主风向为西风和西北风，风力强度大，持续时间长，同时这些地区海拔较高，风能衰减小，因此，具有较好的风能开发价值，并且该地区可设风电场的区域地形平坦，交通方便，没有破坏性风速，是我国连成一片的最大风能资源区，适于大规模开发利用。

因此，调节水资源在南北之间的分布，组合北部土地丰富的土地、太阳能和风能，为形成一个新的经济社会综合性发展区域提供了广阔的可利用空间。

中国北部新经济带，范围在北纬35度到50度，东经123度到75度之间，包括的区域为京津冀，环渤海辽宁省西部和山东省大部，山西省，陕西省和河南省北部，内蒙古自治区北纬45度以南，宁夏回族自治区，甘肃省和青海省北中部，新疆维吾尔自治区。

北部新经济带资源、条件、产业和要素组合内容主要有：（1）从资源组合看，调节水资源分配的流向和规模，利用本区域丰富的光照、光热和温差，开发和改造大规模可利用但未利用的土地，结合本地煤炭、石油、天然气、光伏、风能和二次电能，利用其他矿产、农林牧产出、山水风光等资源，通过高效农业方式、工业园区和现代工厂方式、现代交通和酒店民宿及风景区方式，形成中国北部新的生产力区域。

（2）从发展条件看，交通方面，东西方向的G7、G6、G22、G18、G20高速，京包、包兰、兰新、南疆、兰青、青藏、陇海等铁路和高铁，东北方向有G1、G45、G55和G16高速，还有京哈、集通、京通等网状铁路线；信息方面，光缆干线有天津—呼和浩特—兰州、青岛—石家庄—银川、连云港—乌鲁木齐—伊宁、兰州—格尔木—拉萨；而移动通信网络和基站，在北部经济带的城市—乡镇等人口密集区和交通线路带，已经基本覆盖。

（3）在发展的空间和经济内容上，吸引人口从区外向区内迁徙，特别是向西部区域流动，向城市—乡镇聚集人口；通过鼓励创业、兴办企业、发展事业、扩大需求，给区内和新流入区内的劳动力提供充足的就业机会；物流、贸易、特色农业、旅游观光等组合，形成高效节水非转基因农业；承接传统但又提升制造业；形成中药材采集和生产基地，传承藏蒙药材和医疗业，挖掘发扬西域和藏蒙传统文化和工艺；发展新疆西域雪山胡杨大漠冬不拉，宁甘青高原盐湖高山牦牛藏歌，内蒙古草原蓝天牛羊马头琴等特殊观光旅游业。

（4）在发展要素方面，通过鼓励创业、创办企业、发展产业和扩大需求，创造和扩大就业机会，充分利用区内，并吸引区外劳动力向区内流动和配置，特别是利用目前聚集在农村的富余农业劳动力，转移历史上和每年形成的因水利等建设征地搬迁人口和劳动力、扶贫易地搬迁安置人口和劳动力、复员转业军人；通过鼓励社会资金进入调水改土战略，开发和工程社会化、市场化运作，土地使用财产权清晰和年期很长，进行土地要素市场化交易改革，放宽土地要素交易、入股、投资和建设等各方面的限制，吸引过剩资金，特别是吸引向国外流出的资金，注入北部新经济带的建设和发展事业之中。

从北部新经济带的水利体系看，应当按照近水近调的原则，进行区内布局：（1）北部新经济带的东部，辽鲁和京津冀，内蒙古北纬45度以南的中东部等地区，除了已经建成的东线和中线南水北调工程外，采取渤海和黄海海水淡化就近西调的方式形成水资源供给体系。在黄海和渤海沿线改造和综合利用煤电和核电余热，建设大型沿海带状海水淡化基地，通过中短途输水到青岛、烟台、潍坊、滨州、沧州、天津、廊坊、北京、唐山等重要城市和地区；在渤海北部建设大型海水淡化西调工程，从葫芦岛等地引水口，通过长途输水管道，经过朝阳和赤峰线向北、向西和向西南，形成对辽宁西部、内蒙古东部和河北北部干旱地区的水资源供给体系。

（2）北部新经济带中部地区采用提高空中云气降水率的技术，形成“天河工程”体系，给祁连、昆仑、巴颜喀拉、唐古拉和横断等山脉补雪降水，以地面西线南水北调主干工程，配套“通天河—格尔木”“黄河—肃北—蒙西”等工程设施，以自流方式为主，配合以丰富的太阳光伏电和风电等能源为动力，向甘肃河西走廊、塔里木盆地、甘肃中部、宁夏、内蒙古中西部、陕北和山西等区域调水，特别是给黄河补水。

（3）北部新经济带的西部地区，采用组合方式：利用提高空中云气降水率和“天河工程”给阿尔泰、天山、昆仑和阿尔金等山脉补雪降水，配合地面自然径流和人工工程，向两大盆地增加水资源供给；通过“藏水入疆”工程，本着上下游两利的原则，在丰水期帮助下游印度和孟加拉国等国家防洪抗涝，上游进行工程调水和储水，向塔里木盆地输水；同样，坚持和利用上下游两利的原则和方式，通过引额引伊济准工程，向准噶尔盆地输水；而吐鲁番盆地和河西走廊以西，处在藏水入疆、引额引伊济疆和黄河—河西走廊三大水利工程的中间，应当以自流为宜、距离就近、成本较低、水量保证的原则，单一接入或者组合接入。

建设和形成上述北部新经济带水利体系的一些重大原则：（1）在增加水资源供给量方面，提高云气降水率，空中给地面流量补雪降雨增水，海水淡化西调，与地面现有流量调水相结合；利用境内流量，与在丰水防洪两利下对出境流量调水和储水相结合。（2）在工程建设方面，利用自然径流与建设引水工程，主干调水工程与中短引水工程，冰山增雪及水库储水与涵管、隧道和明渠调水相结合；在水流动力来源方面，尽可能利用落差自流，与太阳光伏、风能和水利电力能源辅助提水相结合。（3）在资金投入、成本控制和风险防范方面，政府公共产品投入与社会资本投资相结合，财政引导资金与长期开发贷款和长期国债资金相结合，工程国家所有、混合所有与企业运营相结合，工程线路和储水地选择考虑自流、距离和成本等与防范重大地震等不确定性及应急工程措施配套相结合。（4）在水利与经济发展基础资源与设施的关系方面，布局水利线路和储水地时，与现有及未来建设的交通和能源线路和基地就近相结合；在规划水资源供给目的地时，与现有和需要发展的城市、城镇和乡村居住点相适应，与开垦拓展新节水农林业等区域相一致。

从北部新经济带的城乡发展与水利功能的关系看：（1）北部新经济带东部地区。首先，满足日益增长的东部三大城市群的生活、工业和生态用水。在成本比较和多元竞争格局下，南水北调工程东中线，包括其他中短途调水工程与沿海海水淡化相结合，给大连—沈阳、京津冀、济南—青岛等三大城市群，以及人口密集地区供水和补水。水利体系的功能是遏制地下水超采，补偿地下水漏斗。节流方面，推动节约用水、循环使用、降低水耗、高效工农业用水观念、约束和方式；开源方面，满足日益增长的城乡生活、工业生产、农业生产和环境生态。其次，发展海洋综合产业，建设蒙东农业生产基地，促进辽西城市带发展。就振兴东北老工业基地和调水改土看，东部重大工程“渤水西调”，主要从葫芦岛—锡林郭勒，东北向分支锡林郭勒—霍林郭勒，西南向分支锡林郭勒—呼和浩特，其主要功能为：促进辽西葫芦岛—锦州—朝阳—赤峰城市带的发展，在渤海北部形成煤核电力—余热利用—海水淡化—海盐化工—海水制氢等综合海洋产业体系；在东经110度到123度，北纬41度到45度范围的地区，遏制内蒙古东部草原沙化，增加其湿地面积，将适宜耕种的沙漠地、干旱草原地和干旱土壤地改造成耕地。

（2）北部新经济带中部地区。首先，消除水资源供给不足瓶颈，促进西北部六大城市带和组团的发展，吸引和聚集人口，承接东南部制造业向中国西北部转移。从城市带和工业方面看，增加河西走廊玉门—兰州城市带，兰州—包头沿黄河城市带，榆林—延安—铜川陕北城市带，山西大同—太原—运城城市带群，还包括兰州—西宁双城带，西宁—德令哈—格尔木城市带，固原、庆阳和平凉城市组团等地区的供水，增强这些城市及其郊区—城郊—新农村社区人口集聚和进一步城市化的生活用水承载能力；东部地区制造业向越南、印度、马来西亚等转移的趋势加大，应当通过调水、扩城和聚人，使中国西北部成为稳住、吸引和承接东部制造业的扩大区域。中国北部经济带中部，劳动力成本较低，通过改造会使建设用地丰足，环境容纳和稀释能力较强；随着移动通信、高速公路、高速铁路、国道和省县际公路，以及机场的建设和发展，运输时间缩短、效率提高、成本下降；北部新经济带的中部地区，是煤炭、石油、天然气、光伏、风能等能源基地，又是铁矿、钾锂盐、铝矾土、硅砂石灰等矿石原料和半成品的供给基地。其次，建设中国北部和甘青农牧业生产基地和湿地林地生态区。遏制沙化，向河西走廊农业区输水，给黄河补水；结合治沙变土等技术，通过改造沙漠盐碱土地，利用干旱土壤地，扩大可耕地面积，增加地表和地下水，改善草地湿润气候条件，发展节水高效环保农牧业，建设北部新经济带中部农牧生产基地；各类水资源循环利用，扩大湿地和林地，大力度改善中国西北部生态环境。

（3）北部新经济带西部新疆区域。首先，向新疆南部、新疆西部城市带聚集人口，促进新疆城市化进程，发展服务和辐射疆内外的第三产业。形成哈密—吐鲁番—乌鲁木齐—石河子—奎屯、阿勒泰—塔城—博乐—伊宁、库尔勒—阿克苏—阿图什—喀什—和田等三大城市带，以及乌鲁木齐—昌吉—克拉玛小城市带，使人口向这些城市带的城市、城郊、集镇和新农村社区集中。在适度集中的城市—城郊—乡镇—农村新社区中，形成金融、商业、教育、医疗、文化、科技、信息、物流等服务业，这些服务业不仅满足新疆企业和居民的经营和生活需要，还应当向中南亚发挥作用，形成这一地域的金融、教育、科技、文化和市场中心。通过调水改土，再造美丽新疆。利用有民族地区特色的湖泊、河流、湿地、草原、森林、雪山、牛羊、白云、蓝天、大山、盆地等自然风光，民居、服饰、饮食、歌舞、饰品等特色文化，依托现代化交通体系，形成旅游业。其次，形成南北分工和各有特色的能源和加工工业体系，建设中亚地区制造业中心。在产业方面，一是形成煤炭和石油传统能源与光伏风能新兴能源相结合的能源生产基地，特别是发展分布式电力供给系统，供新疆城市生活和工业用油气和电力，与周边合作，结合特高压电网向周边国家出口电力；二是形成煤炭石油化工深加工产业链，煤—电—钢铝—供热联产，除了满足新疆北部钢铁有色金属需要外，向中西亚地区出口钢材和铝材等产品；三是承接东部消费制造业，在新疆形成棉毛纺织、皮革、衣鞋帽和其他家庭日常生活用品以及耐用消费品等制造业基地，除了满足新疆北部居民消费需要外，通过“一带一路”向中南亚出口销售。再次，建设中国新疆现代化节水高效生态型农产品生产和加工基地。争取在新疆南部和新疆北部通过调水和采用节水灌溉方式，增加3亿到4亿亩高效农林牧业用地，改善草原条件，利用新疆光照长、阴天少的特点，扩大非转基因小麦、玉米、大豆、马铃薯等大宗农作物和棉麻，蓝莓、藏红花、甘草等中药材，松杨榆等，牛羊禽鱼蛋奶等农林牧渔产品的生产，把北疆建设成渠路成行、耕田辽阔、草原丰茂、林木成片、粮棉丰收、牛羊肥美、枣甜瓜香的中国规模最大的优质农产品生产基地。在此基础上，发展饮料食品、中成药、牧业饲料、棉麻、民族工艺等新疆优势和特色农林医产品加工制造业，并成为中亚农产品集散加工贸易中心。

从经济体系开放看，中国北部新经济带与境内丝绸经济带叠加开发、建设和运行。从国内部分看，主要是在交通、产业和人口体系上贯通和连接东部海岸海运港口、内陆空港和西部陆地口岸经济通道。目前，东部人口迁徙、劳动力流动、产业投资和制造业转移，一定程度上存在着“西不过西安”的状况，除了交通运距远和成本高外，很大一个原因是光热和未利用土地资源与水资源不匹配，生产力开发程度偏低；而且，国内陆上丝绸之路的陆海内外贯通，交通也已经不是主要限制问题。克服投资和产业转移“西不过西安”，首先，要做强国内这一区域的产业体系、市场联系、人口城镇带，在此基础上，才能形成规模成长和较大的投资、贸易和人员往来等方面的流量。其次，从体制、口岸和通道方面，北部新经济带的西部需要进一步疏通扩展霍尔果斯、阿拉山口等口岸和中哈等中国与中亚西向经济走廊，红其拉甫口岸和中国与巴基斯坦西南向经济走廊，以及乌鲁木齐和喀什等空港对外口岸；东中部则借助于内蒙古满洲里等口岸、黑吉辽各口岸，包括京津冀和蒙辽吉黑的各空港，形成向北和由东向西的陆上丝绸之路经济联系，并通过东部沿海各港口，形成陆上丝绸之路和海上丝绸之路的衔接。

第二节　北部经济带的战略定位

北部地区是我国煤炭、石油、粮棉等战略资源的重要产地，在全国占有领先地位，域内经济发展有得天独厚的资源优势和联合发展的巨大潜力。黄河流域地广人多，产业结构和生产力水平差异较大，生态环境较脆弱。北部经济带建设，可加速域内供给侧结构性改革，有利于生产要素自由流动和资源优化配置；对调整产业布局、促进新城镇化建设和生态文明建设有着重要推动作用；同时，可进一步增强域内经济社会全面协调发展。

一、资源空间重组新兴经济增长带

北部经济带的建设首先需要解决资源空间分布不均匀、生产要素流动不通畅等问题。区域合作水平由于受经济资源和生产要素流动中存在隔阂等限制，无法提供高效的市场进行交易，难以发挥各地区比较优势，严重限制了域内各城市群之间和城市群内部经济交流与合作成效。

赫克歇尔－俄林的要素禀赋理论认为，由于国与国之间要素禀赋存在差异，使得要素价格也产生差异，进而导致生产成本和产品价格的差异，通过国际贸易可以增进两国利益。该理论也适用于一国内区域之间的合作，拥有不同要素禀赋优势的地区通过区域间的合作可以带来合作各方福利的增加。[①]

北部经济带内部资源空间重组本质在于实现域内资源的优化配置，而市场与政府两者在体制机制上的配合起着重要作用。北部经济带是和一个国家内部不同行政区域之间的合作，因而除了参与合作的各方政府在自主、自愿的基础上进行协调以外，还离不开中央政府的协调。各地产业结构存在差异，经济发展水平不同，地域文化特点不一，在跨地区经济协调发展和资源调配与合作等问题上都需要国家从整体利益高度出发进行宏观统一协调，在基础制度建设上加强供给，完善相关法律法规，加强知识产权保护和生态环境检查，切实保障各方合法权益。除此之外，在具体要素流动和市场活动等

---

① 冯邦彦、周孟亮：《区域合作与资源优化配置——“泛珠三角”战略的经济学分析》，《暨南学报》（哲学社会科学版），2005年第4期。

微观领域，充分发挥市场在资源配置机制中的作用，可以提高域内资源空间重组的效率和效益。

但是，北部经济带内部资源优化配置与空间重塑是一个长期过程，有赖于众多相关条件的逐步成熟，但首先要打破内部区域间经济要素流通阻碍，打破行政区政令互不协调的壁垒，由中央政府统筹长远发展规划，协调参与各省（自治区、直辖市）的长短期利益，加强区域经济合作的制度建设。参与合作的各方在区域合作政策制定等问题上，亦应在中央政府的协调下，从长远、全局的角度出发，真诚合作，使市场交易建立在诚实、守信用的基础之上，切实减少交易费用和行政成本。

同时发挥市场在劳动力、生产资料、资金等经济发展核心生产要素的跨区域调节能力，构建统一、规范、自由的全要素公平大市场。要盘活域内劳动力、资本等要素自由流动；建立权责明确的产权交易体系；促进制造业转型升级和提高资产经营效益；强化资本市场的经营成效和抗风险能力；在不同产权之间形成良好的沟通交流和交易机制；利用各自比较优势整合区域资源。这样一方面可以帮助旧产能实现转型升级走出困境，另一方面借此机会，建立区域统一的土地、劳动力、技术、资金等产权交易平台和合作模式，实现市场主导的资源优化再配置，切实提高对新型经济模式发展的支持保障能力。

二、陆海统筹、东西互济协调发展带

由于地理、气候及资源等方面的原因，新疆地区、河套地区、黄土高原地区、内蒙古高原地区与华北平原地区及沿海地区存在较大的区域经济融合障碍。交通不便和运输距离远、人口分布不均、生态环境脆弱等问题，使得人口相对稠密、经济相对发达的华北平原地区与其他地区联系不够紧密。这导致了主要消费市场难以通过常规方式带动原材料和工业区的经济进一步发展和产业升级转型。

若不能打通全产业链条的所有环节，就难以形成“资源—加工—市场”与“生产—运输—消费”相匹配的经济发展模式，进而制约西部地区投资收益和深层次开发。西部经济的发展需要交通线能够进一步打通各地区产业链条，实现人和物的高质量流转，破除区域间发展壁垒，提高投资吸引力和生产效率，将原料开采—高科技加工—制成品装配—市场销售融为一体。

东部经济发达地区因产业转型升级，服务业比重进一步扩大，劳动力、土地、资源等成本不断上涨等原因，可以将一部分科技含量高、环境污染小、发展潜力大的创新型产业及相关配套的生产装配企业向中西部地区转移。中西部地区在接收新型制造业产业时，要严格审查相关产业的环保评级，同时细致评估资源能耗等方面会不会超出本地区的承载能力。同时，尽可能利用本地区原有的资源和产业优势，吸引相关产业的优质资本和技术直接投入，对旧有落后产能进行淘汰，提高原有优势产业科技创新和管理能力。尽量做到能用旧厂址就不盖新厂房，能用旧园区就不占新土地，主要突出新旧动能转换，以提高旧产业科技含量达到“腾笼换鸟”的目的。

同时，“Y”字形交通轴线的连接作用对优化中西部地区原有的产业结构和基建水平、提高资源再调配和居住环境质量，以及新兴制造业产业转移提供了深厚的工业和生活基础。近年来的相关案例显示，我国中高端制造业正在中部地区的核心城市崛起，中部地区二线城市的影响力和吸引力得到了较大提升。通过人才引进战略和切实增强产业和生活配套，新交通经济区沿线核心城市在产业转移过程中迎来重大发展机遇。

但北方经济带内东西协调发展还需要进一步深挖经济发展潜力，下大力气改善区域资源保障力度和生态环境保护水平。通过中央对中西部地区发展的优惠政策和与友好城市结对子等顶层设计和政策优势，对绿色新区进行整体规划和布局，以吸引大型物流企业、电商平台、科研院所、高精尖企业等产业主体入驻；通过对具体项目的落实打造中西部地区经济发展的新动能；突破地方行政壁垒，积极改革户籍制度，进一步吸引优质劳动力到新区安家落户。

三、新型城镇化与产业建设融合带

北部地区是“十三五”时期生态建设和脱贫的主战场。截至2015年年末，我国约有5575万农村贫困人口，而仅黄河流域贫困人口超过2000万人，约占我国贫困人口的35%。另外，由于传统工业密集汇聚，北部地区生态环境恶劣，空气污染和水污染已经严重影响到百姓的生产生活。北部经济带的建设与发展，有利于政府统筹治理北部各省区经济发展、新型城镇化建设以及生态改善和脱贫攻坚等问题。以城镇化推动国家扶贫政策的落实，在产业转型升级中引导贫困地区经济弯道超车，积极响应到2020年国家“贫困人口全部脱贫”的目标。

首先，当前我国新型城镇化建设与产业结构升级快速发展进程中出现了一些亟待解决的问题，如农村工业化推动城镇化发展的后劲明显不足，因此未来的产业结构升级要摒弃高耗能、高污染产业，且需要新型城镇化来推动。其次，由于我国城镇人口集聚，城镇基础设施建设、公共服务和管理水平未跟上，导致城镇问题突出，城镇常住人口不能均等化享有本地户籍利益和社会公共服务，且一些大城市在住房、交通、环境等方面产生了“城市病”，需要政府和社会共同发力推进城市功能疏解，提高城市承载能力，改善城市生态环境。

而新型城镇化更加强调城镇化发展质量以及我国经济可持续发展要求，即新型城镇化是以城乡统筹、城乡一体、产城互动、节约集约、生态宜居、和谐发展为基本特征的城镇化。在北部经济带着重增强新型城镇化建设，对解决北部经济带地区现有的城乡发展不平衡、落后产能淘汰不彻底、生态环境保护形势严峻等问题有着重要意义。由于新型城镇化注重资源的节约利用，可以通过完善城镇基础设施和公共服务设施来不断完善城市功能，提高和改善人居环境，因此新型城镇化不仅有利于第三产业，尤其是有利于现代服务业的发展，也在客观上要求产业结构不断优化升级，对城乡产业布局和产业结构优化起到巨大推动作用。

新型城镇化建设和产业结构升级两者紧密联系、相互促进。一方面，新型城镇化是产业结构升级的依托，通过强调以人为本、优化城镇空间布局、重视对生态文明的保护，推动城镇提供质优量多的基础设施、社会公共服务和适宜的城镇化空间布局，并利用“用脚投票”机制加速了优质人力资源集聚、产业协同集聚，为产业结构升级，集聚各种优质生产资源和创新资源拓宽了产业发展空间，提高了要素在各城镇之间的自由动态配置以及产业研发创新的能效，有利于产业分工专业化、产业空间布局集约化以及产业结构优化升级。另一方面，产业结构升级是新型城镇化建设的重要途径，可为新型城镇化建设提供产业经济支撑，极大地提高了各个产业对社会资源、人力资源的吸收和承载，且产业结构升级的外溢性也进一步优化了城镇的基础设施和公共服务，进而促进了农村人力资源向城镇转移。同时，处于“双期交汇”的产业结构升级会促进基于互联网信息技术支持的现代农业的发展，提高农业生产、服务水平，推动服务型农业的生产，促进产业融合，加快“就地城镇化”在乡镇地区遍地开花，直接扩大城镇空间范围，提高城镇化水平。

北部经济带的建设正是利用新型城镇化和产业转型升级等手段，解决北部地区城乡经济发展不协调、城镇化成果不显著、产业结构不合理的核心问题。以新型城镇化与产业建设融合带为目标，推进北部地区经济社会全面协调可持续发展，强化各主要城市点对面经济辐射能力，推进乡村振兴战略和绿色发展理念的实施，实现北部地区经济又好又快发展。

四、土地改革创新先行先试示范带

实施新型城镇化建设和实现城乡经济协调发展的目的主要是加强城乡融合，也就是要改变城乡二元发展格局，通过增强农村发展活力推进城乡转型发展。而以农民土地权益保障和实现为核心的土地制度改革，是实现城乡融合发展的重要政策工具。

土地产权结构完善是土地产权实现的制度基础。针对农村土地产权结构不合理、土地权益关系不对等问题，2015年以来，国家先后开展了“三块地”改革试点、农村承包地“三权分置”改革、农村宅基地“三权分置”改革等有关以土地产权结构完善为核心的权利实现机制改革，从而更加明确了集体与农户之间的土地权益关系，为构建多类型资本合作的现代经济体系打下了基础。

同时，北部地区由于地理气候原因，除了留有大量农村集体土地以外，还有较大面积的未利用土地和难以利用的土地。通过土地改革创新进行先行先试，引入绿色创新产业和资金，尝试对未利用土地和难以利用土地进行生态修复和整体改造，不仅可以增加土地供给，还可以发挥后发优势打造特色产业小镇，推动新型城镇化和创新产业落地，实现乡村振兴跨越式发展。

通过优化土地规划政策，根据城乡一体化发展和乡村工业化，以及农村产业转型等总体规划来制定用于土地改革创新试点的土地规划制度。明确土地利用规划，划定产业开发界线、建设用地界线、农业保护界线和生态保护界线。同时为特色产业发展预留弹性空间，将土地细分为居民居住生活用地、公共服务建设用地、农业基础设施用地等，使特色产业和从业人员得到居住行一体化保障，同时实现生态保护的最大化。

土地改革创新试点中的土地流转，是乡村农业适度规模经营的前提，也是农业产业发展的前提条件。在保护村民近期和长远利益上，合法合规地实行特色小镇中的乡村土地流转。第一，利用契约形式明确土地承包合作者的经营权。第二，创新和优化乡村集体土地所有权、承包权和经营权“三权分置”多种规范，确保土地承包权长期稳定和经营权的灵活流动。第三，制定相关土地流转政策法规，在资本质押、有偿退出、土地股权、产业经营等方面确保土地流转过程有法可依。

第三节　北部经济带的实现路径

一、解决重点区域缺水问题，保障经济可持续发展

水资源是保障区域经济快速发展的重要基础性自然资源，系生态环境建设的控制性要素，同时又具有极高的战略价值，系综合国力的有机组成部分。随着人民生活水平的逐渐提高，社会对水的质量和数量需求也越来越大。而自然界所能提供的可用水资源量是有一定限度的，需求与供给间的矛盾日趋尖锐。只有通过水资源合理配置，即在一个特定区域内，遵循生态文明理念和节约资源、保护环境的基本国策，以可持续发展为原则，对有限的、不同形式的水资源，通过相关工程设施在各区域之间进行科学分配。

通过水资源供给调配促进区域开发布局再调整，可以重点解决华北平原、河西走廊、黄土高原、内蒙古高原的资源型缺水问题和新疆工程型缺水问题。以水资源供给能力的改善，提高上述区域基础资源保障能力，推动工业转型升级和农业生态化改革，进一步带动区域经济发展。

面对供给侧结构性改革和严格的环境保护政策的实施，需要借助跨区域水资源调配来帮助域内一二产业转型升级，提高资源供给保障能力，并通过引入高科技创新产业和配套环保企业，在可持续发展能力上形成跨越式发展，实现绿色发展的弯道超车，一举扭转经济发展动能不足和资源枯竭、产业落后和产能过剩等根本问题。

通过跨区域水资源调配打造以绿色生态为特色的产业新区，可以带动整个区域经济发展活力，坚决杜绝先开发后污染的破坏型发展模式。

（一）创建区域经济绿色新区要保证环保产业的投入力度

环保产业是为社会生产、生活提供环境产品和服务活动，为防治污染、改善生态环境、保护资源提供物质基础和技术保障。近年来，我国环保产业已进入快速发展阶段，总体规模迅速扩大，应用领域广阔、组织结构成熟、技术水平先进，成为国民经济新的支柱产业。以环保产业为基础保障，才能确保绿色新区的根基是清洁的、发展是可持续的、资源调配是有意义的。

（二）高新尖技术的引进是绿色新区得以继续发展的关键

旧的产业技术有着资源消耗高、环境污染大、经济效益差等天然缺陷。正是带着这样的问题，北方各区经济发展和环境污染之间的矛盾日益突出。引进经过市场检验的高新尖技术，打造绿色产业中心；通过配套绿色金融产品盘活市场富余资金；鼓励居民提高对科技产业和环保事业的关注度和参与度；加大环境监管能力和执法力度；全力打造以生态文明为核心的创新型公民社会；以点带面，促进区域内和跨区域创新型产业合作，打造绿色发展新动能。

（三）进一步加强生态环境监管，完善绿色发展理念是绿色新区得以永葆生机的保障

生态文明建设需要从政治高度加强顶层设计和组织领导，关键在于切实加强生态环境监管能力。相关制度建设和法律法规的制定和执行都要依靠对生态文明理念和绿色产业技术深刻认识并通过严格的执法实践来完成。运用互联网和大数据技术手段，对污染企业和污染源进行高质量实时监控，实时公开检测结果，提高环保机构的社会公信力。同时，大力吸收群众组织等民间力量，加大对生态环境保护和绿色低碳产业的宣传推广，提高全社会的环保意识，激发创新能力，完善生态环境管理制度。

二、以交通干线为轴，实现域内产业协同发展

北部地区普遍存在人口基数大、产业结构不合理、产能过剩且效率不高、地理分布分散等问题。东西部发展因水资源和气候环境等因素的制约呈现出较高的不平衡性。通过铁路运力的带动，可以扩大货物和服务产品的流通市场，促进人才和信息交互，有助于形成新产业供应和销售链，链接各区域绿色新区，通过水资源的整合推广到社会发展的各个方面，形成新的“Y”字形空间结构布局，并以此连接各主要经济增长点。

中西部地区作为铁路建设的重点和创新点，要加快形成快速畅通的铁路大通道，进一步完善覆盖广泛的运输网络和服务体系。可以通过与大型电商及物流企业的合作，提升铁路对工农业生产和销售的服务能力，拓宽服务内容、提升服务质量，打造“产—运—销”一条龙产业新模式，使铁路运输在缩小地区发展差距和推动更大范围、更高水平、更深层次区域协同合作上发挥新的作用。

新疆地区、河西走廊地区与华北地区和内蒙古高原地区通过两大铁路干线相连，若能实质性地提升各区域商务信息中心城市的交通联系，沿交通线打造“Y”字形绿色经济区，必能刺激各区域经济活力。此举可为跨区域合作和发展提供更大的交通辐射范围，为各区域打造绿色生态创新区提供更大的劳动力市场和销售平台，整体上有助于提升劳动生产率。

随着我国经济快速发展和外部经济环境的逐步变化，东部发达地区部分产业进入转移和转型的协调期。由于土地、环保、劳动力等要素供需水平不断变化，东部发达地区产业准入门槛不断提高，促使产业结构向更高附加值的中高端服务业快速聚集。这一方面进一步扩大了国内市场，给中西部地区产业提供了良好的发展机会；另一方面也促使中高端制造业，如半导体、通信设备、电子元件等向地理纵深发展，出现了从沿海向内陆核心城市迁移的良好势头。

中高端制造业发展需要良好的物流运输通道、质量与数量并举的优秀劳动力市场、高效的资本融资平台和公开透明的行政监管体系，而人口相对密集地区，有着大量劳动力供给能力，结合当地优惠的土地和税收政策，可以极大带动当地经济快速发展，提高核心城市竞争力和吸引力，在域内打造新兴制造业产业高地。

产业迁移不仅仅带来高新技术和资本投入为主导的产业升级，伴随新产业落地生根，劳动力、税收、资源、基础设施等要素都会打破原有的区域流通壁垒，带来更多人口流动和消费需求，对整个地区的经济发展有着深远影响。中西部地区在夯实资源再调配、交通网络建设和生态保护评估等经济转型升级基础之后，可以依托旧有的工业基础、成本优势和广阔空间，通过承接东部地区优势产业迁移，促使就业本地化，扭转人口外流趋势，提高人才落户优惠政策，全面带动本地区居住环境改善和消费基数增长，最终实现“产业迁移—人口流动—经济发展”的经济发展良性循环。

新交通沿线经济区的建设优化了中西部地区原有产业结构和基建水平，通过资源再调配和居住环境质量的提高，给新兴制造业产业转移提供了深厚的工业基础和生活基础。近年来的相关案例显示，我国中高端制造业正在中部核心城市崛起，中部二线城市的影响力和吸引力得到了较大提升。通过人才引进战略和切实增强的产业能力和生活配套设施建设，新交通经济区沿线核心城市在产业迁移过程中迎来重大发展机遇。

新兴产业在中西部地区的迁入，又促使这些地区进一步开放人才引进政策和落户政策，以吸引人才配套，保障引入产业在本地落地生根。同时，为了提供更高质量的居住和生活环境，进一步加强基础设施建设，增加对科教文卫资源的投入，生态环境将得到持续改善，反过来促进以绿色宜居型科技新区为特色和主体的北部经济带的成熟与完善。

三、以生态环境建设为核心，打造绿色生产示范区

西北、华北地区贫困地区生态环境保育得相对较好，但经济基础薄弱，扶贫难度较大。而环境保护在绿色产业发展中又占据优先地位。只有将水资源调配与特色产品开发相结合，结合地区精准扶贫政策，把贫困地区生态环境优势转化为经济优势，推行绿色生产方式，大力发展绿色优质特色产品，同时发展创新产业、休闲农业和乡村旅游，带动贫困户脱贫致富，才能从根本上解决生态保护与经济发展的矛盾，打造绿色产业新区。

改善北方地区工农业生产缺水状况，关键是通过水资源调配优化水利设施，提高对工农业的供水能力。但同时要结合合理的土地空间优化开发，以较小的资源消耗，打造绿色环保可持续的工农业开发体系。

要统筹城乡发展，既要满足人口增长和居民生活水平的改善，又要适应绿色产业落地和节水设施的规划建设，更要严控污染，保障农业绿色生产方式的高效运行。要充分认识资源的宝贵，立足于各地水土资源现状，做好土地规划和内部优化挖潜，改造好的土地不得轻易改变其用途，改造一片引水一片，保证水资源利用效率和安全性。

同时要加强农业区、工业区和居民区的优化布局，引导农业发展向优势区域聚集，减轻非优势区的农业生产压力，在空间配置上实现优势突出、供给协调。要通过研究市场供求关系与资源稀缺程度来规划农业生产力和资源供给力，强化资源环境监控，打造农业生产优势区，在做好土地改造和水利建设的基础上，要遵循生态系统的完整性和规律性，推行绿色生产方式。

在具体规划和建设中，要立足空间均衡和稳定，加快划定粮食生产功能区、重要农产品生产保护区，认定特色农产品优势区，明确区域生产功能，同时引入优秀的物流和电商平台，打造品质过硬的绿色农产品特色产业链。农业人口可适度集中居住，尝试土地确权后股份化、市场化运作，促进劳动力合理流动，建设规模化和现代化的绿色新型农牧场。

同时，要善于利用高精尖科技，统筹北方各地区农业生产规划和环境监控。可以构建天空地数字农业管理系统，利用航天遥感、航空遥感、地面物联网一体化观测技术，实现资源环境动态监测和精准化管理，为不断动态调整农业主体功能和空间布局提供支撑。在农业生产非优势区可通过退耕还林还草、防沙治沙等相应工程的启动，促进局部生态的恢复和优化。

生态环境保护要与水资源跨区域调配工程相协调，才能保护用水安全，避免流域污染和用水浪费，减少资源消耗，提高工程效益。北方各区，特别是西北地区西部是我国大江大河的主要发源地，是森林、草原、湿地和湖泊等集中分布区，生态地位极其重要，是国家重要的生态安全屏障。同时，该地区又是生态脆弱区，是水土流失、土地荒漠化和石漠化严重地区，水土流失面积占全国的83.1%。

因此，北方地区水土保持生态建设，关乎国家生态安全，关乎我国可持续发展。现在北方各区面对的生态环境保护压力，归根结底还是发展问题。过去在粗放的发展模式下造成的资源利用效率差、矿产开采破坏大和区域规划不合理等问题，又加重了生态环境的破坏和资源的浪费。生态环境不断恶化对居民生产、生活造成恶劣影响，严重制约了经济发展，加剧开发难度。

生态环境保护的艰巨性使我们在强调绿色发展的今天必须将水资源再分配和防沙治沙、退耕还林还草、防止水土流失、环境保护等相关问题综合考虑，加强科学论证和顶层设计。以绿色发展和环境保护为特色，打造中国西北—华北森林和湿地生态区域带。

通过水资源跨区域调配，人为引导加速自然演替的过程，遏制生态系统进一步恶化，加速恢复地表植被，减少工农业对环境的影响和伤害，防止水土流失和洪涝灾害，是发展绿色产业的基础。

北方土石山区应以推进节水型耕作模式为举措，推广梯田、条田建设，引水改造坡耕地，引种高附加值农产品，打造绿色生态农业产业。西北农牧业交错区应以退耕还林还草为中心，引水恢复当地植被，保护和涵养水源，建设人工草场作为生态屏障，科学合理调整农牧业投放总量。在人口密度小的西北草原区，通过采取封育保护、封山禁牧等措施，减轻生态压力，促进大范围生态自然恢复和改善。西北黄土高原地区人口密度相对较大、水土流失较为严重，应以保护水土、防止流失为关键，积极开展河川治理，通过引水促进生态修复，启动植草造林工程，适当种植抗旱作物。在水土流失特别严重、生态极端恶化的地区，应大力推进生态移民，减小生态压力，使生态得以休养生息。

水资源跨区域科学调配，是为北方各区已经被破坏的生态环境进行自然修复注入关键能量。坚持尊重自然规律和发挥科技创新能力，在生态修复的同时，统筹发展绿色农牧渔业。事前保护是水资源成功调配的前提，科学管理是提高水资源利用效率的关键，坚持生态建设与经济开发统筹兼顾是绿色产业可持续发展的根本途径。

坚持优化农业主体功能和空间布局，构建科学适度有序的农业空间布局体系，是建设农牧业生态区，保证绿色农牧业可持续发展和生态环境得到切实保护的关键。只有牢固树立和贯彻落实新发展理念，合理区分农业空间、城市空间、生态空间，进一步优化农业生产力区域布局，以资源环境承载力为基准，坚持山水林田湖草是一个生命共同体，规范农业发展空间秩序，推动形成与资源环境承载力相匹配、与生产生活生态相协调的农业发展格局。

（本章作者：周天勇　文　洋）

第十章
调水改土的科学认识和风险防范

人类社会的发展离不开水资源的合理开发和利用，水资源在国民经济中扮演着极其重要的角色。我国水资源分布呈南多北少格局，水资源分布严重不均，水资源短缺已经成为我国区域发展的瓶颈。要打破这一发展瓶颈最有效的方法就是跨流域调水。国家南水北调东中线工程已分别于2013年和2014年正式通水，向北方地区输送了大量优质水源，缓解了京津冀地区缺水状况。但是跨流域调水是牵一发而动全身的系统性工程，如果稍有疏忽，会对生态系统和社会发展造成重大影响，所以在实施跨流域调水之前要进行充分调研和反复论证，形成科学的认识，并且要防范相关的风险。

第一节　跨流域调水对生态环境的影响及防范措施

跨流域调水对于周边地区生态环境的影响是非常广泛的，这种影响不只是范围的广泛，有些影响还具有长期性和不可逆转性。国外已经建成大型调水工程300多个，虽然有效解决了这些国家和地区水资源分布不均问题，但从各国调水工程现状来看，不同程度引起了区域生态环境的改变。例如，美国南卡罗来纳州从杉迪河（Santee River）到库珀河（Cooper River）的调水工程，导致杉迪河受到盐水入侵，并且也给库珀河带来了大量泥沙负荷。还有美国加利福尼亚州水道工程使河水水质受到了严重影响，造成杂草疯狂生长，打乱了原有的生态平衡，给生态环境带来了不良影响。所以必须重视对调水河流地区带来的负面影响，需要在前期科学地评估对生态环境的影响，制定严格防范原则和选择适当的开发方式。

一、调水可能产生的对生态环境的影响

跨流域调水对自然和生态环境的影响是方方面面的，不仅只是对水环境的影响，还包括对调水途经区和水源输入区的土壤、大气环境、生物物种的多样性等产生的影响。还会引起局部小环境大气状况的改变，由此导致区域范围的降水量变化，地表径流的改变等。南水北调西线工程水源区位于青藏高原东麓，其特殊的地理位置决定了该地区高寒生态系统的复杂性和脆弱性，是对气候变化反应最敏感的地区之一。当气候发生变化，气温升高、降水量改变时，会导致本地区冰川萎缩、冻土退化。随着南水北调西线工程的建设，地区的下垫面也会发生显著变化，出现湿地萎缩、森林锐减、草地退

化以及土地荒漠化等生态环境问题。

（一）影响水质和环境卫生

河流中原本流动的水体因兴修水利工程而停滞后就会发生一些变化。例如，水温升高造成的水质变差，加上水利工程建成后会使水流的速度减小，降低了水、气界面交换的速率和污染物的迁徙扩散能力，导致河流自净能力降低，使得调水区的河流污染程度加重。

调水过程中疾病和病菌会随水流运输传播，使得诸如血吸虫病、伤寒、痢疾、霍乱等传染病得以蔓延，威胁调水区沿线居民的健康。1948年美国芝加哥受到流行性伤寒侵入，后经查明原因是密执安湖的供水管道进口受到了污染。美国还有一些调水工程建成通水后致睑板蚊传播，致使脑炎猖獗。南非奥兰治河调水工程沿途取水都用于灌溉和生活，随着农业的发展，血吸虫宿主钉螺和人口密度相应增加，加重了血吸虫病的发病率。[①]

（二）局部地区土壤次生盐碱化

地下水位达到或超过土壤水蒸发层下限时，就会发生次生盐碱化。调水沿线渠道渗漏会影响所经地段的土壤与地下水的平衡，会导致土壤次生盐碱化。如巴基斯坦西水东调工程，其水位平均高出两岸1米，由于渗漏，每年输水渠线有大量水流入地下，使得地下水位不断抬高，并造成两岸各数百米宽的地带沼泽化，同时由于排水不足，使区域水量进出极不平衡，导致土地渍涝、土壤盐碱化、肥力遭破坏和粮食减产。调水还会刺激受水区不断增加耗水量，因而需要不断增加调水量，由于粗放的灌溉方法，不断灌溉使地下水位上升，把深层土壤内盐分带到地表，再加上灌溉水中的盐分和各种化学残留物含量高，导致土壤次生盐碱化。在调水中会穿过很多干旱地区，很可

---

① 汪明娜：《跨流域调水对生态环境的影响及对策》，《环境保护》2002年第3期。

能会使西北地区的土壤出现次生盐碱化。

（三）导致水生生物发生变化

由于兴建水利工程改变河流原有的水生生态系统，破坏了水生生物的生长、产卵所必需的水文条件和生长环境，因此鱼类资源特别是洄游性鱼类资源的生活习性会受到较为严重的影响。例如，水利工程竣工后切断了洄游性鱼类的洄游通道，使洄游性鱼类无法返回原生地产卵；水利工程深孔下泄的水温较低，影响了下游鱼类的生长和繁殖；水利工程的沉淀作用使下泄的水质变清，影响了下游鱼类的饵料，下游鱼类的产量会因此降低；水利工程在使用高坝溢流泄洪时，水流速度的加大会使水体中的氮氧含量过于饱和，导致鱼类患上气泡病；水利工程改变了周边的生态环境，不同的鱼类需要不同的栖息环境，鱼类的组成因此而发生变化等。[①]在西线调水区上游筑起调水大坝，使得上游地区如四川重庆等地鱼类资源减少，进而有可能影响长江水系的鱼类生物多样性。

（四）影响局部地区气候

水利工程建设会对周围的微气候环境产生一定影响，使得局部气候条件发生一定改变，这些改变的要素包括降水、气温、湿度、风速等。有关这方面的科学研究显示，在排除外力干扰的自然条件下，一般来说，水面上空空气的透明度要比片状房屋群上空空气的透明度高出8%～10%；水面上空紫外线辐射也比陆地上空的紫外线辐射高出30%左右；水平上空气温会比陆地上空的气温降低4℃～5℃，而水平上空的相对湿度却比陆地上空提高了10%～15%。出现这种差异是因为地区性气候状况通常会受到大气环流控

---

① 陈吉余、陈沈良：《南水北调工程对长江河口生态环境的影响》，《水资源保护》2002年第3期。

制，而水利工程的修建则会使原先的地貌发生变化，所以就对局部气候产生了一些影响。[①]西线工程调水区位于青藏高原上，对高原局地气候的改变往往会产生关联效应，进而导致周边地区气候产生变化。

（五）诱发地震和泥石流灾害

西线调水区及其相邻区域位于可可西里—金沙江地震带内，该区域位于青藏高原东北部，系新构造运动强烈地区，区内岩石主要为浅变质砂岩和板岩，软硬岩层相互交错，易发生断裂引发地震。西线工程要建设10余座引水大坝，且这些引水大坝多为高坝，水坝越高，水库的蓄水量就越大，这样对水坝周围的岩石压力加大，岩石发生断裂的概率加大，增加了诱发地震的可能性。

西线调水区东部的雅砻江和大渡河流域存在不同程度的泥石流灾害和较为严重的水土流失，在康定、泸定、甘孜、黑水、阿坝、茂县、南坪、黄龙等地都曾经暴发过严重的泥石流灾害。南水北调西线工程的修建需要大量开挖山坡，破坏山体表面植被和松散土壤层；在修建过程中还将产生大量废弃渣土，如果堆放不当，在暴雨和地表径流的冲蚀下将演变成泥石流，不仅会破坏引水工程，还会给本地区的生产生活带来灾害。

二、跨流域调水要研究和建立生态补偿机制

调水工程建成后，随着水量的调出会危害到水源区生态环境，此时就必须对生态环境脆弱地区采取相应的生态修复措施，在严格保护和改善生态环境的基础上进行开发。跨流域调水工程应该建立合理的生态环境补偿机制，建立相应的经济补偿制度，对受影响的地区实施一定的经济补偿，以此来实

---

① 王西琴：《河流生态需水理论、方法与应用》，中国水利水电出版社2007年版。

现跨流域调水的经济效益、生态效益和社会效益。

生态补偿的含义是指为了维护和改善生态系统，保护生物多样性，保持生态平衡，维护生态安全，满足人类社会生态社会需求和可持续发展目标，利用经济手段，要求对生态环境造成损害行为与活动进行生态补偿，刺激行为主体减少对自然资源与生态环境的损害，并对保护资源行为予以鼓励的制度。而生态补偿机制是指以保护生态环境、促进人与自然和谐为目的，根据生态系统服务价值、生态保护成本、发展机会成本等，综合运用行政和市场手段，调整生态环境保护和建设相关各方之间的利益关系的经济环境政策，其实质是通过资源的重新配置，调整和改善自然资源开发利用或生态环境保护领域中的相关生产关系，最终促进自然资源环境以及社会生产力的发展。

根据生态补偿的定义和结合我国现有的环境保护法律和法规原则，生态补偿需要遵循以下基本原则。

（1）开发者保护、破坏者恢复原则。对环境资源的开发、利用可能造成生态破坏，因此需要确定生态补偿的责任主体。开发者应该负责开发后的维护责任，破坏者负责恢复生态的责任，这样就明晰了责任主体，不会产生责任纠纷。

（2）受益者补偿原则。生态环境资源的效益具有扩散性，即生态环境改善会使许多人受益。根据外部经济理论，生态环境质量改善的受益者应为生态环境质量的改善支付相应费用，以此鼓励人们保护环境、改善生态。

（3）公平性原则。环境资源是大自然赐予人类的共有财富，所有人都有平等的利用环境资源的机会。一个人对环境资源的利用，不能损害他人的利益，否则就应该给受害人相应的补偿。公平性包括代内公平（即同一代人之间在利用环境资源方面的公平性）和代际公平（即当代人与后代人在利用环境资源方面的公平性）。

三、生态补偿机制的基本要素

生态补偿主要内容是指生态补偿得以实现的相关构成，生态补偿的基本要素包括生态补偿的主体和客体、补偿的标准、方式和途径。

（一）补偿的主体和客体

补偿主体就是谁承担补偿的义务的问题。国家发展和改革委员会曾经提出“谁开发、谁保护，谁受益、谁补偿，谁污染、谁治理，谁破坏、谁修复”的原则[①]。根据这一原则来确定南水北调西线工程的补偿主体。南水北调西线工程是国家公益性战略性水资源配置工程，可缓解甘肃、宁夏、内蒙古、陕西、新疆等地区的水资源短缺问题，促进这一地区的发展。这些地区是明显的受益体，所以生态补偿的主体应该是这些省、自治区。

补偿的客体与补偿的主体是相对应的，谁受到了损害就应该接受补偿。南水北调西线一期工程主要是从四川省内调水，工程范围也主要在四川境内，部分在青海境内，引水工程也对这两地的人民群众的生产生活带来影响，引水水坝蓄水导致移民和农田淹没，这也是四川省西线工程途经地区民众反对强烈的原因。所以，补偿的客体应该是这两地的政府和居民。

（二）补偿标准

补偿标准是整个补偿过程中最难确定的，往往需要利益双方相互博弈。生态环境标准的确定一般要参照4个方面的价值进行初步核算：生态保护者的投入和机会成本的损失，生态受益者的获利，生态破坏的恢复成本，生态系统服务的价值。[②]对于南水北调西线工程的补偿标准应该处于提供流域生态服务的成

---

① 国家发展和改革委员会：《全国资源型城市可持续发展规划（2013—2020年）》，2013年。
② 孙向前：《三江源生态补偿筹融资问题探索》，《西部金融》2009年第1期。

本和流域生态服务价值之间，由调水区与受水区通过共同协商后确定，使利益各方都能取得平衡。在现阶段由政府主导的生态补偿的情况下，生态补偿标准应该略高于提供生态服务的成本是比较合适的，这样既能够提高调水区的生态保护积极性，又能相对减少财政资金，使受水方即补偿主体也较易接受。

（三）补偿方式和途径

补偿方式可分为资金补偿、实物补偿、政策补偿和智力补偿等。[①]经济补偿是最直接最直观的补偿方式，直接拨付资金来帮助调水区的生态保护和经济发展，也是前期工程实施的主要方式。实物补偿是补偿主体运用物质、劳动力和土地等实物进行补偿，解决补偿对象的部分生产要素和生活要素，改善受补偿者的生活状况，增强后期生产能力。政策补偿是在相关其他政策为了保护生态环境而限制其他发展的情况下，在另外方面做出的适当放宽，从而不影响区域经济发展。智力补偿是指受水区应该向调水区提供技术人才和技术支持，以帮助调水区防治环境污染和生态破坏，减轻调水区的环境保护压力。生态补偿的最终目的是降低调水工程的负面效应，跨流域调水工程的影响程度在建设完成后也只能是预测，只有到工程建成运行一段时间后才可以确定，所以补偿方式不是一成不变的。比如，前期以经济补偿和政策补偿为主，后期就要以实物补偿和智力补偿为主，补偿方式的选择是一个长期过程。

四、跨流域调水生态补偿采取的具体措施

跨流域调水是牵一发而动全身的系统性工程，不仅要认识到调水工程给沿线带来的益处，还要考虑可能对生态环境带来的影响。在新的“五位

---

① 中国生态补偿机制与政策研究课题组：《中国生态补偿机制与政策研究》，科学出版社2007年版。

一体”发展理念指导下，西线工程也必须以不损害生态环境为前提，这就要建立生态环境补偿机制，通过分析西线工程的补偿主体、补偿客体、补偿标准、补偿方式和途径等生态环境补偿的基本内容，可以采取以下具体措施。

（一）将环境补偿费用纳入水资源价格中

完整的水价应该包括工程价格、资源价格和环境价格。要通过水价机制改革，合理制定受水区的水资源价格，促进节水，提高水资源使用效率，防止水污染和改善生态环境，实现水资源优化配置，以期达到水资源可持续利用。跨流域调水是平衡水资源空间分布不均衡之有效的方法，调水过程中需要耗费大量人力物力，所以受水区居民应当分担环境补偿费用，把环境补偿费用加到水价中，通过价格杠杆来调节水资源利用量，达到节约用水的目的。

（二）改革现有水资源管理体系

在以国家投资为主的前提下，国家控股、统一调度，政府的宏观调控作用是决定性的，各地实际情况不同。改革水资源管理体制应该体现“谁投资、谁受益”“谁用水、谁出资”的原则，地方根据出资额度占有股份并拥有相应的水使用权；作为直接受益的水资源用户，也将参与投资、管理、协调，并且享有知情权和监督权。通过授权经营建立法人项目责任制，按照企业化管理，实现水资源的合理利用。

（三）由受水区直接支持调水区的环境保护和污染治理

受水区作为环境补偿机制的补偿主体，应该主动承担相应的补偿责任。比如，受水区以补助金或者其他形式支持调水区企业污染治理、技术改革，促进企业实行清洁生产，对调水区沿线地区实行经济补贴，实行退耕还林和退牧还草，以保证调水区流域的水土保持。受水区还要严格实行开源节流措施，控制用水量。对调水工程给调水区灌溉区带来的沼泽化、盐渍化等不利影响，一方面要采取水利措施降低地下水位，另一方面要结合农业生物、土壤改良等措施防治土地渍涝和盐碱化。

（四）监督机制建设

一个政策能否得到有效执行，还要靠一个良好的监督机制，建立合理有效的监督机制对调水区生态补偿十分必要。调水区和受水区应该共同制定相应的生态补偿管理条例，形成解决补偿纠纷的独立仲裁委员会，由政府官员和专家组成，解决在补偿纠纷中存在的利益纠纷。监督主体应在工程实施的前期、中期以及建成运行阶段进行监督，主要职责就是监督补偿措施是否到位，是否取得了应有的效果。同时及时发现存在的问题，责成限期解决存在的问题。受水区和调水区民众也应该提高监督意识，配合政府监督，争取把监督落到实处；政府机关也应该建立群众监督反映渠道，切实履行好监督职责。

第二节　跨流域调水工程的资金筹措和成本控制

大型跨流域调水工程大都技术难点较多，工程投资大，工程投资周期长，工程资金需求量大。但是现阶段我国大型引水工程的发展仍然处于起步阶段，工程建设过程中依然存在众多问题，如缺乏系统完善的管理制度，投资项目的资金管理控制不严等。这些不利的因素对跨流域调水工程建设是十分不利的，会严重影响工程的施工进度。这就要求我们合理规划资金来源，制订科学的资金安排和使用计划，形成科学的资金管理体系。

一、发掘多种筹集资金的渠道

目前，国内建设项目的集资方式主要来源为国内和国外两种方式，国内集资主要通过国家、单位和个人投资，要通过更多的优惠政策来吸引公司和个人为国家水利建设进行投资。国外引资则是注重与国外金融机构进行合作，通过向世界银行贷款或者申请国外援助等方式来获得更多的国外投资资金。跨流域调水工程的投资主体应该是国家和受水区的地方政府，因为大型跨流域调水工程作为国家主导的重大工程体现了公共品或准公共品的性质，在经济学上公共品的提供要通过政府主导来投资。中央政府和各地方政府可以通过发行政府债券来筹集资金，也可以向用水户征收相应的水资源税，还可以加大水资源价格管理，实行阶梯收费制度措施等来为调水工程筹集资金；另外可以向世界银行、亚洲开发银行或者亚投行等国际和区域的金融组织融资，以比较低的利率筹集长期资金。引水工程应该采取多渠道、多模式融资政策，不断探索新的融资模式，制定一些相关的配套措施，引入民间资本，充分发挥民间资本的作用，确保工程开工后能够顺利进行下去。

一般来讲，民间资本参与基础设施的投融资模式主要有：（1）BOT模式，即建造—运营—移交模式。BOT模式最大特点就是将基础设施的经营权有期限地抵押以获得项目融资，或者说是基础设施国有项目民营化。在这种模式下，首先由项目发起人通过投标从委托人手中获取对某个项目的特许权，随后组成项目公司并负责进行项目的中小企业融资，组织项目建设，管理项目运营，在特许期内通过对项目的开发运营以及当地政府给予的其他优惠来回收资金以还贷，并取得合理的利润。特许期结束后，应将项目无偿地移交给政府。在BOT模式下，投资者一般要求政府保证其最低收益率，一旦在特许期内无法达到该标准，政府应给予特别补偿。（2）BT模式，即建设—移交。BT模式是基础设施项目建设领域中采用的一种投资建设模式，指根据项目发起人通过与投资者签订合同，由投资者负责项目的企业融资、建设，并在规定时限内将竣工后的项目移交项目发起人，项目发起人根据事先签订的回购协议分期向投资者支付项目总投资及确定的回报。（3）PPP模式。一般而言是政府针对具体项目特许新建一家项目公司，并对其提供扶持措施。项目公司负责进行项目的融资和建设，项目建成后，由政府特许企业进行项目的开发和运营，而贷款人除了可以获得项目经营的直接收益外，还可获得通过政府扶持所转化的效益。大型引水工程完全可以用这些模式来筹集资金。为了吸引企业投资，政府可以采用PPP模式，给参与PPP模式的企业一定的特许权，对其投资进行扶持，如给受水区的公司水资源特许经营权，让这些公司参与调水工程输入地区的管网建设和水资源管理。调动民间资本参与工程建设可以保证有充足的资金来保质保量地完成工程施工建设。

要根据引水工程的特点选择合适的资金筹集方式。不同的引水工程项目有不同的特点，有的工期相对较短，对建设资金的需求过于紧迫，有的工期相对较长，工程投资金额可以边施工边筹集。集资方式不同，其难度和期限也不同。所以要针对引水工程的特点来选择合适的集资方式，对于时间紧迫的引水工程要先通过国内大型投资公司和国家投资进行集资，然后再利用私人投资补充缺乏的部分。对于工程较为复杂、工期较长、需要资金巨大的项目，不仅要在国内进行招商投资，还要充分利用国外的资金，申请国际援助、向国际组织借款等，并且充分调动国内民间资本参与调水工程建设，以获得长期建设资金。

二、重视工程全过程的项目资金管理

我国现阶段对大型引水工程资金还缺乏系统性管理。大型引水工程投资项目涉及建设方、设计方、施工方等各方在整个工程周期中的投资目标和成本管理。然而，目前大型引水项目投资却只偏重于施工阶段的投资控制，忽视了决策阶段和投资阶段的投资资金控制，从而使项目资金管理目标单一化；资金的使用程序也不够严格，资金审计核算方面存在漏洞，很容易滋生腐败，造成工程资金大量流失，增加了调水工程中的不必要成本。应对调水工程中的各个基本建设程序进行全过程管理。

对调水工程建设的各个程序的资金管理的内容如下：（1）要在前期进行系统和全面的调研和论证，进行充分可行性研究和初步的设计，根据流域内的自然地理状况和经济状况制订水资源开发和综合利用的最优方案，在工程实施前就做到成本最优。（2）施工准备阶段要严格落实招投标制度。招投标制度是保证工程建设公平公正的主要途径，也是控制项目成本的有力手段。通过招投标能够节约大量成本资金，是降低工程投资金额的可行方法。工程项目招投标是工程中各个项目能够顺利开展的保证，也是大型项目资金和质量控制的有效方式。跨流域调水工程建设各个阶段，包括工程设计、施工单位的选用以及材料设备和器件的采购都要严格实行招投标，通过合理严格的平台，选用质量合格的物资设备供应单位。在招投标过程中要严格遵守国家招投标相关法律法规，严格按照相关法律法规程序进行，对投标人的条件进行审查，对于不合格的要实行淘汰。同时，严禁串通投标和泄露标底行为。（3）对工程款的拨付和使用建立监督机制，形成审计和监督体系。对招投标资金拨付要严格按照之前订立的承包合同，加强资金拨付控制，政府审计部门要专门对资金使用进行专项审计，必要时可以成立独立的审计部门监督资金的拨付，并且定期公开相关信息；要加大舆论引导，鼓励群众监督，让资金使用透明化，有效遏制工程建设中的贪污腐败现象。（4）验收竣工后要对项目预留一年至两年的观察期，观察期过后再进行一次系统的项目评价，同时要在之前提留一部分不可预见资金，为后续工程可能发生的问题提供资金保证，并且要有专门机构或部门监管这部分预提资金。

三、防止和化解工程建设中过度债务和不良资产

由于南水北调西线工程的建设投资需要大量投资，据测算西线工程分三期工程，按2000年第一季度价格水平测算，静态投资第一期工程为470亿元，第二期工程为640亿元，第三期工程为1930亿元，三期工程总计投资3040亿元。[①] 这还只是估计的静态投资，是对工程建设完成所需资金的保守估计，并不包含后续的生态补偿和工程维护所需资金。由此可见，南水北调西线工程所需资金量巨大。国家建设西线工程要投入大量的资金，在中国杠杆率过高和地方政府债务问题频发的宏观大环境下，对于西线工程建设中国家和各地方政府形成的过度债务和不良资产要加以防范和化解。首先，政府要严格控制西线工程的预算，严格监管资金运用，从源头上减少对西线工程不必要的资金投入，减轻政府融资的压力。其次，拓宽西线工程融资渠道，西线工程可以向金融组织寻求外部贷款。比如，可以向国开行或亚投行等金融组织寻求低息长期贷款以减少政府投资。最后，要加强监管力度，形成切实有效的政府债务监督体系，防止地方政府借南水北调工程大举借债，要根据地方政府的财政收支情况制定合适的政府债务规模和期限，建立政府债务预警机制，把政府债务风险控制在可控范围内。对社会资本参与的部分关键要选择合适的融资模式，根据实际情况采用上述的一个渠道或多种渠道筹资。比如，对受水区的管网建设可以采用PPP模式，让社会资本参与建设投资，通过让社会资本享有特许经营权，在政府监管下经营管网，这样既可以吸纳闲置的社会资本，还可以减少政府投资。企业为了今后特许经营权会积极参与投资建设和后期的管网维护，也保证了资金可以及时到位，保证南水北调西线工程建设顺利完工。

---

① 林凌、刘宝珺：《南水北调西线工程备忘录》（增订版），经济科学出版社2015年版。

第三节　防止土地闲置和解决对策

跨流域调水使得水资源的空间分布不均得到改善，可以有效缓解缺水地区的水资源紧张状况。在缺水地区有水就有土地，所以调水有助于缺水地区的土地改造，扩大我国土地利用面积，进而在调水沿线形成新的人口聚集地，扩大环境容量，扩大国内可利用国土，促进新的人口、劳动力、资本和技术等要素流入，在新的可利用国土上建设新的能源交通体系、新的农村社区、新的规模化现代农场和新兴城镇。随着跨流域调水工程的建设，沿线地区土地资源将得到进一步开发利用，在开发利用中很有可能产生土地闲置和开发商恶意囤地行为，将严重影响调水区沿线地区的开发和经济发展，应该制定相关的控制预防措施来打击土地闲置和恶意囤地行为。

一、大规模开发西北地区土地资源的可行性

南水北调西线工程的基础作用在于通过增加西北地区的水资源供应量，使得自然状况下的不能用于农业生产，特别是不能用于粮食生产的后备土地资源转变为耕地资源。我国耕地总面积约为1.2亿公顷（18亿亩），耕地面积折合国土面积约为120万平方公里，占960多万平方公里国土总面积的12%。印度的耕地面积约为1.7亿多公顷（26亿亩），占印度290万平方公里国土总面积的60%。美国的耕地面积约1.8亿公顷（27亿亩），耕地面积占美国930万平方公里国土总面积的20%。[①]而与中国地理区位和气候条件

① 中国土地数据来源于第二次全国土地调查数据，其他国家数据来源于世界银行。

相近的美国和印度这两国的耕地面积占国土总面积的比例，分别是中国的约1倍、5倍。从数据上看，我国耕地资源严重短缺，但是西北地区光照时间、年积温、无霜期、土壤厚度和土质、土地平整度和坡度等条件都非常符合发展农业，只要有水资源，西北地区的未利用土地资源相当大部分可用于农业生产。显然我国大西北干旱少雨是造成我国耕地总面积占国土总面积的比例低于其他大国的最根本原因。中国科学院南京土壤研究所一项基于GIS的SOTER技术（土壤－地体数字化数据库分析）应用研究提出中国仍有8.4亿亩后备耕地，其中陕西、山西、内蒙古、新疆、甘肃和宁夏等六省（自治区）拥有3131万公顷约合4.7亿亩的耕地后备资源。

从国际经验来看，埃及的尼罗河在几乎没有降雨的沙漠地区上浸润出了发达的灌溉农业，同样巴基斯坦虽然也降水稀少，但是得益于其境内的印度河的灌溉也成了农业发达国家。尼罗河和印度河这两条河流的年总流量，不到中国河流总流量的1/10，而这两个国家在干旱沙漠上引水灌溉将近4亿亩农田，养育了两亿多的人口，成了世界上几乎全部依靠人工灌溉旱地发展农业的成功典范。除此之外，我国内蒙古、甘肃、宁夏等省（自治区）也是得益于黄河水的灌溉才形成了沿黄农业生态经济带的事例说明现在大西北未被利用的广袤旱地，只要引进适量淡水，就可将大西北的干旱土地改变成为丰产农田，建设出新的城镇，形成新的经济增长极。

从中国城市化进程来看，一个地区的开发往往伴随着土地闲置和囤积土地行为。根据资料统计，在中国城市化快速发展的1998—2008年这10年间，全国范围内用于房地产开发的土地置购面积31.3亿平方米，开发量仅为19.4亿平方米，购买而未开建的土地面积高达12亿平方米，仍有40%的土地留置在开发商手里。所以，为更好地开发和建设西北地区，缩小东西部地区差距，在开发西北地区的土地资源和城市化建设中，要坚决遏制土地闲置和恶意囤积土地行为。

二、土地闲置和囤积土地的危害

南水北调西线工程会为大面积开发西北地区土地资源提供水资源保障，并行推进大规模跨流域调水工程和西北地区的大规模耕地开发，可以逐步完成上亿亩灌区建设。在西北地区有水就有地、有地就有人的现实情况下，随着西北地区水资源短缺的矛盾解决，西北地区土地资源可以得到开发利用，定会带来西北地区大规模的城市化，在城市化过程中往往会出现土地闲置和囤积土地问题。国家法律法规对土地闲置行为的界定是直到2012年《闲置土地处置办法》以国土资源部令的形式出台，具体明确了闲置土地的范围，主要是指国有建设用地使用权人超过国有建设用地使用权有偿使用合同或者划拨决定书约定、规定的动工开发日期满一年而未动工开发的国有建设用地。已动工开发但开发建设面积占应动工开发建设用地总面积不足1/3或者已投资额占总投资额不足25%，中止开发建设满一年的国有建设用地，也可以认定为闲置土地。囤地炒作是指开发商为了获取更高利润而对土地采取的一种聚集储存行为，相对于土地闲置而言，囤地更加带有明显的主观性和长期性。

土地闲置和开发商囤积土地会给社会经济可持续发展带来一系列危害。首先，造成大量土地资源的闲置浪费，闲置和大量囤积土地本身就是对土地资源的一种浪费。按照我国现行法律法规，农地一旦被征用，即完成了农业用地到建设用地的转换过程，也很少再被用来作农田。其次，间接推高西北地区房价，开发商囤积土地最直接的表现就是房地产市场上可用于开发的土地减少，而这必然会减少新建商品房的供应量，在房地产需求量持续不断增长的情况下，开发商的囤积土地行为间接推高了房价。在开发西北地区，提高西北地区发展水平和城市化前提下，高房价必然会严重拖缓西北地区的经济发展，不利于调水区沿线受水区形成新的经济增长极。最后，引起政府房地产宏观调控政策失灵。开发商囤积土地会使土地市场供求信息失真，而政府制定房地产宏观调控政策的一个重要依据就是土地市场的供求信息，以失真的土地市场供求信息为依据制定的房地产宏观调控政策必然难以发挥其预期效果，最终导致政府房地产宏观调控政策失灵。

三、土地闲置和囤积土地行为的原因

造成土地闲置和囤地炒作现象的原因有：（1）经济原因。开发商通过土地闲置和囤积，以获得巨额土地升值。因为跨流域调水往往会带动引水工程沿线的经济发展，带来大量投资资金，也会伴随着大量基础设施建设，这就会造成引水沿线地区土地价格不断上涨，开发商可以在最初以比较低的价格拍下土地使用权，通过几年的闲置和囤积，在土地价格上涨阶段再卖出，获得巨额囤地收益，这也是造成土地闲置和囤地炒作的最主要原因。（2）相关法律法规不完善，对囤地行为约束不够。在我国现行法律法规中有对闲置土地的处置办法，但对闲置土地的处置也出现了对闲置土地定性难、认责难和处罚难的困境。不良开发商通常会以各种手段来规避处罚，由此可见法律法规上的不完善也是导致土地闲置和囤地炒作行为的重要原因。（3）土地财政下的地方政府对土地闲置问题的监督毫无积极性。政府的收入一大部分来源于土地出让金，政府通过卖地来获得财政收入，在一定程度上地方政府的收入已经和土地绑在一块，所以在土地财政推动下，地方政府对于打击囤地行为没有积极性，因为打击了囤地行为就会大幅度缩减财政收入。地方政府为了靠土地出让金的方式获得财政收入，就会更加纵容囤积土地行为。

四、解决土地闲置和囤积土地问题的对策

第一，切断开发商囤积土地的利益链，囤积土地的根本原因还是有利可图，因此要从根本上治理开发商囤地，就必须切断获利的收益链条。对于西

北地区建设可能发生的土地闲置问题，一方面可以通过改变目前房地产开发贷款模式，将固定贷款利率变成随贷款时间延长利率累进增加的模式，从而加大房地产开发商持有土地的资金成本；另一方面政府要对开发商囤积的土地进行评估，根据土地的溢价征收高比例的土地增值税。

第二，完善法律法规，制定专门打击囤积土地的法律法规。目前，法律只有关于土地闲置的规定，而且这种规定也不具体，可操作性不高。需要研究制定专门的法律法规，对土地闲置与开发商囤积土地的定义进行界定和划分，制定出具体的处罚措施，建立地方政府的问责制度，将措施真正落到实处，而不是流于形式。

第三，可以试点税制改革，完善分税制度。分税制度将大部分税收从地方抽走，使得地方政府财政收入捉襟见肘，随着社会经济的发展，地方政府需要处理的社会事务日益增多，相应的开支也不断增大，土地财政就应运而生。在土地财政下，地方政府打击囤积土地行为会大幅缩减地方财政收入，导致地方政府对打击囤地炒作行为缺少积极性。我国税制改革已经势在必行，可以通过税制改革适度下放财权，将政府从土地财政的依赖中解脱出来，这样才可以提高政府监督管理的积极性，制定出行之有效的监管制度。

第四，建立整治闲置土地的相关配套措施。首先，建立建设用地供应动态监测数据库，数据库应该涵盖建设用地基础设施、规划控制指标及开竣工信息、土地投资及利用强度信息以及履约保证金和违约责任信息等，通过运用网络信息技术对具体建设用地的出让金支付、土地交付和工程开竣工情况进行实时在线监控，并且建立土地闲置的预警快速处理机制。其次，对各个开发商建立信用评级制度，将囤地行为纳入信用评价体系，并将信用等级与以后的土地竞买资格认定、银行贷款、税收征收、上市融资等行为联系起来，全方位地打击囤积土地炒作行为。

（本章作者：陈建奇　陈　聪）

第十一章
跨境河流水资源开发中的国际政治

由于中国诸多水量充沛可供调水的河流是周边重要的跨境河流，中国境内的调水工程必须充分考虑到相关河流周边沿岸国家的利益和诉求。事实上，跨境水资源开发已经成为影响构建中国和平稳定周边安全环境的重要因素，随着亚洲水资源危机逐渐显现和中国实力的增强，中国有必要实施中国方案和发挥中国智慧，妥善解决与包括周边国家跨国界河流水资源开发、利用等方面的争议。中国有必要也有能力在地区层面提供更多水资源国际合作的区域性公共产品，使得水资源开发成为周边命运共同体建设的正资产和垫脚石，避免其成为引发周边安全动荡和不安的负资产和绊脚石，甚至域外国家干预的“借口”。此外，还要抓住跨境水资源开发利用的“窗口期”，早开发早受益。

第一节　水资源在国际政治中扮演愈加重要的角色

水是各种生命和环境赖以维系的根本，是人类生活不可或缺的基本元素。随着人口的增长和气候变化，水资源短缺问题已经成为一个世界性问题。[①]国际政治中水因素的重要影响主要体现在以下四点：其一，淡水成为国际政治中争夺的重要战略资源；其二，水资源短缺有可能成为未来国际冲突导火索；其三，“水外交”成为国际政治的重要内容；其四，水治理成为全球治理的重要内容。

一、淡水成为国际政治中争夺的重要战略资源

随着气候变化、人口增长和社会发展，水日益成为一种具有战略性质的稀缺资源，获取安全而足够的饮用水，应对水危机和预防水冲突，以及由此带来的连锁性国际效应，正日渐成为全球面临的重要挑战。[②]

据统计，地球上的水资源总量大约为14亿千立方米，其中97.5%为不适合饮用和灌溉的碱水，剩下的2.5%是淡水资源，约为3500万千立方米，而可供人类使用的总淡水资源量只有所有淡水资源量的0.3%。从时间和空间上来看，世界淡水资源在全球的分配是非常不均匀的。从空间分布来看，亚马孙流域的水量占了全世界水量的20%，欧洲占了7%，澳大利亚占了

---

① 李志斐：《水资源外交：中国周边安全构建新议题》，《学术探索》2013年第4期。

② Marcus DuBois King,“Water,U.S.Foreign Policy and American Leadership,” October 15,2013, https://eliot.gwu.edu/sites/eliot.gwu.edu/files/downloads/faculty/king-water-policy-leadership.pdf, 2017-10-10.

1%。[①]有些地区如亚马孙流域深受眷顾，天然雨水丰沛，另一些地区如撒哈拉沙漠则饱受常年缺水之困。从时间上来看，淡水资源分布也是不平均的，很多国家和地区都存在“雨季”和“旱季”之分，雨季有可能暴发大规模洪涝灾害，而旱季致使有些地区面临干旱威胁。

淡水资源时空分布的不均匀导致全球水资源缺乏和过多地区大量人口受灾。2017年面临洪水风险的人口数量为12亿人，预计2050年这一数字将增加到大约16亿人，约占全球人口的20%。[②]相较于洪涝灾害，水资源短缺带来的干旱威胁着更多人口。近些年全球性干旱更有日益严重之势，这给一些干旱、半干旱国家和地区带来了严重的缺水危机。目前，全球2/3人口居住的地区每年都经历至少长达1个月的干旱。约5亿人口所在地区的水资源消耗量超过了当地可再生的水资源总量。高度脆弱地区的非再生资源不断减少，这些地区已经高度依赖从水资源富集的地区引水或积极寻找其他经济上负担得起的替代水源。[③]约有36亿人口（将近一半的全球人口）居住在缺水地区（一年中至少有一个月的缺水时间），而这一人口数量到2050年可能增加到48亿至57亿之多。[④]截至2017年，全世界直接受到土地退化、沙漠化以及干旱威胁的人口数量大约为18亿人，从死亡人数和人均GDP社会经济影响角度来看，这也使其成为最严重“自然灾害”。[⑤]

---

① Peter H. Gleick. “An Introduction to global fresh water issues”, *Water in Crisis: a guide to the world's fresh water resource*. New York: Oxford University Press,1993,pp.3−12.

② United Nations Educational, Scientific and Culture Organization, *2017 UN World Water Development Report*, *Wastewater: The Untapped Resource*,2017, p.2.

③ United Nations Educational, Scientific and Culture Organization, *2017 UN World Water Development Report*, *Wastewater: The Untapped Resource*,2017, p.2.

④ United Nations Educational, Scientific and Culture Organization, *2018 UN World Water Development Report*, *Nature-based Solutions for Water*,2018, p.1.

⑤ United Nations Educational, Scientific and Culture Organization, *2017 UN World Water Development Report*, *Wastewater: The Untapped Resource*,2017, p.2.

二、水资源短缺有可能成为未来国际冲突导火索

量足质优的淡水供应是人类健康与福祉、生态系统以及社会经济发展的一个关键要素，早在公元前4500年，底格里斯河和幼发拉底河流域的两个城邦国家拉什加和乌姆马之间就曾因为水发生战争。[①] 由于淡水成为稀缺性的战略资源，就有可能成为引发国际冲突的导火索。

为解决本国的水资源匮乏或者能源短缺，目前世界227条最大河流中60%被大坝或调水工程不同程度（中度到高度）拦截[②]，与此同时全世界建坝率还在不断提高，随之而来的是下游沿岸国家不满声音的上涨。联合国数据显示，到2020年，超过40%的国家将经历严重的淡水短缺，这大多会发生在撒哈拉以南非洲和亚洲低收入国家和地区。更有可能的是2020—2030年，享有水的权利上的不平等将造成新的经济极化。这种经济极化将增大发生政治动乱和发生冲突的危险。[③]专家普遍认为社会不稳定和暴力现象会蔓延到大多数面临着长期缺水的国家，而且这种可能性会更大。

预计在未来几年，淡水将越来越成为一种稀缺资源。解决淡水供应问题的相关费用、成本将会有所增加，牵扯的利益关系也将更加复杂。缺水引起的荒漠化、土地退化及干旱造成的主要影响是粮食不安全和饥饿，特别是在干旱的发展中国家。由于水资源短缺引发了一系列问题，而与水相关的自然灾害更是对实现人类安全和社会经济可持续发展构成重大威胁，甚至可能诱发国际冲突。干旱对农业生产影响显著，会导致粮价飙升和粮食短缺。这些

---

① 李志斐：《水问题与国际关系：区域公共产品视角的分析》，《外交评论》2013年第2期。

② United Nations Educational, Scientific and Culture Organization, *THE UNITED NATIONS WORLD WATER DEVELOPMENT REPORT 4*: *Managing Water under Uncertainty and Risk*, pp.300.

③ United Nations Educational, Scientific and Culture Organization, *THE UNITED NATIONS WORLD WATER DEVELOPMENT REPORT 4*: *Managing Water under Uncertainty and Risk*, pp292–293.

因素还会造成其他重大社会政治影响，并可导致严重后果，如粮食短缺引起的骚乱和政治动荡。缺水可导致不同强度和规模的冲突。虽然冲突可能在局部地区出现，但其构成的挑战可拓展到和平与安全等更广阔的领域。争夺水资源的冲突也可演变成或激化种族冲突。因为种族冲突多数由大众对未来产生恐惧而引发，我们所看到的缺水就能演化为这种恐惧。国际组织一些专家认为，纵观众多因素，叙利亚危机便是由2007—2010年历史性干旱引发的。[①]

三、“水外交”成为国际政治的重要内容

水是一种基础性和不可替代的自然资源，是人类世界生存和可持续发展的基础性资源，随着全球水危机的到来，水正变成一种具有稀缺性的战略资源。越来越多国家主动或被动地卷入“水外交”，有部分国家将水资源作为推行本国外交政策的重要手段和工具。

以美国为例，美国在对外事务活动中抓住了淡水这个事关一国民众安全与社会稳定的决定性因素，广泛动员国内和国际力量，构建起了复合型的“水外交”体系，根据不同外交对象的特殊性，通过政治介入、资本与技术输出等多种手段，大力开展全球性“水外交”活动，使之成为美国获得长久战略利益和国际影响力、领导力的有效手段。20世纪70年代，美国的“水外交”主要是通过美国国际开发署（USAID）的健康用水与卫生项目，有针对性地向发展中国家提供水资源治理的支持工作，获得发展中国家普遍支持和国际社会广泛关注，逐渐确立了美国在技术、资金和政策方面的全球领导力。[②]20世纪80年代美国在斡旋和解决中东事务时，将水问题的协商与解决

① United Nations Educational, Scientific and Culture Organization, *2018 UN World Water Development Report, Nature-based Solutions for Water*,2018, p.2.

② David Reed,*Water, Security, and U.S. Foreign Policy*,Routledge,2017,p.17.

作为平息中东国家冲突的一把“钥匙”，统筹协调十几个政府部门参与到对中东的“水外交”活动中。[①]

四、水治理成为全球治理的重要内容

水不是单一层面的问题，不是仅从国家、地区或本地某个层面出发就能够单独治理的。相反，全球的相互依存通过水交织在一起，国家、流域、地区或本地层面的用水决策通常不得不考虑全球发展的驱动因素、发展趋势及不确定性。[②]越来越多的国家认识到水治理不是单个国家的问题，需要放在全球治理的框架之下来解决。目前，全球水治理要解决不确定性问题和水资源分配问题。

水资源跨领域性及其对全球影响的广泛性凸显了在当今国际发展进程中解决水问题的重要性。满足人类对粮食、能源等的需求，维系生态系统所需要的用水量存在很大的不确定性，而气候变化对可用水资源量的影响使这种不确定性变得更加复杂。而水市场存在着不同程度的不完全竞争、外在性、不确定性、不对称信息和分配影响的特点。这些特点影响着作为衡量价值的市场价格的合适性。

风险和不确定性决定着水管理和社会经济政策制定采取应对措施的特征。对风险和不确定性了解得越多，就会更加有效地规划、设计和管理水资源，以此降低风险和不确定性。不确定性的形成来自潜在过程的可变性或对该过程了解不充分。知情决策正逐渐转变为一个自下而上的过程。当风险和不确定性处于主导地位时，专家们对于将来会发生什么或什么是可持续的没

① 李志斐：《美国的全球水外交战略探析》，《国际政治研究》2018年第3期。

② United Nations Educational, Scientific and Culture Organization, *THE UNITED NATIONS WORLD WATER DEVELOPMENT REPORT 4*: *Managing Water under Uncertainty and Risk*, p.3.

有控制权，因此需要听取每个人的意见，特别是受影响的又能决定决策成败的利益相关者的意见。从定义上看，水资源综合管理涉及所有感兴趣的利益相关者的参与，通过开发交互式决策支持模型，利益相关者已经能够成功地参与进来。①未来的人口、技术、经济和政治发展以及不断改变的人类价值，加剧了水资源的长期不确定性。因此，制定能灵活有效地处理各种变化、不确定性以及相伴而生的各种风险的水分配机制至关重要。估算将来不同时间跨度内地表和地下水可用水量的能力以及无法预测将来水需求和使用的事实是两个重要因素。最大的不确定性风险是体制方面缺少对亟待解决的现实问题的适应力以及水管理组织作出错误决策的可能性。

水管理的核心是在竞争性用途之间分配稀缺的水资源。世界许多地方由于水资源紧张不断加剧造成水短缺而无法满足所有用水需求。一般来说，四种相互关联的过程会形成供水压力，人口增长，经济增长，食物、饲料和能源需求增长，气候变化加快。②我们必须做出抉择，在不同地区、各行业部门之间以及各行业部门内部不同用户群之间分享、分配和再分配越来越稀缺的水资源。在这种两难情况下需要我们商榷如何确定指导水的分配原则，在特定条件下如何较好地协调权利和公平、经济效率、可持续发展和现有行为规范和价值之间的关系。

通常，水的分配是各利益相关方之间对话的结果，需要各方在他们的价值观上求同存异。水的分配实践在规模和持续时间上差异很大，授予大型灌溉项目的水权或许可长达数十年，甚至只要是能使用就可以无限期地继续下

① United Nations Educational, Scientific and Culture Organization, *THE UNITED NATIONS WORLD WATER DEVELOPMENT REPORT 4*: *Managing Water under Uncertainty and Risk*, p258.

② United Nations Educational, Scientific and Culture Organization, *THE UNITED NATIONS WORLD WATER DEVELOPMENT REPORT 4*: *Managing Water under Uncertainty and Risk*, pp.304–306.

去；而对于灌溉的水的分配计划是根据小时计算的；短期水库泄水是为了满足电网的极端峰值需求；在干旱期间，可采用用水定额计划安排工业、基础服务、发电、农业和家庭的用水需要。

水的分配系统主要有4个方面：其一，正式或非正式的水权，即授予水权持有者取水的权利，用于普遍认可的合理用途。其二，水的分配，即可用水量在合法使用者之间共享的过程。其三，提供用水服务（或业务控制），即向给那些有权以有效方式使用水的持有者供水的行为。其四，用水量调控，即将水有计划地应用于某一特定目的。水权、水的分配、提供用水服务和用水量调控之间以动态的方式相互关联，并受特定时间可用水量的约束。①

第二节　中国与周边国家跨界河流合作状况

中国跨国界河流的概念是天然水流流经包括中国在内的两个以上国家的河流。而中国跨国界河流问题则是指基于社会经济和政治目的，在对跨国界河流进行开发利用保护过程中，中国与流域国产生的系列国际争端问题，这主要体现为水质污染、水量分配、水能开发、水域生态、水威胁论等国际争端。国内需求和国际需要之间的平衡，从中国周边“水外交”所涉及的跨国界水资源分布看，大致可分为东北亚、中亚、南亚和东南亚4个区域，且中国跨国界河流问题主要受到国家关系、治理模式、领土争议等方面因素制约。②

① Perry, C. 2007. Efficient irrigation; inefficient communication; flawed recommendations. *Irrigation and Drainage*, Vol. 56, No.4, pp.367–78.

② 李志斐：《中国跨国界河流问题影响因素分析》，《国际政治科学》2015年第2期。

表 11-1　中国跨境河流的主要问题

方位	跨界河流名称	跨界河流性质	河流总长（公里）	河流总流域（万平方公里）	流经国家	河流问题	中国行为
中国东北部	黑龙江	界河	5498	186	中国、俄罗斯、蒙古国	水资源污染	生产排污
	鸭绿江	界河	795	6	中国、朝鲜		
	图们江	界河	525	3	中国、朝鲜、俄罗斯		
	乌苏里江	界河	905	19	中国、俄罗斯		
	绥芬河	界河	449	2	中国、俄罗斯		
中国西北部	额尔齐斯河	跨境河	4248	164	中国、哈萨克斯坦、俄罗斯	水资源分配	生产用水和生态保护
	伊犁河	跨境河	1236	1512	中国、哈萨克斯坦	水资源分配	生产用水
	乌伦古河	跨境河	821	4	中国、蒙古国		
中国西南部	澜沧江	跨境河	4909	81	中国、缅甸、老挝、泰国、柬埔寨、越南	水资源分配	蓄水发电
	雅鲁藏布江	跨境河	2840	95	中国、印度、孟加拉国	水资源分配、水资源利用	蓄水发电、生产排污
	元江	跨境河	677	8	中国、越南		
	怒江	跨境河	3240	33	中国、缅甸	环境保护	蓄水发电
	伊洛瓦底江	跨境河	2714	43	中国、缅甸		
	印度河	跨境河	2900	117	中国、印度、巴基斯坦		
	北仑河	界河	109	1187	中国、越南		

数据来源：李志斐：《跨国界河流问题与中国周边关系》，《学术探索》2011 年第 1 期。

一、东北亚地区

中国在东北亚地区的跨界水资源主要是黑龙江、鸭绿江、图们江等界河，以及兴凯湖、长白山天池、贝尔湖等界湖，跨境水资源合作的对象国主要是俄罗斯、蒙古国和朝鲜。由于东北亚流域汛期降水量较大，易发生洪灾，以及跨界流域沿岸高污染、高能耗产业集中，防洪和防污一直都是中国与流域各国关注的焦点问题。

中俄界河长达3000多公里，水资源十分丰富，两国又同为地区大国，在软性国际政治资源方面优势相当。从总体上看，两国在科技、制度、组织等资源应用方面效果较为突出。例如，在科技资源方面，以2005年松花江发生重大水污染事件为节点，中俄在水体监测、环境保护、防灾减灾、交通设施等领域的技术合作不断深入。2007年至今，两国已连续10年在界河和界湖开展联合监测，建立了兴凯湖—汉卡斯基等6对跨界自然保护区。在组织资源和制度资源方面，自2013年以来，为应对黑龙江流域汛期洪灾，中国水利部和有关部门与俄罗斯联邦紧急情况部密切联系、相互配合，有效减轻了灾害造成的损失，双方以此为契机签订了防洪谅解备忘录。① 中蒙在恢复沙尔勒金河天然水流、边界水文水质资料交换、贝尔湖水下及周边地形测量等方面达成了多项共识，蒙方也表示希望学习中国在水资源规划及优化配置、利用与保护以及水利水电工程技术领域的先进经验和技术。②

二、中亚地区

中国在中亚地区的跨界水资源主要有额尔齐斯河、伊犁河等跨界河流以及霍尔果斯河等界河，“水外交”对象国主要是哈萨克斯坦。由于中哈跨界水资源主要分布在亚欧内陆干旱区，地理环境封闭，降水量少且蒸发强烈，跨界水资源作为该区域主要的淡水来源，对两国的生态安全和经济发展的战略意义十分重大。自中哈建交以来，哈方多次主动提出开展跨界水资源合作，这已成为两国关系发展中的一个重要合作领域。

中国和哈萨克斯坦在科技资源和组织资源方面的合作较为突出。例如，

① 《陈雷出席俄罗斯第二届东方经济论坛》，水利部国际合作与科技司，2016年9月5日，http://gjkj.mwr.gov.cn/jdxw/201609/t20160905_761868.htm.

② 《中蒙边界水联委会第六次会议在北京举行》，中国政府网2014年5月16日，http://www.gov.cn/xinwen/2014-05/16/content_2680684.htm.

在科技资源方面，双方围绕水电开发、引水工程、农业灌溉、防洪防凌、水文信息交换等展开了大量合作。从1997年开始，中国启动修建一条长300公里的运河，用于额尔齐斯河中国境内水域的治理和乌鲁木齐市供水以及农田灌溉。[①] 2008年4月，中国承建了哈萨克斯坦独立以来第一个大型电力能源项目——玛伊纳水电站，缓解了哈萨克斯坦南部的电力紧缺，也展示了中国在世界水电领域的先进成果。[②] 2013年7月，中哈霍尔果斯河友谊联合引水枢纽工程竣工并投入使用，成为中哈跨界河流务实友好合作的重要标志。[③] 为应对中亚地区持续严重的水危机，我国新疆生产建设兵团在哈萨克斯坦建立了节水滴灌示范区，并实现了滴灌器材装备输出。在组织资源方面，中科院新疆地理研究所与哈萨克斯坦众多科研机构对咸海、巴尔喀什湖等内陆湖泊和跨界河流开展了联合调研，为中亚地区水资源可持续发展提供了重要参考。[④]作为伊犁河和额尔齐斯河上游国家，中国多次积极协调各部门向哈萨克斯坦进行应急补水和防洪报汛，为哈萨克斯坦做好防汛抗旱工作提供了及时帮助，获得了哈方的高度赞誉。

三、东南亚地区

中国在东南亚地区的跨界水资源主要是澜沧江－湄公河、怒江－萨尔温江、独龙江－伊洛瓦底江、元江－红河等跨界河流，跨境水资源合作对象国主要是缅甸、泰国、老挝、柬埔寨、越南五国。2015年11月，澜湄合作机

---

① 李志斐：《国际水资源开发与中国周边安全环境构建》，《教学与研究》2012年第2期。
② 杨永江、王春元：《中国水战略——以水电开发为先导》，中国水利水电出版社2011年版，第162页。
③ 《中哈两国携手利用跨界河流水资源》，人民网2013年7月5日，http://politics.people.com.cn/n/2013/0706/c70731-22099221.html.
④ 吉力力·阿不都外力、马龙等：《中亚环境概论》，气象出版社2015年版，第1页。

制（LMC）正式启动，水资源合作被列为五大优先发展领域之一，中国与湄公河五国的跨界水资源合作进一步加强。

中国与湄公河五国在与水相关的软性国际政治资源应用方面整体优势较大，合作成果较为丰富。例如，在科技资源方面，中国与湄公河五国在水电开发、节水灌溉、流域规划、防灾减灾、航运交通等领域进行了广泛技术合作，还为老挝国家水资源信息数据中心、柬埔寨国家水资源科技研究院提供专业设备援助。[①]在制度资源方面，中国多次派出专家组赴老挝、柬埔寨、缅甸，指导开展水资源综合管理、流域开发、防洪灌溉等规划编制，并举办了城乡供水规划与管理、流域与水资源综合管理等培训，积极分享中国在水资源治理方面的成功经验。[②]在组织资源方面，中国水利外事、科研、企业、救援等组织发挥各自功能积极参与澜湄水资源合作项目。2016年3月，中国针对湄公河下游的持续旱情，由国家防总组织多方力量进行应急补水，有效满足了下游多国的用水需求。

国家间在跨国界河流上的治理模式越合理越科学，则跨国界河流问题就越不突出，中国东北部、西北部的跨国界河流问题不显著，这与中国同相关国家在跨国界河流上所采取的治理模式有很大关系。中俄总理定期会晤委员会下设环境保护合作委员会，中蒙成立了保护和利用边界水联合委员会，中哈成立了跨国界河流联合委员会，正是这些国家积极地在跨国界河流上开展合作治理，抑制了相关问题的激化，推动其在正常的轨道上协商解决。

相较而言，中国和东南亚、南亚国家之间的跨国界河流问题则比较突出，如在澜沧江－湄公河流域，中国和湄公河五国既没有建立专门的合作

---

① 《澜沧江－湄公河合作首次领导人会议三亚宣言——打造面向和平与繁荣的澜湄国家命运共同体》，新华网2016年3月23日，http://news.xinhuanet.com/world/2016-03/23/c_1118422397.htm.

② 《水利部：将水资源合作打造成澜湄合作的旗舰领域》，人民网2017年12月19日，http://politics.people.com.cn/n1/2017/1219/c1001-29717130.html.

治理机构，也没有在现有区域合作框架内，纳入跨国界河流管理的相关内容，国家之间缺乏水资源管理与协商合作机制，致使一旦发生因极端天气造成的洪涝灾害，湄公河五国就指责中国在澜沧江上修建水利设施，导致下游国家发生自然灾害和生态灾害。所以在跨国界河流上采取分治模式，不可避免地会导致信息不共享、沟通不顺畅、行动不协调的局面，从而对中国开发利用跨国界河流境内河段构成瓶颈，同时也对中国与相关国家关系造成消极影响。

四、南亚地区

面向南亚地区的跨界水资源主要是雅鲁藏布江－布拉马普特拉河、森格藏布河－印度河、巴吉拉提河－恒河等跨界河流，“水外交”对象国主要为印度。南亚地区跨界水资源多为巨川上游，山高谷深，水能蕴藏量丰富，地缘战略位置极为重要，中印围绕跨界水资源开发和利用展开了激烈博弈，水资源已成为影响两国关系发展的障碍之一。

第三节　处理跨界水问题的因素

本节将讨论处理跨界水问题的相关因素，首先探讨跨界水资源中的国际政治资源，这包括传统的物质资源和非传统的软性资源，如技术、制度、组织和理念。随后将通过印巴之间的《印度河水条约》案例分析，探讨南亚跨界水问题处理的重要经验。

一、跨界水资源中的相关国际政治资源

在国际政治领域，对于国家拥有资源的概念来自西方学者，以美国学者罗伯特·达尔（Robert A. Dahl）、哈罗德·D.拉斯韦尔（Harold D. Lasswell）等为代表的行为政治学家最早将经济学中的“资源”概念引入政治学，如同经济学中的商品和服务一样，政治资源的稀缺性、价值性和竞争性是导致政治影响力不平衡的重要原因。[①]王沪宁同志最早将政治资源分为物质性资源、非物质性资源和功能性资源，认为非物质性资源是非常重要的资源，而政治体系从本质上来说是最有力量和能力产生非物质性资源的，对政治体系的资源配置能力不仅要有认识，还要有恰当的战略。[②]

从《国家间政治》等国际政治经典原著开始，国际政治学者已经将资源与实力之间的关系讲得非常透彻，资源是实力的重要组成部分，拥有的资源越多意味着能够行使更大的权力，而拥有更大的权力势必意味着追逐更多的利益和资源。这里的资源，包括物质的可见的资源，如国土、军备、经济等，还包括非物质的不可见的资源，如文化、制度等。这里讨论的水资源长期以来都被视为一种重要的自然资源和战略资源，是一种可见的物质资源，我们的研究和决策以此作为研究的逻辑起点，但是我们忽略了与水资源的不可见的相关非物质资源的关注，如相关的理念、制度的建设等，这也导致在做“水外交”研究和决策导向方面，常常陷入对周边跨界水资源争端问题本身的被动应对，缺乏对“水外交”所需要的且能够动用的各类资源、应用方式等进行主动谋划。有学者概括了在跨界水资源方面应当充分考虑的非物质软资源应该包括4种，即科技资源、制度资源、

① 肖阳：《中国水资源与周边“水外交”——基于国际政治资源的视角》，《国际展望》2018年第3期。

② 王沪宁：《市场发育和权威基础：保护和开发政治资源》，《复旦学报》（社会科学版）1995年第2期。

组织资源和观念资源。①

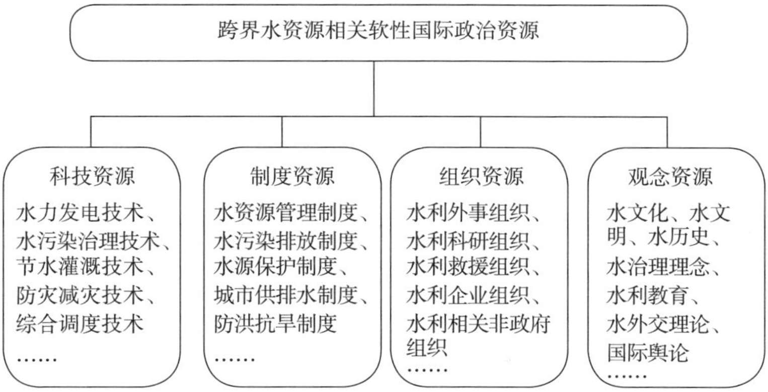

资料来源：肖阳：《中国水资源与周边“水外交”——基于国际政治资源的视角》，《国际展望》2018年第3期。

图11-1　跨界水资源相关软性国际政治资源示意图

一是科技资源。毫无疑问，科学技术是人类认识、使用、开发、利用和保护跨界水资源的最重要基础之一，更是一国维护国家安全和经济发展的重要战略资源保障。在科学技术日新月异的今天，科学技术所表现出来的战略实力的重要性与日俱增，直接关系到一个国家的政治、经济和军事在国际上的地位和未来国际政治格局中的国家竞争力。以色列在此方面的措施是一个典型的案例。以色列将水资源视为关系国家生死存亡的重大战略，全力投入，在节水灌溉、海水淡化、污水回收处理、城市智能水网等领域拥有世界顶尖技术，这使以色列不仅在水资源极度匮乏和争夺激烈的中东地区实现了“水独立”②，还向世界各国出口水治理技术和农业生产技

① 肖阳：《中国水资源与周边“水外交”——基于国际政治资源的视角》，《国际展望》2018年第3期。

② 魏莱：《以色列“水独立”或重塑中东格局》，环球网2013年7月15日。

术，极大巩固了以色列的中东强国地位。[①]

二是制度资源。这里的制度是指规范、制约和影响人类在水资源的分配、开发利用、节约保护、治理配置等各个环节的一系列具有约束力的基本行为规则、原则、机制和决策程序，集中反映了某国在水资源领域的治理能力和水平，也会对别国和国际社会产生重要影响。例如，新加坡面对缺水的严酷现实，在水源管理、水资源配置、公共环境卫生、制造业排污、公用事业供水等方面制定了一系列有效的政策、法规、标准和制度，形成了一个全面、严格的水资源制度体系，[②]在新加坡水资源治理中发挥了重要作用，其治水能力和经验也成为一种极富吸引力的制度资源甚至公共产品，赢得了广泛国际赞誉。

三是组织资源。千百年来，人类在治水实践中形成了各种不同职能的水利管理组织，政府、公司、非政府组织、专业团体、各类利益攸关方纷纷加入水治理的进程中，成为实施治水政策的主导力量。组织资源的强弱直接关系到治水目标的实现及其效果。例如，2012年3月，美国发起了“美国水伙伴关系”（U.S. Water Partnership，USWP）活动，并以“水的合作和治理”为纽带联合了美国政府不同部门各个层级的机构，包括白宫、国会、国务院、国际开发署、国家航空航天局、陆军工程师兵团等，私人部门的知名跨国公司，包括可口可乐、福特、宝洁等以及其他社会民间组织和专业团体，甚至个人参与其中，充分发挥了各方在政策、公共关系、资金、技术、信息等方面的优势，共同参与水资源对外援助项目，构建了一个全方位、多层次、宽领域的“水外交”组织体系，成为美国介入全球和地区水资源事务的重要抓手。[③]

---

① Simona Weinglass, “How Israel Became a Water Superpower,” *The Times of Israel*, December 1, 2015, https://www.timesofisrael.com/how-israel-became-a-water-superpower/ .

② 丁娟：《全球化背景下的新加坡公共外交》，云南大学硕士论文，2012 年。

③ 参见U. S. Water Partnership，美国水伙伴官网，http://www.uswaterpartnership.org.

四是观念资源。长期以来，人类在使用水、治理水等与水互动的具体实践活动中产生了形形色色的水文化，借以表达对水的感悟和理解、认识和把握，并在与水的互动和实践中形成了相应的传统、文化、思想观念、思维模式、指导原则、行为方式等。[①]随着文化软实力竞争的日益激烈，水文化等观念作用进一步凸显，一方面促进了本国对水资源的认识和使用率、治理能力的提高，另一方面以其独特的观念影响力对其他行为体、全球或者地区层面双边和多边的水资源合作的互动产生了影响甚至决定性作用。这种水文化的产生除了长久文化中对水的使用的理解和感知的沉淀，更重要的是在水资源日渐被当作战略资源的今天，先进的制度和治理能力本身就推动创造了新的更强势的与技术和治理能力以及制度密切相关水文化。例如，瑞典斯德哥尔摩国际水研究院（Stockholm International Water Institute，SIWI）创办的“世界水周”（World Water Week）是世界上最具影响力的国际水事活动之一，在保护全球水资源和环境方面做出了重要贡献，并把一些研究成果推向道德与价值层面，增强了瑞典在全球水资源治理领域的引领地位。还有新加坡严苛的水治理制度本身以及以色列高效率高科技利用水的举措，都形成了新的被其他国家欣然接受的“水文化”，以主动和被动的方式传播到世界各地。

应当特别留意发达国家和发展中国家在水资源相关软性国际政治资源方面不同的地位和作用。和其他很多领域一样，发达国家和发展中国家在水资源的技术、组织、制度和理念方面存在结构性的差异。发达国家是水资源利用和治理技术、组织、理念和制度的“生产者”，处于核心地位，在很大程度上决定了国际水资源合作的理念、谈判议题甚至进展。相较而言，发展中国家是水资源利用和治理技术、组织、理念和制度方面的“消费者”，处于相对的外围位置，常常被动地接受和消费处于核心地位发达国家“生产”的

---

① 陈雷：《弘扬和发展先进水文化 促进传统水利向现代水利转变》，《中国水利》2009年第22期。

技术、理念、制度等“产品”。中国作为水资源丰富的发展中国家，改革开放后伴随中国经济迅速增长，中国在技术方面已经取得了长足进步，在干旱地区节水灌溉、水电建设等领域达到了世界先进水平，并且与诸多国际组织、发达国家的合作和互动中，在组织、制度和理念方面有所发展；但是不可否认，在制度建设、国际组织能力以及理念传播、国际议题设定等方面，中国与发达国家依然有较大差距。

伴随各国对水资源认知的不断加深，不同国家和地区跨界水资源合作活动的进一步拓展，相关软性国际政治资源的战略价值日益凸显，这些资源以其特有的方式对其他行为体产生潜在影响，促进或阻碍跨界水资源相关硬性国际政治资源效用的发挥，是行为体自身软实力的重要体现。中国是亚洲大陆主要大江、大河的发源地，位于中国境内的青藏高原被誉为“亚洲水塔”（Asian Water Towers）[①]，在跨界水资源方面具有明显的上游天然优势。然而，在实践过程中，中国作为上游国家，积极与全流域国家建立国际合作机制，进行科研、经济、人文、安保等多方面的国际合作、协调和交流，比如澜沧江－湄公河合作机制等。中国还在力所能及的范围内，为下游国家提供方便和援助，比如2016年在越南等下游国家遭受大旱，饮用水困难情况下，中国云南的水电站开闸放水，缓解了下游各国的灾情。然而这样的案例时常被“有心”的下游国家选择性忽略，一味放大和宣传“中国水霸权威胁论”。在这种情况下，中国的学者和相关专业人员，有责任在理论和实践方面澄清事实，使用和宣传中国相关做法和案例；同时将其作为中国在国际政治软性资源，充分发挥其应有作用。因此，从科技资源、制度资源、组织资源以及观念资源4个方面构建一个分析评估框架，可为中国进一步开展周边“水外交”提供有益参考。

---

① Walter W. Immerzeel, Ludovicus P. H. van Beek, and Marc F. P. Bierkens, “Climate Change will Affect the Asian Water Towers,” *Science*, Vol. 328, No. 5984, 2010, pp. 1382–1385.

二、案例分析：印度河水条约

众所周知，印度和巴基斯坦自20世纪40年代分治独立之后，就视对方为死敌。然而在这一背景之下，印巴双方在国际复兴开发银行调节之下于1960年达成的《印度政府、巴基斯坦政府和国际复兴开发银行关于印度河的水条约》(以下简称《印度河水条约》)，对于中国与印度以及其他东南亚国家解决国际水资源争端有很好的借鉴意义。这一条约的签订本身也证明存在领土纠纷和政治互信不足的国家之间也可以通过协商和谈判解决跨界水问题。《印度河水条约》之所以能够达成，有三条经验不容忽视：[①] 其一，内容具体、章程细致的法律性质的国际条约的订立；其二，公平分配、合理补偿等原则的使用；其三，世界银行等第三方国际机构的参与。

《印度河水条约》对解决国际水纠纷和促进经济社会发展具有重要作用。《印度河水条约》是一个复杂的法律文件体系，非常完整和具体。条约对印度河水系分水进行了详细规定，还对分歧和争端的解决作出了规定，具有很强的操作性。《印度河水条约》的签署为两国开发印度河干流及支流水能水资源，促进当地经济社会发展发挥了重要作用。印度河常设委员会和《印度河水条约》本身一直保持平稳运作，即使两国对克什米尔地区存在领土争端，甚至在发生战争时期也是如此。制定具体可操作的条约规定是避免或妥善处理纠纷的重要保证。《印度河水条约》中关于各国相互通告、磋商及纠纷解决机制等都有详细规定，既明确了各自的权利与义务，也为纠纷的解决规定了具体的操作规程，进而维系了条约的有效运行。条约规定在出现可能违反条约的事实时，先由委员会协商解决；委员会出现分歧时，请中立专家按规定的程序调查裁决；出现争端时，则通过谈判、调解或法庭仲裁来解决。

---

① 胡文俊、杨建基、黄河清：《印度河流域水资源开发利用国际合作与纠纷处理的经验及启示》，《资源科学》2010年第10期。

运用公平分配、合理补偿等原则是达成《印度河水条约》的关键。印度基于其位于印度河水系上游的有利地位，在最初与巴基斯坦的争论中采取绝对主权论的立场，声称它有“完全自由”的权利使用其境内印度河的水。巴基斯坦则采取了与印度立场相对立的绝对领土完整论立场，要求印度不应改变其历史用水权利。以上两个极端立场违背了国家主权平等的基本原则并导致不公平的结果，只会加剧两国的矛盾。后来双方还是以“公平分配”印度河水资源的原则达成《印度河水条约》。水分配是基于双方的现状用水并考虑未来计划用水而达成的流域水系使用权分配。

世界银行等第三方在促进分水合作中发挥了极其重要的作用。印巴建国初期，迫于分裂初期的政治紧张局势，谈判难以坦诚深入进行，导致磋商陷入僵局。直到世界银行协调经过多轮磋商后，通过双方充分的意愿表达，才逐步由分歧转向合作。世界银行在解决印度河纠纷与分水中发挥了重要的作用，不仅提供了分水方案建议，还为印巴双方提供了实施方案的资金。

第四节　中印跨境水资源开发与对策

一、中印跨界水资源开发现状

中印边界至今存在约12.5万平方公里的争议地区，其中东段的藏南地区恰好是雅鲁藏布江－布拉马普特拉河流经之处，此河流水能资源丰富，占印度境内所有河流水电蕴藏总量的44.42%。另外，印度控制藏南河段水电蕴含量为50328兆瓦，印度在指责中国开发雅鲁藏布江的水力资源，控制西藏水资源的同时，还急迫地在布拉马普特拉河上快速修建一系列大坝，争取它的下游国家开发权，实现先占先得目标，以便在与中国的对抗中握有更大的筹码。①

中印两国在雅鲁藏布江－布拉马普特拉河水资源开发方面的问题主要集中在水量分配争端和水能开发争端。水量分配争端是指中国跨界河流的水资源可利用或可分配总量在流域国间进行分配，以确定各流域国内的生产生活可消耗获取水的水量份额引发的争端。中国境内水资源调配引发的争端都属于这一范畴。②

中印都是世界上发展较快的发展中国家，在软性国际政治资源方面理应具有较强的互补性和较大的合作潜力，造成当前这种不佳状况主要有以下因素。一是中印都属于缺水型国家，对跨界水资源需求较大，两国都将跨界水资源视为促进经济发展的重要战略资源，并制订了大规模的水坝建设和引水计划，但在水资源分配和利用问题上产生了较大矛盾且一直未能解决。二是中印跨界水资源争端与边界领土问题密切相关，印度一方面企图利用水电开发巩固其在藏南地区的实际控制，另一方面又担心中国在上游的活动成为对其施压的手段甚至军事威胁，因此极力引导国际舆论抹黑中国，试图以“受害者”的形象博得同情，从而获得国际社会对争议领土“实际控制区”的承认。三是中印跨界水资源争端也反映出两国在南亚地缘政治结构性矛盾的进一步显现和升级，印度对中国复兴产生了严重的心理不平衡，对中国的种种行为都保持高度警惕和防范，欲将跨界水资源问题安全化、政治化，以达到牵制中国发展的目的。

在中印“水外交”或者说跨境河流合作过程中，相关软性国际政治资源应用整体层次较低。例如，在科技资源方面，中印仅限于较低层次的水文报汛合作，多年来不仅未有明显提升，反而有倒退的迹象。2017年8月，中印

① India Clears Hydropower Project on Brahmaputra to Counter China, 10 Feb 2013, https://www.newstrackindia.com/newsdetails/2013/02/10/241--India-clears-hydropower-project-on-Brahmaputra-to-counter-China-.html.

② 李志斐：《中国跨国界河流问题影响因素分析》，《国际政治科学》2015年第2期。

洞朗军事对峙期间，印度外交部发言人Raveesh Kumar称中方当年未提供雅鲁藏布江水文资料，暗指中国对席卷印度东北部的洪灾负有责任。[①]在组织资源方面，中印主要通过双方水利部门建立的跨界河流专家级机制进行对话，就跨界河流的水文报汛、应急事件处理等问题开展合作，受部门权限、官员级别、合作范围等因素的限制，对话机制在解决争端上的功能和作用十分有限。在制度资源和观念资源方面，受到中印边界问题以及印度大肆炒作和渲染“中国水威胁论”的冲击和影响，中印在水资源相关制度、人文等方面的交流已基本陷入停滞状态。

尽管印度国内也在建造耗资巨大的“北水南调”和“内河联网工程”，并且一旦建造完成，将会拦截54条国际河流，使孟加拉国近1亿人的生活生产用水受到威胁，但对本属于中国内政的“南水北调”工程频频反对和质疑，认为这会使中国每年从雅鲁藏布江向黄河调运2000亿立方米的河水。[②]2010年11月，中国宣布雅鲁藏布江首次截流，这标志着西藏藏木水电站将进入主体工程施工阶段。对此，印度表示藏木水电站相当于“悬在印度头上的一颗水炸弹”，认为中国在雅鲁藏布江上游修建水坝，将威胁到包括阿萨姆邦在内的7个地区的水源供应，喜马拉雅山水源将成为中印争端的新的焦点。为了与中国进行水源之争，印度陆军扬言要提升对中国内陆的攻击能力。这是因为印度对中国采取的是敌对的态度，事实上，中国一直愿意与邻为善，也一直遵守着公平合理的原则，只要双方能够相互信任、友好协商，就能够共享水资源红利。于是，印度除了加紧开发布拉马普特拉河外，还开始进行战略造势，计划在中印边界东段的提斯浦尔（Tezpur）和贾布瓦

---

① Kallol Bhattacherjee, “No Data from China on Brahmaputra This Year,” *The Hindu*, August 18, 2017, http://www.thehindu.com/todays-paper/tp-national/no-data-from-china-on-brahmaputra- this-year/article19520875.ece.

② IndraniBagchi,“China’s river plan worries India”, *The Times of India*,Oct. 23,2006.

（Chabua）空军基地各部署一个中队的苏-30MKI战机。[①]

基于以上现实，可以预见，一旦中国公布南水北调西线方案，很可能会引发印度的不满和抗议。因此，有必要提前做好预案与印度协商合作，通过议题联系等方式得到印方理解和支持。

二、中国的应对策略

中国在开展周边“水外交”的实践中主要侧重于如何应对周边跨界水资源问题，对“水外交”理论层面和战略层面的关注相对不足，这也导致中国在与水相关的国际政治资源的分配和应用上不均衡，与欧美“水外交”强国相比，中国在方式和手段上还显得较为单一。因此，构建一个整体性、系统性和前瞻性的周边“水外交”战略规划是进行相关软性资源配置的必要前提。

未来中国跨境水资源利用与国际合作应当“着眼于宏观，落脚于微观”，即“水外交”和国际水合作战略目的与体系的设计从整体和长远上服务于和服从于中国对外政策的实现，特别是人类命运共同体的建设，将“水外交”作为践行周边命运共同体建设和“一带一路”建设的重要组成部分和具体措施。而在具体活动实施过程中，则落脚于最基础的社会治理层面，从对象国的实际需求出发，侧重于对农业灌溉、水资源利用效率、民众清洁用水和卫生基础设施等社会基础性用水领域的援助，注重对象国民众健康安全的提升；切实对接对象国的利益诉求，惠及普通民众和当地社区。

推动双方在平等和补偿原则基础之上签订跨境河流水分配和开发的双边协议或条约。零和博弈不是解决问题的理性路径，寻求合作的新路径，只有找到双方合作的交汇点和共同利益才能解决根本问题。淡水供应时空分布不均，枯水和丰水年的年际变化以及旱季和雨季的季节差异巨大。因此，制定

---

① “India Reinforces Military Deployment against China”, *Kanwa Asian Defense*,Canada,May,2010.

水资源管理规划和政策时要考虑淡水供应变化和时空分布情况。

通过具体措施消除双方的不确定性和风险。目前中国和印度之间仅存在关于雅鲁藏布江上游的部分信息分享，还缺乏深层次的战略合作。可以将雅鲁藏布江流域的合作作为双方增强战略互信和战略合作的起点，为双方在“一带一路”建设等方面的进一步合作奠定基础。为降低彼此心里的不确定性，解决水分配问题将面临以下4项重要挑战：其一，在旱季缺水期应如何开展水分配或再分配，如何应对自然和经济条件的变化。比如，在上游中国境内多修建水坝储水，在旱季时应下游需要适时放水。其二，在水权分配过多，无法满足所有水权拥有者干旱时对水的需求，或者某特定水源可用水量长期衰减的情况下有什么解决方法？事先做好争端解决和仲裁机制准备，如诉诸第三方国际法庭或者联合国下属专门机构。其三，水体制应如何演进以跟上并预知变化？双方建立信息沟通和协调机制，分享实施更新的数据和信息。其四，什么样的体制手段能应对不断上升的引发冲突和争端的用水紧张形势？如何才能将这些紧张形势转化成合作形式？[①]做好危机管控机制和预警机制，避免冲突和争端发生。

加强与印度等周边国家与水相关的人文交流，建立起中国与印度等周边国家的水利专家、学者以及智库机构共同参与的二轨、一轨半对话机制，共同围绕跨界水资源问题展开研讨，减少双方的误判和猜疑，促进各方的沟通与合作。[②]注重水利与国际法、国际关系、历史文化、遥感测绘、环境保护等专业的跨学科人才培养，使水利国际教育成为中国推广技术、输送人才、交流思想、传播文化的重要平台。丰富传播手段，精心构建周边“水外交”

---

① United Nations Educational, Scientific and Culture Organization, *THE UNITED NATIONS WORLD WATER DEVELOPMENT REPORT 4*: *Managing Water under Uncertainty and Risk*, pp.305-306.

② 肖阳：《中国水资源与周边“水外交”——基于国际政治资源的视角》，《国际展望》2018年第3期。

传播话语体系，讲好中国“水故事”，传播好中国“水声音”。举办水资源领导人峰会、论坛，在人类命运共同体建设和“一带一路”框架之下加强水资源方面国际合作，全面展示中国在水资源领域的国际影响力。

（本章作者：熊　洁）

第十二章
调水改土体制中的先行先试改革

水资源的再配置和再平衡，是扩大发展空间、有效增强国民经济增长的动能和潜在经济增长能力的重要支撑。应当全面深化改革，“让市场起决定性作用”，政府的主要职责为维护公平正义，适当地宏观调控。改革的原则是要让利于民，送土地、体制、政策、创业环境与民，实现以人为本的新型工业化和新型城市化。创新体制和机制，由水利部牵头，尽快启动南水北调西线工程总体规划的补充论证工作，加强水资源管理工作，加大水资源的优化配置，实行“近水、近调、近用”原则，保障中长期水资源安全、生态安全、粮食安全，为国民经济中高速增长提供新动能，推进我国尽快跨越中等收入发展阶段，进入高收入国家行列。

第一节　新体制新机制

为了确保水资源再配置和再平衡的有效推进，最大限度发挥未利用土地开发改造效益，需要大力度改革，以新的体制和机制，营造良好的投资环境。

一、从大的外部环境上消除阻碍经济发展的体制因素

党的十九大报告提出，“加快完善社会主义市场经济体制”。完善社会主义市场经济体制，关键是处理好政府与市场的关系，让市场起决定性作用。

继续大力推进简政放权、放管结合、优化服务改革，持续增加有效制度供给。围绕重点领域关键环节持续加大简政放权力度，做到该放则放、放而到位，降低实体经济特别是制造业的准入门槛，全面实行清单管理制度，减少政府的自由裁量权，增加市场的自主选择权。围绕营造公平竞争环境强化事中事后监管，完善社会信用体系，全面实施公平竞争审查制度，推动完善竞争有序的市场体系。围绕提高智能便捷、公平可及水平，优化政府服务，大力推行“互联网+政务服务”，让企业和群众更多感受到“放管服”改革成效，着力打通“最后一公里”。

从原则上讲，政府负责制定市场规则、维护市场规则、确保制度的公平和公正。除非出现市场失范，政府可以进行宏观调控（这里说的宏观调控，绝非微观干预），除此之外，统统交给市场。比如，上海自贸区内，企业注册时间从目前全国平均的29天缩短到4天，从而上海自贸区服务大厅日均接待咨询近2000人次，业务办理近600件。国务院发展研究中心等第三方机构

对上海自贸试验区的联合评估显示，82%的受访企业反映营商环境进步明显，95%以上的企业看好后续发展；有关问卷调查结果显示，企业对自贸试验区政府部门服务效率、企业设立便捷度、办事透明度等都打了高分。[①]

二、从调水和未利用土地开发上创造直接的良好投资环境

建议国家制定和实行调水工程和未利用土地开发改造的改革性新条例新规定，营造宽松的投资、开发、建设施工、用地、经营等环境。

一是创新水利工程的投融资体制机制，推进PPP、BOT、TOT等投融资模式，以及社会资本的稳定收益分享机制，更多调动社会资本参与调水工程。

二是尽快研究出台社会资本参与或主导调水工程的建设、规划、投资融资新体制和运作模式，制定政策和实施方案。

三是未利用土地开发改造的制度安排，应当大胆创新制度供给。在产权上实行土地国家所有，但谁投资改造，土地财产使用权归谁；使用年期延长为100年，到期自动续期；改造完成严格验收合格后，确权发证，土地使用权人有入股、交易、出租、抵押、继承等权利。对整治的土地，可50%用作耕地，15%用于生态，35%可以用于建设，进行占补平衡和增减挂钩，并且可以跨省异地平衡和挂钩。

四是推动相关配套改革。调水工程和未利用土地改造及产权等方面的改革的顺利推行，亟须配套改革，对跨城乡、跨区域的就业者，其住房保障、子女就业、养老等方面，应当与当地居民一视同仁，不应歧视。

① 陈克龙：《学习上海自贸区建设经验 促进内陆中部地区跨越式发展》，《经济日报》2017年11月7日。

三、构建土地与相关部门协调机制

国务院发展研究中心和世界银行在2018年11月7日发布的研究报告《中国水治理研究》中提出：尽快修改《中华人民共和国水法》，明确水量分配的原则、分配方式、分配机构及相关问题。包括跨流域调水的机制问题，明确水利部与生态环境保护部和自然资源部等部门之间的职责与分工，在水资源权属管理、水资源配置等方面的权责关系等。

除了修改《中华人民共和国水法》，建议国务院成立专门议事协调机构，办公室可设立在水利部，形成生态环境部、农业农村部、住建部、发改委等部门协调机制。从有利于调水和未利用土地开发、利用、管理和部门协作出发，逐步建立调水和未利用土地的部门协调机制，协调各个部门分工，以便管好调水工程和未利用土地合理开发利用。

（1）强化重大政策和规划协调。在有关水利、土地等重大政策研究制定和规划编制及实施过程中，统筹土地资源和水资源条件，协调好土地利用与水利建设、水资源承载能力的关系，协调好土地、林业、水土保持、生态建设、水资源等不同规划之间的关系，切实发挥各自优势，合力推进工作开展。

（2）围绕建立健全自然资源资产产权制度等事项加强合作，形成改革合力。一是加强水资源使用权的确权工作，探索空中调水、地面跨流域调水以及取水的管理工作，合理界定和配置水权，加快探索水资源使用权物权登记途径和方式，完善水资源有偿使用制度。二是对空中调水、地面跨流域调水等水资源配置带来的新增耕地、建设用地、林地、草地、湿地等，加快探索土地产权界定、登记和发证工作。

（3）统筹管理，对于未利用土地开发利用的法律主体、开发程序、验收标准、收益分享等具体问题，未利用土地改造后建设用地和农业用地指标的配置，以及相应的财政、税收和金融政策等方面，进行会商并制定相应的政策。

（4）协调政策，与产业政策协调，与国家区域开发政策协调。对于通过调水改土，推进“胡焕庸线”上方区域生态建设、新发展空间开发利用，国家相关部门适当调整区域开发政策，予以大力支持。

第二节　新的土地体制

推进调水和未利用土地开发改造，关键是调动各方的积极性。过去，我国的调水工程主要是政府主导，为了提高效率，也应向民间资本开放。至于未利用土地开发，一些地方政府和企业虽有改造未利用土地的举措，但并没有大规模推行，主要是制度设计上缺乏激励机制，如新增土地的产权限制、土地用途限制等，改造土地无利可图或者微利，投资者没有动力。因此建议改造土地入股和配送土地；改革水利建设补偿安置办法，让一些有资金回流的项目以土地入股，使失地农民永续受益。

一、实行先行用地政策，确保调水工程及时推进

水资源配置意义重大，自然资源部门应当在用地政策上优先考虑，加大对水资源配置工程用地指标的支持力度，并在办事程序上实行先行用地。先行用地由省级自然资源主管部门向自然资源部提出申请，省级自然资源主管部门要指导市县认真组织申报材料并严格审核把关。申请先行用地前，应查清所需使用土地的权属、地类、面积，就补偿安置充分征得被占地单位群众同意，确保批准后及时兑现有关补偿费用或按经批准的相应移民安置规划实施，不因先行用地发生信访问题和突发事件。先行用地批准后，不得超出批准范围动工建设，同时，必须在规定时限内申请办理正式用地审批手续。

二、实行调水工程征地拆迁补偿安置新体制

目前的水利工程建设项目征地、拆迁、安置等的补偿项目一般包括:(1)征（占）地费用。(2)地面附着物补偿费用，包括青苗及林木补偿费、房屋拆迁补偿费、居民搬迁补助费、房屋迁建集中安置区基础设施补偿费、企业处理补偿费用，以及电力、通信、交通等专业项目处理补偿费用等。从本质上讲，这与其他耕地补偿标准差异不是很大。

但是，由于被征地拆迁的农民搬离家乡，在新的安置地区重新开始生产生活，尽管现行的征地拆迁安置等相关规定考虑了他们的长远生计，毕竟无法与原有的生活状况相比，甚至一些被拆迁居民有被“一脚踢”的感觉，认为生活水准降低。毕竟，其拥有的土地具有永久的承包经营权和享有地上作物等的收益权，一旦征地拆迁之后，便失去了这些权益。

实际上，古人早就有较好的安置和补偿机制。比如，宋代王安石变法中，关于征地拆迁补偿，据《宋会要辑稿》记载，熙宁五年（1072年）诏令：“应人户见耕占古迹、陂塘、地土，如可兴修浇灌，委实利便，其所占地土始系祖业，即依乡原例，支给价钱收买，除破省税；如地内见有坟墓舍屋，仍量给还葬。拆修功钱，系请射者，即与破税；如施功开垦，量给功直。以上，合支钱并合修斗门木石，如食利人户物力出办不及，即许于常平仓官钱内支破。”这条诏令与当今中国和海外的征地制度相比较，丝毫不显得“落后”，极具“现代性”：只要水利工程占用的是非官地，按照“市价补偿”，并且地上附着物予以异地重建的方式补偿。水利工程可不是“经营性项目”，而是典型的“公共利益”，当时的补偿方式尚且如此！值得注意的是，这项制度沿革下来。南宋宝祐六年（1258年），明州鄞县令吴潜修建洪水湾防洪堤，“江之东南有何氏竹木园，当水之冲，激其势而北，欲撤其蔽而疏通之。官为给钱，市其业，浚地为江，因畚沙以实二坝之北河堤坚密，降水安流矣”。开鄞县慈溪管山河时，也是购买民田开渠道。

因此，当今之世，调水工程征地拆迁补偿安置，更应当坚持以人为本，不得与民争利。相反，要与民分利，除了补偿之外，要让被征地居民以土地入股，从而在水利工程建设投产之后，能够获得持续的收益，也就是财产性收益，从根本上解决被征地居民的长远利益诉求。

三、实行未利用土地改造与产权改革相结合的新体制

我国土地产权制度改革之所以进展缓慢，很大程度上是因为作为“存量”改革，涉及复杂关系、各种既得利益的阻挠。但是，未利用土地的产权制度创新，是“增量”改革，不涉及复杂利益关系，也不涉及征地拆迁等问题，可以探索推行大力度改革，成为土地产权改革的重大突破口。

为了更大限度地激发社会资本的进入，建议经由土地产权的“增量”改革。比如，赋予开发利用未利用土地投资主体以99年或者500年的土地产权，并充分考虑用地结构的优化。比如，改造4亿亩未利用土地，1亿亩用于农业，2亿亩用于建设，1亿亩用于生态用地，并在调水后从草地转换5亿亩耕地，将极大地激发社会资本进入土地改造。

一是要明确草地、林地、森林、湿地的财产使用产权，对沙漠、荒山、戈壁、草原、盐碱地、滩涂、废弃地等，要实行“谁投资、谁绿化、谁保护、谁长期使用”的体制，在土地国有和集体所有框架下，考虑修改宪法的难度大、时间长和成本高，对荒山荒坡、沙漠戈壁的所有权可以不变，分为土地财产权和长期使用权，改革现有的几十年为无限期自动接续使用。在国有或者集体所有不变的前提下，对林地、草地、湿地等有永续使用财产权，其权利可以继承。

二是被改造的未利用土地的永续使用财产权，即林地草地湿地可以在市场上自由交易、出租、入股、抵押；政府只监管，而不干预和垄断土地永续使用财产权的交易、出租、入股和抵押权利。无论何种所有制和用途性质土

地，都在土地交易市场交易。否则，一些投资者的投入，无法通过交易、入股、出租、抵押来融资、定价、增值和交易退出。

三是投资人投资建设改造的林地、草地、湿地，在规划上应当体现现代农业、现代牧业、乡村草原旅游、农林产品加工、运营居住等方面，配置一定比率的建设用地，不通过征用拍卖等交易，而由投资建设改造土地者按照规划自行投资建设林场、牧场和农场设施、旅游休闲设施、农牧林产品加工设施，以及乡村居民、农林牧业家庭和游客等居住设施。

四、新开发土地的指标交易与管理体制

一是调水改土、未利用土地开发等新增土地，在确保耕种水准和质量的前提下，纳入“占补平衡”，优先补充为耕地，实现指标的跨区域交易。占补平衡的指标，应主要来自新开发土地。

二是要实行建设用地、农业用地、生态用地等的地类协调体制。改变那种将新开发土地全部用于补充耕地的做法，对于调水改土、未利用土地开发等新增的土地，优先补充耕地、草地、林地、湿地，并确保建设用地适当比例原则，协调发展空间，提高投资开发者的积极性。

第三节　促进人口和劳动力迁移流动的体制

为了有效推进调水工作，推动未利用土地开发改造，建议取消户籍管制，鼓励人口和劳动力向新可利用国土迁移；新区域中实行均等的教育、医疗、养老等体制，适当建设低价和保证质量的住宅，甚至提供廉租房。

一、取消户籍管制，促进人口流动

人口流动和迁移，可以增加人力资本，优化劳动力资源配置，提高劳动生产率，缩小劳动力因地区和领域封闭留滞而形成的城乡和地区之间收入差距，形成推动经济增长的强劲推动力。

对于通过调水和未利用土地开发改造形成的新区域，需要相应的人力资源的匹配，以发挥更大的经济和社会效用。为了避免当前城乡二元结构带来的人力资源错配，建议尽快改革户籍管制制度，实现人口自由迁移，不仅可以从农村自由迁入城市，也可以从城市自由迁入农村，尤其是新开发区域。

应当以身份证替代户籍本，进行以身份证信息为准的常住居住地登记。逐步建立城乡统一的身份证及居住地登记管理和均等化的公共服务制度，实现公民身份和权利的平等。（1）流动和迁移自主，形成身份证和常住居住地登记结合的制度。身份证制度是依法收集、确认个人信息的制度，而常住居住登记只提供住户人口基本信息，应以身份证中的信息为基准信息；身份证登记应当与常住人口及家庭居住登记信息统一起来。流动和迁移自由，不再进行人口城乡和地区不同户籍的差别管理。（2）成年人和常住人口的普惠和平等权利。取消户籍制度及其内含的各种福利，以身份证和常住人口登记为依据，实现基本公共服务向常住人口全覆盖。公民一律在常住居住地即居住登记地依照当地标准，行使公民的各项基本权利，享受各项公共服务和福利，包括选举权、被选举权和公共福利享有权等。

在新的区域，严禁将学历、职称、无犯罪记录等作为申办的前置条件。常住外来人口只要有固定住所，自愿申请，都应该予以居住登记。持证人在选举权、就业权、义务教育、技能培训、临时性救助、基本医疗保险、基本养老保险、住房保障、失业保险等方面，享受与原有居住人口同等待遇。

禁止各地新出台有关政策与原住民户口性质挂钩，除国务院已经明确规定的就业、义务教育、技能培训等政策外，要把范围扩大到社会保障和公共服务各领域。

对就业、教育、计划生育（应当在全面二孩的基础上取消计划生育政策）、医疗、养老、住房等领域现有各种与原住民户口性质挂钩的政策进行一次全面清理，取消按原住民户口性质设置的差别化标准，制定城乡统一的新标准，使现有政策逐步与原住民户口性质脱钩。

二、调水和未利用土地开发形成的新区域，优先推行公共服务均等化

对于新区域居民，不论是原居民，还是新移民，不论是城镇居民，还是农村居民，一律实行均等化公共服务，即从教育、医疗、住房、社保等方面实行公共服务均等化政策。

一是外来人口，迁入地的政府要将其随迁子女的教育纳入当地教育发展规划和财政保障范畴，确保外来人口子女享受迁入地教育资源的权利。制定实施相关政策，基本普及外来人口随迁子女学龄前3～4年保育教育；全面实行外来人口随迁子女在输入地接受全日制公办中小学义务教育的政策，重点做到迁入地公办中小学全面对外来人口随迁子女开放；对长期在输入地就读的外来人口的子女，允许其参加高考，促进教育公平。

二是合理调整城镇基层医疗卫生机构，保障外来人口包括农民工切实享受便利、安全、公益的医疗卫生服务。落实招工单位的主体责任，保障外来职工的职业健康权益。

三是将外来人口尤其是农民工住房纳入输入地政府的城镇住房保障规划，并将在城镇稳定就业的农民工纳入公共租赁住房供应范围。运用金融、土地及财政等工具吸引社会资金参与建设面向农民工的保障性住房，并制定适合农民工住房公积金缴存、提取办法，支持农民工通过租赁、购置合适的商品房等多种方式解决住房问题。对中低收入家庭，政府在税收、信贷等方

面创新政策，鼓励支持合作建房、集资建房、私人建房等，以多种形式和渠道满足城乡居民的住房需求。

四是建立并完善新型农村合作医疗与城镇居民基本医疗保险、新型农村社会养老保险与城镇居民社会养老保险的转移衔接制度，真正实现居民基本养老、基本医疗以及失业保险的全部链接，实现全面覆盖。

容许城镇人口和劳动力迁移流动到新开发区域投资、创业、就业，可以购买已经从农村迁移到城镇居住和工作的自愿出售的乡村住宅，以及林地、耕地和其他建设用地，进行退养和其他创业及经营活动。

第四节　新的水资源分配使用体制

水权制度和水价机制的改革，能否形成新的水资源分配使用体制，是民资是否有积极性进入重大调水工程建设的关键。

一、加快推进水权市场化改革

调水工程是一项复杂的系统工程，理论上，调水工程有三种模式。

（1）纯公益性。水利工程的建设是国家行为，如“红旗渠”工程、“引滦入津”工程等，体现了国家集中力量办大事的决心和信心。

（2）公益性与经营性兼顾。跨流域配置水资源的供水工程既有公益性，又有经营性，南水北调工程就是这两性兼顾的典型工程。

（3）纯经营性。水利工程从开始建设时就以市场化的模式运作，由各种投资资本、以营利和经营为主要目的而建设工程。

我认为，调水工程本质上是多元目标的管理系统，经济目标、环境目标和社会目标共同体现跨流域调水的综合效益。从而，调水水权管理模式，要尽快向市场化过渡，但同时要兼顾多元目标。目前，南水北调工程水权初始分配机制已经开始引入市场模式。我国正在探索如何把握市场条件下跨流域调水的营运规律，创新工程建设管理体制和运营机制，充分发挥工程效益。但是，南水北调的水权初始分配只是一定程度上引入了市场模式，而并非市场化分配，水资源分配是政府与市场的“双重配置”。

为了推进水权市场建设，我认为改革方向和思路为：（1）调水工程、海水淡化及综合利用等，可以采用民企独资、民建公助、国有民营或者PPP等多种方式投资、建设和运营，使这一领域能够吸引大量民间资金，提高投资、建设和运营效率。民营企业投资的设施，应当确定其水利和水务设施的产权，包括使用权。政府实行宏观管理和监管工作。（2）企业可以自主在产权交易市场及产品市场上出租、抵押、入股和出售；政府要监管水价成本及合理利润，由第三方咨询机构、社会听证、地方人民代表大会来确定调水、淡化水等产品的价格；鼓励竞争，形成城市水供应设施建设及产品出售的竞价机制。（3）特别是诸如民建公助、国有民营、政府补贴等涉及政府出资、预算和资产的方面，一定要竞争准入，招标竞价；一定要第三方确定投入标准，审计成本，合理确定利润水平；一定要向社会公示，进行社会听证，特别重大事情交由当地人民代表大会讨论通过。

二、加快推进水价机制改革

水资源合理定价，是提升水资源管理水平的基础。考虑到调动民间资本的积极性，水价制定应综合考虑供水成本、用户的水价承受能力及水的商品属性，并探索水价补偿机制。根据跨流域调水工程的监管体制，在合理补偿供水成本的基础上，制定的供水价格既要满足用水户的支付意愿，又能有效发挥水价的杠杆作用，以实现工程的有效运用和水资源的合理配置。

因此，要尽快形成合理水价机制。一是发挥水权价格等基础性自然资源价格的杠杆调节作用，建立反映水资源市场供求和水资源稀缺程度、体现水资源生态价值的水权交易价格制度。二是政府调控和市场竞争相统一。既要发挥市场在水权交易价格形成中的决定性作用，也要发挥政府的调控作用，包括水权交易审核、价格水平、市场失灵、第三方补偿等领域的监督、协调和组织等功能，有效防止水权囤积、价格过高等现象。三是公平与效率相统一，水权交易价格应反映调水、蓄水、输配水工程建设、运行维护与更新改造的成本，对上下游、生态环境和第三方的影响，以及税金、利润等方面。同时，充分发挥价格机制对优化水资源配置效率的作用，促使水资源由低效益用途转向高效益用途，并考虑水资源的级差收益，优质优价。四是差别化定价。交易价格的形成要视具体情况而定，允许水权交易价格在不同地区、不同交易类型上存在差异性，形成水权交易市场特色的、差异化的价格体系。五是对于除生活、生态用水外的经济用水，应积极探索水权交易中的竞价机制，进一步增强水权配置中的市场化程度，促进水权市场发育。

（本章作者：刘正山）

主要参考文献

1.Brahma Chellaney, "China's Water Hegemony in Asia," Livemint, April 27, 2016, http: // www.livemint.com/Opinion/1qM2LdMPsMd0fLNrDUVjRK/Chinas-water-hegemony-in-Asi a.html.

2.David Reed, Water, Security, and U.S. Foreign Policy, Routledge, 2017.

3.Ellen Hanak, Caitlin Dyckman. Counties wresting control: Local Responses to California' s Statewide Water Market . University of Denver Water Law Review, 2003(6): 490-523.

4.India Clears Hydropower Project on Brahmaputra to Counter China, 10 Feb 2013, https: // www.newstrackindia.com/newsdetails/2013/02/10/241--India-clears-hydropower-project-on-Brahmaputra-to-counter-China-.html.

5.Indrani Bagchi, "China's river plan worries India", The Times of India, Oct. 23, 2006.

6.Kallol Bhattacherjee, "No Data from China on Brahmaputra This Year," The Hindu, August 18, 2017, http: //www.thehindu.com/todays-paper/tp-national/no-data-from-china-on-brahmaputra- this-year/article19520875.ece.

7.Marcus DuBois King, "Water, U.S.Foreign Policy and American Leadership," October 15, 2013, https: //eliot.gwu.edu/sites/eliot.gwu.edu/files/downloads/faculty/king-water-policy-leadership.pdf, 2017-10-10.

8.Patricia, Wouters, "The Yin and Yang of International Water Law: China's Transboundary Water Practice and the Changing Contours of State Sovereignty," Review of European, Comparative & International Environmental Law, Vol. 23, No. 1, 2014.

9.Perry, C. 2007. Efficient irrigation; inefficient communication; flawed recommendations.

Irrigation and Drainage，Vol. 56，No.4，pp.367−78.

10.Peter H. Gleick. “An Introduction to global fresh water issues”，Water in Crisis：a guide to the world's fresh water resource［M］. New York：Oxford University Press，1993.

11.Simona Weinglass，“How Israel Became a Water Superpower，” The Times of Israel，December 1，2015，https：//www.timesofisrael.com/how−israel−became−a−water−superpower/

12.United Nations Educational，Scientific and Culture Organization，THE UNITED NATIONS WORLD WATER DEVELOPMENT REPORT 4：Managing Water under Uncertainty and Risk.

13.United Nations Educational，Scientific and Culture Organization，2017 UN World Water Development Report，Wastewater：The Untapped Resource，2017.

14.United Nations Educational，Scientific and Culture Organization，2018 UN World Water Development Report，Nature−based Solutions for Water，2018.

15.United Nations Educational，Scientific and Culture Organization，THE UNITED NATIONS WORLD WATER DEVELOPMENT REPORT 4：Managing Water under Uncertainty and Risk.

16.United Nations Educational，Scientific and Culture Organization，2018 UN World Water Development Report，Nature−based Solutions for Water，2018.

17.United Nations Educational，Scientific and Culture Organization，THE UNITED NATIONS WORLD WATER DEVELOPMENT REPORT 4：Managing Water under Uncertainty and Risk.

18.Walter W. Immerzeel，Ludovicus P. H. van Beek，and Marc F. P. Bierkens，“Climate Change will Affect the Asian Water Towers，” Science，Vol. 328，No. 5984，2010.

19.毕博，陈丹，邓鹏，等.区域水资源−能源−粮食系统耦合协调演化特征研究［J］.中国农村水利水电，2018（2）.

20.勃兰特，罗斯基.伟大的中国经济转型［M］.上海：格致出版社，2009.

21.才惠莲.我国跨流域调水水权管理准市场模式研究［D］.武汉：中国地质大学，2012.

22.曹新.中国特色社会主义经济建设的理论与实践［J］.行政管理改革，2018（9）.

23.曹月，贾绍凤.美国犹他州水权制度实施效果述评［J］.水利经济，2012（2）.

24.陈昌礼.海水西调是西北和华北北部可持续发展的需要［J］.中国工程科学，2003（1）.

25.陈昌礼.海水西调是西部大开发的战略性基础工程［J］.中国工程科学，2003（10）.

26.陈昌礼.海水西调与我国沙漠和沙尘暴的根治［J］.中国工程科学，2001（10）.

27.陈汉鹏.中国财政状况的评估与应对［J］.银行家，2017（12）.

28.陈吉余，陈沈良.南水北调工程对长江河口生态环境的影响［J］.水资源保护，2002（3）.

29.陈金木，董延军，李兴拼.水权确权怎么看怎么办［J］.水利发展研究，2018（5）.

30. 陈克龙. 学习上海自贸区建设经验 促进内陆中部地区跨越式发展［N］. 经济日报，2017-11-07.

31. 陈雷. 弘扬和发展先进水文化 促进传统水利向现代水利转变［J］. 中国水利，2009（22）：17—22.

32. 陈泠璇. 我国农业供给侧现状与对策研究［J］. 纳税，2018（21）.

33. 陈琼. 水权转让制度研究［D］. 南京：南京工业大学，2019.

34. 陈伟，李佳鹏. 三分之一地产商囤地待涨，学者称缺的是法律执行力［N］. 经济参考报，2009-11-05.

35. 陈瑜琦，郭旭东，刘俊杰，等. 我国可用于能源作物种植的边际土地数量及空间分布研究［J］. 西部大开发，2017（7）.

36. 陈玉山，庄小将. 乡村振兴背景下的特色小镇建设中的土地问题研究［J］. 商业经济，2018（10）.

37. 丛振涛，姚本智，倪广恒. SRA1B 情景下中国主要作物需水预测［J］. 水科学进展，2011（1）.

38. 邓铭江. 中国西北“水三线”空间格局与水资源配置方略［J］. 地理学报，2018（7）.

39. 丁娟. 全球化背景下的新加坡公共外交［D］. 云南：云南大学，2012.

40. 董必钦. 科技治水、利国利民、初心不改、进无止境——我国南水北调工程建设中重大技术装备自主化回顾［J］. 电器工业，2017（7）.

41. 杜俊平，陈年来，叶得明. 干旱区水资源与区域经济协调发展时空特征研究——以河西走廊为例［J］. 中国农业资源与区划，2017（4）.

42. 段晶晶，张坤. 当前土地闲置的成因与对策分析［J］. 农村经济与科技，2014（4）.

43. 方精云，耿晓庆，赵霞，等. 我国草地面积有多大？［J］. 科学通报，2018（17）.

44. 冯邦彦，周孟亮. 区域合作与资源优化配置——“泛珠三角”战略的经济学分析［J］. 暨南学报：哲学社会科学版，2005（4）.

45. 高登义，蹇咏啸. “空中调水”设想的可行性研究［J］. 高原气象，2007（6）.

46. 戈大专，龙花楼，杨忍. 中国耕地利用转型格局及驱动因素研究——基于人均耕地面积视角［J］. 资源科学，2018（2）.

47. 龚斌磊. 投入要素与生产率对中国农业增长的贡献研究［J］. 农业技术经济，2018（6）.

48. 国际法协会. 国际河流水利用的赫尔辛基规则［R］. 1966.

49. 国家发展和改革委员会. 全国资源型城市可持续发展规划［R］. 2013.

50. 国家发展和改革委员会经济体制与管理研究所. 南水北调西线对国土资源合理配置与

利用研究［R］. 2016.

51. 国家统计局. 波澜壮阔四十载 民族复兴展新篇——改革开放40年经济社会发展成就系列报告之一［I］. 国家统计局网站，2018-08-27.

52. 何格. 西部大开发中的土地资源可持续利用问题研究［D］. 成都：四川农业大学，2001.

53. 何蕾. 中国工业行业产能利用率测度研究——基于面板协整的方法［J］. 产业经济研究，2015（2）.

54. 贺志丽. 南水北调西线工程生态补偿机制研究［D］. 成都：西南交通大学，2008.

55. 洪崎，贾康，黄剑辉，等. 战略与路径：迈向2049的中国［M］. 北京：企业管理出版社，2018.

56. 胡文俊，杨建基，黄河清. 印度河流域水资源开发利用国际合作与纠纷处理的经验及启示［J］. 资源科学，2010（10）.

57. 扈中平. 世界著名调水工程［N］. 科学时报，2013-09-06.

58. 黄群慧. 中国工业化进程与产业政策［J］. 中国经济报告，2019（1）.

59. 黄锡生. 水权制度研究［M］. 北京：科学出版社，2005.

60. 黄贤金. 中国土地制度改革40年与城乡融合的发展之路［J］. 上海国土资源，2018（2）.

61. 霍有光. 渤海水西调工程续论［J］. 科技导报，1997（5）.

62. 霍有光. 关于西调渤海水改造北方沙漠的设想［J］. 中国科技论坛，1997（3）.

63. 霍有光. 西调渤海水改造我国北方沙漠生态环境的设想［M］//吴凤鸣等. 地质哲学与可持续发展. 北京：中国文史出版社，1998.

64. 吉力力・阿不都外力，马龙等. 中亚环境概论［M］. 北京：气象出版社，2015.

65. 贾庆林. 切实抓好生态文明建设的若干重大工程［J］. 求是，2011（4）.

66. 金海，姜斌，夏朋. 澳大利亚水权市场改革及启示［J］. 水利发展研究，2014（3）.

67. 科林・查特斯，萨姆尤卡・瓦玛. 水危机：解读全球水资源、水博弈、水交易和水管理［M］. 伊恩，章宏亮，译. 北京：机械工业出版社，2012.

68. 李国英. 西北地区水资源状况及南水北调西线工程［J］. 中国水利，2006（11）.

69. 李海涛，孙丽君. 国内外跨流域调水工程建设管理相关提示［J］. 中国水运，2017（11）.

70. 李建伟. 基于支持向量机的中国节水灌溉面积预测研究［J］. 节水灌溉，2012（5）.

71. 李俊英. 基于滚动预算的项目库构建研究——以北京市南水北调重大工程为例［D］. 北京：首都经贸大学，2007.

72. 李克强之问："胡焕庸线"怎么破？［EB/OL］. 人民网，2014-11-28.

73. 李克强在水利部考察时强调 解决农村饮水安全 惠及亿万群众 建设重大水利工程 支

撑经济发展［N］.光明日报，2014-11-26.

74.李梅，张济世，刘玉龙.跨流域调水工程水价研究［J］.人民黄河，2008（2）.

75.李维明，谷树忠.我国水权交易基础条件及其建设［J］.中国发展观察，2019（Z1）.

76.李晓菊.西北地区土地资源非持续性利用研究［J］.兰州交通大学学报，2007（5）.

77.李志斐.国际水资源开发与中国周边安全环境构建［J］.教学与研究，2012（2）.

78.李志斐.跨国界河流问题与中国周边关系［J］.学术探索，2011（2）.

79.李志斐.美国的全球水外交战略探析［J］.国际政治研究，2018（3）.

80.李志斐.水问题与国际关系：区域公共产品视角的分析［J］.外交评论，2013（2）.

81.李志斐.水资源外交：中国周边安全构建新议题［J］.学术探索，2013（4）.

82.李志斐.中国跨国界河流问题影响因素分析［J］.国际政治科学，2015（2）.

83.廖霄梅.新型城镇化建设与产业结构优化协调发展的机制、问题及对策［J］.生态经济，2018（6）.

84.刘博，孙付华.政府与社会资本合作模式下新建跨流域调水工程项目的协同机制［J］.中国科技论坛，2016（3）.

85.刘昌明，何希吾等.中国21世纪水问题方略［M］.北京：科学出版社，1998.

86.刘东莱.从“有价值”到“有市场价值”新疆水权水价改革开辟水资源利用新模式［N］.新疆日报，2019-09-11.

87.刘毅，周成虎，王传胜，等.长江经济带建设的若干问题与建议［J］.地理科学进展，2015（11）.

88.刘银.中国区域经济协调发展制度研究［D］.吉林：吉林大学，2014.

89.刘莹.调水工程对水源区生态环境的影响——以南水北调西线一期工程为例［D］.北京：北京林业大学，2009.

90.刘云中.“十三五”时期我国区域发展：更多元、更均衡［J］.区域经济评论，2015（1）.

91.刘正山.农村土地产权改革，要赋予农民完整的土地物权［EB/OL］.澎湃新闻，2018-10-19.

92.刘正山.大国地权：中国五千年土地制度变革史［M］.武汉：华中科技大学出版社，2014.

93.娄勤俭.开创治水兴水新局面——深入学习贯彻习近平同志关于系统治水的重要论述［N］.人民日报，2016-06-20.

94.鲁家果.南水北调西线一期工程投入产出分析及国民经济评价［J］.社会科学研究，2005（4）.

95.陆大道.我国区域开发的宏观战略［J］.地理学报，1987（2）.

96. 陆大道. 二〇〇〇年我国工业生产力布局总图的科学基础［J］. 地理科学，1986（2）.

97. 陆大道. 建设经济带是经济发展布局的最佳选择——长江经济带经济发展的巨大潜力［J］. 地理科学，2014（7）.

98. 罗爽. 中国财政可持续性研究——基于1987—2016年经验分析［D］. 重庆：重庆工商大学，2018.

99. 穆东雪，李克勋. 跨流域调水工程两部制水价研究［J］. 水资源与水工程学报，2011（6）.

100. 农业农村部软科学课题组. 美澳日水权制度与水权交易的经验启示［J］. 农村工作通讯，2018（7）.

101. 潘冬梅，杜金城，郭淑英，等. 唐海县滨海盐碱地绿化技术及低成本试验［J］. 唐山职业技术学院学报，2009（4）.

102. 潘照东. 以先进技术改造沙地，提高生产能力的重大创新——内蒙古三岩公司研发土壤改良剂获重大成果［J］. 北方经济，2013（5）.

103. 钱俊，蔡淑兵. 跨流域调水工程水价问题探讨［J］. 水利水电快报，2017（4）.

104. 瞿长福. 从现代农业角度抓粮食安全［N］. 经济日报，2018-09-21.

105. R. 科斯，A. 阿尔钦，D. 诺斯，等. 财产权利与制度变迁：产权学派与新制度学派译文集［M］. 上海：上海三联书店，上海人民出版社，1994.

106. 申天印. 南水北调中线工程项目施工成本控制［J］. 河南水利与南水北调，2011（8）.

107. 单之蔷. 一条大河除了水还带来了什么？［J］. 中国国家地理，2018（7）.

108. 沈大军，余旭东，张萌，等. 水权交易条件研究［J］. 水利水电技术，2016（9）.

109. 沈蕾，李沐阳. 中国装备制造业产能利用率测度及影响因素分析［J］. 统计与决策，2018（6）.

110. 石玉波，张彬. 我国水权交易的探索与实践［J］. 中国水利，2018（19）.

111. 水资源调配与国土整治课题组. 我国水资源供求总量及其结构的初步分析［J］// 中国社会科学院经济文化研究中心. 调查研究通讯. 1999-03-20.

112. 孙亮. 财政可持续性与减税政策选择研究［J］. 中国物价，2018（2）.

113. 孙向前. 三江源生态补偿筹融资问题探索［J］. 西部金融，2009（1）.

114. 谈英武，刘新，崔荃. 中国南水北调西线工程［M］. 郑州：黄河水利出版社，2004.

115. 谭永忠，何巨，岳文泽，等. 全国第二次土地调查前后中国耕地面积变化的空间格局［J］. 自然资源学报，2017（2）.

116. 田贵良，丁月梅. 水资源权属管理改革形势下水权确权登记制度研究［J］. 中国人口·资源与环境，2016（11）.

117. 万本太，邹首民等. 走向实践的生态补偿——案例分析与探索［M］. 北京：中国环境科学出版社，2008.

118. 汪明娜. 跨流域调水对生态环境的影响及对策［J］. 环境保护，2002（3）.

119. 汪贻飞，王俊杰，陈金木. 深化水权改革亟待加强法规建设［J］. 中国水利，2018（19）.

120. 王冠军，庞靖鹏，高龙. 以补短板为重点 加快完善水利基础设施网络［EB/OL］. 新华网，2019-01-21.

121. 王光谦，钟德钰，李铁键，等. 天空河流：发现、概念及其科学问题［J］. 中国科学：技术科学，2016（6）.

122. 王海潮，蒋云钟，鲁帆，等. 国外跨流域调水工程对南水北调中线运行调度的启示［J］. 水利水电科技进展，2008（2）.

123. 王浩. 关于"红旗河"西部调水工程供水价格的分析与思考［EB/OL］. 搜狐网，2018-08-09.

124. 王宏新，周拯. 城市闲置土地的生成机理及治理［J］. 城市问题，2012（9）.

125. 王沪宁. 市场发育和权威基础：保护和开发政治资源［J］. 复旦学报：社会科学版，1995（2）.

126. 王俊杰，郑国楠，马超，等. 水权交易价格形成机制现状、不足及对策［J］. 水利发展研究，2019（3）.

127. 王猛飞. 区域水资源、经济发展和生态环境协调度研究［D］. 郑州：华北水利水电大学，2016.

128. 王梦恕. 关于深入开展大西线调水工程论证并尽快实施第一期工程的建议，十二届全国人大五次会议.

129. 王敏. "光伏+扶贫+治沙"互补发展初探［J］. 华北电力大学学报：社会科学版，2018（3）.

130. 王世群. 澳大利亚水资源市场化改革及其启示［J］. 世界农业，2017（9）.

131. 王西琴. 河流生态需水理论、方法与应用［M］. 北京：中国水利水电出版社，2007.

132. 王晓娟，郑国楠，陈金木. 我国水权交易两级市场的培育与构建［J］. 中国水利，2018（19）.

133. 王亚华，舒全峰，吴佳喆. 水权市场研究述评与中国特色水权市场研究展望［J］. 中国人口·资源与环境，2017（6）.

134. 魏昌林. 美国的调水工程［J］. 世界农业，2001（5）.

135. 魏莱. 以色列"水独立"或重塑中东格局［EB/OL］. 环球网，2013-07-15.

136.魏山忠.把握新形势 落实总基调 奋力开创水资源管理工作新局面——在2019年全国水资源管理工作座谈会上的讲话［J］.中国水利，2019（17）.

137.吴晓求，陶晓红，张焞.发展中国债券市场需要重点思考的几个问题［J］.财贸经济，2018（3）.

138.肖阳.中国水资源与周边“水外交”［J］.国际展望，2018（3）.

139.谢军.建筑业产能过剩亟待供给侧结构性改革［N］.建筑时报，2017-08-31.

140.修丽娜，冯琦胜，梁天刚，等.2001—2009年中国草地面积动态与人类活动的关系［J］.草业科学，2014（1）.

141.徐继红.新型城镇化背景下废弃土地改造与利用对策研究［J］.西部资源，2018（1）.

142.徐晓明.汲取咸海教训，避免重蹈覆辙——对渤海水西调工程的疑虑和质询［J］.科技导报.1998（10）.

143.许长新.区域水权论［M］.北京：中国水利水电出版社，2011.

144.许志方.以色列的灌溉水管理［J］.中国农村水利水电，1996（1）.

145.杨秉珣，董廷旭.世界耕地面积变化态势及驱动因素分析——以21个国家为例［J］.世界农业，2017（3）.

146. 杨浩坤.中国政策性金融发展问题研究——基于政策性银行的分析［D］.北京：中央党校，2017.

147.杨勤业，景可，徐建辉.质疑：“红旗河”调水功能的可行性［J］.自然资源学报，2018（5）.

148.杨彦明.跨流域调水工程的取水许可管理问题分析——以引滦入津工程为例［J］.水利发展研究，2018（1）.

149.杨永江，王春元.中国水战略——以水电开发为先导［M］.北京：中国水利水电出版社，2011.

150.杨云彦，凌日平.跨流域调水工程管理体制的变迁及其启示——兼议南水北调工程管理体制［J］.水利经济，2008（1）.

151.佚名.2018年中国人口老龄化发展趋势、老龄化面临问题及应对措施分析［EB/OL］.中国产业信息网，2017-10-17.

152.尹朝静，付明辉，李谷成.技术进步偏向、要素配置偏向与农业全要素生产率增长［J］.华中科技大学学报：社会科学版，2018（5）.

153.游进军，林鹏飞，王静，等.跨流域调水工程水量配置与调度耦合方法研究［J］.水利水电技术，2018（1）.

154. 於方，曹东，王金南. 中国城镇居民生活用水需求与污染压力预测［J］. 资源科学，2009，31（1）：75–83.

155. 于洪一. 大连“引碧入连”供水工程招标是与国际惯例接轨的一次有益尝试［J］. 中国工程咨询，2003（8）.

156. 张洪泉. “红旗河”调水方案的制约因素与中国西北干旱治理对策［J］. 水资源保护，2018（4）.

157. 张华，王礼力. 技术进步、技术效率与陕西省农业全要素生产率增长［J］. 科学管理研究，2018（3）.

158. 张基尧，李树泉，文世芳. 南水北调工程的技术挑战［J］. 百年潮，2014（4）.

159. 张军. 走进边际成本为零的社会［N］. 文汇报，2015–08–14.

160. 张令骞. 中国政策性金融体制异化与回归研究［D］. 沈阳：辽宁大学，2009.

161. 张培丽. 经济中高速增长的水资源支撑［M］. 北京：经济科学出版社，2015.

162. 张培丽. 我国经济持续稳定增长下的水资源安全［J］. 经济理论与经济管理，2011（9）.

163. 张文驹. 土地性质、用途同产权制度选择的关系［J］. 中国国土资源经济，2007（9）.

164. 张鄢. 长沙市望城区可剥离耕作层土壤用于中低产田提质改造潜力研究［D］. 长沙：湖南师范大学，2017.

165. 张郁，吕东辉. 跨流域调水工程水资源配置的协商机制研究［J］. 水利科技与经济，2013（10）.

166. 赵文报，李英. “走出去”化解钢铁行业产能过剩问题研究［J］. 河北经贸大学学报，2018（2）.

167. 郑明. “东水西调”是科幻还是现实［J］. 环境保护与循环经济，2010（12）.

168. 郑雄伟，周芬，郭磊，等. 跨流域调水工程的水资源价值计算［J］. 水利经济，2010（3）.

169. 中国生态补偿机制与政策研究课题组. 中国生态补偿机制与政策研究［M］. 北京：科学出版社，2007.

170. 中华人民共和国水利部. 水利部关于印发《水权交易管理暂行办法》的通知［R］. 水政法［2016］156号.

171. “中国水治理研究”项目组. 中国水治理研究［M］. 北京：中国发展出版社，2019.

172. 钟名军，郑雄伟，周芬. 跨流域调水工程供水水价实例研究［J］. 中国农村水利水电，2011（2）.

173. 周天勇. 中国土地和住宅体制改革研究［J］. 经济研究参考，2014（14）.

174. 周天勇，王元地. 中国：增长放缓之谜［M］. 上海：格致出版社，上海三联书店，上海人民出版社，2018.

175.周天勇，王元地.繁荣的轮回：人口变动与经济增长的一个逻辑解释［M］.北京：中国财富出版社，2017.

176.周天勇.中国梦与中国道路［M］.北京：社会科学文献出版社，2011.

177.周天勇.中国需要赶超型的GDP增长速度［J］.中国民商，2018（2）.

178.周天勇.迁移受阻对国民经济影响的定量分析［J］.中国人口科学，2018（1）.

179.周文，陈跃.新常态下中国经济发展转型与改革路径突破［J］.学习与探索，2017（1）.

180.朱红波.开发商囤地的原因、危害与治理对策［J］.广东土地科学，2011（4）.

181.朱良森.产业转移的要素空间配置效应研究［D］.哈尔滨：哈尔滨工程大学，2015.

182.朱龙基，范兰池，林超.引滦入津工程水质时空演化规律分析［J］.水资源保护，2009（2）.

183.朱敏.水利部批复41条跨省江河流域水量分配方案［EB/OL］.央广网，2019-10-11.

后　记

当前我国经济发展面临的不确定性明显上升，下行压力有所加大。在此背景下，2018年11月1日，习近平总书记在民营企业座谈会上的讲话中指出，面对困难挑战，我们要看到有利条件，增强对我国经济发展的必胜信心。比如我国城乡区域发展不平衡蕴藏着可观发展空间；我国国土面积辽阔，土地总量资源丰富，集约用地潜力巨大，为经济发展提供了很好的空间支撑。国土空间的开发，水资源是关键。2014年3月14日，习近平总书记在中央财经领导小组第五次会议上的讲话中指出，自然界的淡水总量是大体稳定的，但一个国家或区域可用水资源有多少，既取决于降水多寡，也取决于盛水的“盆”大小。这就要求我们全域统筹、科学调控，改变富水区资源流失和缺水区资源匮乏的不合理现象，实现资源区域均衡利用。

2019年11月18日，李克强总理主持召开南水北调后续工程工作会议，研究部署南水北调后续工程和水利建设等工作。李克强总理指出：“水资源短缺且时空分布不均是我国经济社会发展主要瓶颈之一，华北、西北尤为突出。华北地下水严重超采和亏空，水生态修复任务很重，随着人口承载量增加，水资源供需矛盾将进一步加剧。今年南方部分省份持续干旱，也对加强水利建设、解决工程性缺水提出了紧迫要求。水资源格局决定着发展格局。

必须坚持以习近平新时代中国特色社会主义思想为指导，遵循规律，以历史视野、全局眼光谋划和推进南水北调后续工程等具有战略意义的补短板重大工程。这功在当代、利在千秋，也有利于应对当前经济下行压力、拉动有效投资，稳定经济增长和增加就业。”李克强总理进一步强调：“水利工程建设需求很大，很多项目已经过长期论证。当前扩大有效投资要把水利工程及配套设施建设作为突出重点，这有利于增强防灾减灾能力、巩固农业基础，也能带动相关产业和装备发展，为农民工等创造更多就业岗位。有关部门和地方要抓住原材料价格较低的时机，在保证质量前提下加快在建项目建设，协调好用地、环评等前期工作，抓紧启动和开工一批成熟的重大水利工程及管网、治污设施等配套建设，促进项目早建成早见效。”

我长期关注和研究中国实现“两个一百年”奋斗目标过程中的水利和土地问题。早在2011年出版的专著《中国梦与中国道路》中，我就对未来我国淡水资源的供求缺口进行了估算。2018年，我们研究团队决定组成课题组，对中外调水工程进行了综合分析，对中国经济发展面临的关键制约因素、各项调水工程设想的必要性与可行性、调水的成本与风险、水资源的空间重配与未利用土地改造等的可行性，进行了深入研究。

研究认为，调整淡水资源的区域间配置，扩大国内可利用土地，形成新的人口、劳动力、资本和技术等要素流入、集中空间和领域，在新的可利用国土上扩大建设新城镇，建设新的能源交通体系、新的农村社区、新的规模化现代化农场，形成新市场，发展新的产业，形成东部—西北部经济繁荣带，是充分吸收利用现有2.1亿农业劳动力、2.86亿农民工劳动力、数千万下岗职工和退役军人等人口和人力资源的最重要方式。扩大他们对工业化产品的需求，延长工业化时间，在人口老龄化之前，集中普通劳动力资源，用城市过剩并向外流出的资金，消除生产过剩，稳定货币和金融体系，使国民经济获得一个8年到10年7%～8%水平的中高速增长，进而较为稳妥地进入高收入国家行列。其中，最为关键的是水资源在西南和西北、华北地区之间的再配置。这是一项国民经济最为重大的水资源供给侧结构性改革，是增加全要素新模块和改善中国全要素生产率低下的关键，是21世纪决定中国强盛发展的战略性工程。

本书由我设计整体框架和篇章结构，并撰写前言和第一章、第九章部分内容；其余章节由课题组成员刘正山、项松林、刘东、陈建奇、张建斌、尤苗、文洋、熊洁、冯立果、史妍媚、刘洋、张虓邦、贺舒显、陈聪等研究撰写。东北财经大学中国战略与政策研究中心常务副主任冯立果博士对本书进行了校对和统稿。中国城市发展研究会城市研究所朱俊成副所长为课题调研、组织召开研讨会等做了大量工作。在这里一并表示感谢。

最后，我还要感谢我的夫人张弥女士，是她对我的帮助，才使我有大量精力和时间投入本书的研究和写作。

周天勇

2020年4月12日